R.2238.
6.

# DE LA
# NATURE.

*TOME TROISIEME.*

# DE LA NATURE.

Par J. B. Robinet.

Τῆς φύσεως γραμματεὺς ἦν τὸν κάλαμον
ἀποβρέχων ἔνουν. Suid. de Arist.

## TOME TROISIEME.

A AMSTERDAM,

Chez E. van Harrevelt.
M. DCC. LXVI.

# PRÉFACE.

*Contenant un abrégé des principales opinions des anciens sur l'origine du Monde.*

IL me paroît bien hardi d'affirmer sans aucune restriction que les anciens Philosophes ont tous cru que la matiere étoit éternelle & incréée, ne disputant entre eux que de la différence du temps où l'arrangement & l'ordre que nous voyons dans l'univers avoient commencé. C'est à l'examen de cette assertion que je consacre une partie de cette Préface qui pourra servir comme d'introduction aux matieres traitées dans ce troisieme Tome, & de preuves aux Chapitres III & VI. de la sixieme Partie. Je ne dirai presque rien de moi-même. Je suivrai pas-à-pas les Savans qui nous ont tracé l'histoire des Opinions Philosophiques, Stanley, T. Burnet, &c.

## §. I.

*De la Cosmogonie des Phéniciens.*

EUSEBE de Césarée, après avoir rapporté la Cosmogonie des Phéniciens d'après Sanchoniaton un de leurs Ecrivains, la regarde comme un systême d'Athéisme: sentiment adopté par plusieurs modernes, & en particulier par un savant Anglois dans ses Remarques sur la Cosmogonie de l'Auteur Phénicien. Peut-être Cumberland a-t-il trop donné à l'autorité d'Eusebe qui se plaît trop souvent à charger les payens d'imputations odieuses, avec une bonne foi que son zele pour l'extirpation de l'erreur, & sa haine pour l'idolâtrie, peuvent seuls rendre excusable. Mais il n'y a point de vertu à calomnier d'honnêtes payens. Quoi qu'il en soit, suivons le fragment de Sanchoniaton rapporté par Eusebe.

Les Phéniciens admettoient pour premier principe de l'univers, un air épais & spiritueux, ou un esprit d'air obscur, & un chaos trouble, épais & ténébreux : toutes choses infinies & éternelles. L'esprit se trouvant affecté d'amour envers ses principes, il s'ensuivit un mélange: le chaos commença à se débrouiller, & ce fut-là le commencement de la formation des choses; cet esprit au reste ne reconnoissoit point d'origine ni de production.. De cette conjonction ou mélange de l'esprit avec ses principes il se forma une espece de *môt*, *mawth*, *mud*, ou mucilage qui fut la semence de toutes les choses....

A s'en tenir à ce début, & en donnant aux paroles de Sanchoniaton une interprétation un peu plus favorable & moins partiale que celle

# PRÉFACE.

d'Eusebe, il paroît que les Phéniciens admettoient deux premiers principes: un chaos obscur, & un esprit qui avoit arrangé le monde corporel dans l'ordre où nous le voyons.

C'est le sentiment de Cudworth, suivi par d'autres. En effet, qu'est-ce que cet esprit qui ne reconnoît point d'origine, cet esprit éternel qui s'unit par amour, ou par bonté, à ses principes, autrement à la matiere informe du chaos : union fécondante par qui cette matiere devient la semence des choses, des plantes & des animaux ? Ne voilà-t-il pas un Etre intelligent & bon, qui a fait le monde d'une matiere préexistante, il est vrai; mais doit-on taxer les Phéniciens d'Athéisme pour n'avoir pas reconnu que Dieu avoit créé la matiere ? S'ils ne l'adoroient pas comme Créateur, ils l'adoroient comme Architecte & suprême Modérateur de l'univers. Leur Cosmogonie ne prouve point encore qu'ils crussent la matiere incréée. Il y est dit que l'esprit fut affecté d'amour envers ses p..., es principes qui ne peuvent être que la matiere informe du chaos. Pourquoi sont-ils appelles *ses* principes ? Ne seroit-ce point pour avoir été produits par lui, & à cause qu'ils lui appartenoient à titre de production ?

## §. II.

### *Des Chaldéens.*

L'ORACLE d'Apollon déclara que les Chaldéens & les Hébreux avoient feuls la vraie fageffe en partage, n'adorant qu'un Dieu fuprême exiftant par lui-même (*).

Diodore de Sicile dit formellement que les Chaldéens „ croyoient la nature du monde „ éternelle; que comme il n'y avoit point eu „ de génération proprement dite de l'univers, „ il ne feroit auffi jamais fujet à aucune cor- „ ruption; ajoutant que l'ordre magnifique de „ toutes chofes venoit d'une providence divi- „ ne; que c'étoit à la volonté parfaite des „ Dieux, & non pas au hazard qu'il en falloit „ attribuer la caufe (†)."

## §. III.

### *De la Cosmogonie des Babyloniens.*

IL paroît que les Babyloniens d'accord avec les Chaldéens fur la nature du monde, croyoient qu'il n'avoit point été engendré, qu'il

---

(*) *Eufeb. de Præp. Ev. Lib. IX. Cap.* 10.
(†) *Diod. Sicul. Lib. II.*

ne s'altéroit point, & ne seroit jamais détruit; que l'ordre magnifique qui y regne annonçoit une intelligence divine, & que c'étoit à la volonté parfaite des Dieux, plutôt qu'au hazard, qu'il falloit l'attribuer.

Ces deux points sont également prouvés tant par le témoignage de Diodore que par celui de Berose qui n'a parlé que d'après ce qu'Oannès avoit écrit de la nature des choses. C'est dans le Temple de Bel ou Belus, que l'on conservoit l'histoire allégorique de la formation du monde dont on lui donnoit tout l'honneur. Je dis l'histoire allégorique, car Berose en rapportant cette Cosmogonie ne manque pas d'avertir que c'est par forme d'allégorie que toutes ces choses sont dites de la nature du monde. Comme personne ne les ignore, il me suffira d'observer que ces animaux monstrueux & bizarres engendrés dans les ténebres, sans la participation d'une puissance directrice, par la seule fécondité de l'univers qui n'étoit encore qu'obscurité & eau, & qui dans cet état étoit représenté sous la figure d'une femme nommée Omoroca, ou Thalatth, marquoient l'impuissance de la matiere seule à produire un monde aussi bien ordonné qu'il l'est. C'est Bel qui partageant la femme en deux moitiés, fait de l'une la terre,

& de l'autre les cieux. C'eſt Bel qui ôte la tête de la femme, & ordonne aux autres Dieux ſes miniſtres & ſes coopérateurs dans ce grand œuvre, de mêler ſon corps avec de la terre pour en former des hommes. C'eſt Bel qui perfectionne les étoiles, le ſoleil, la lune, &c. Les Babyloniens avoient donc recours à un Dieu ſuprême pour la formation & l'arrangement du monde, quoiqu'ils en cruſſent la matiere éternellement préexiſtante.

## §. IV.

### Cosmogonie des Egyptiens.

A CONSULTER la Cosmogonie des Egyptiens, telle que la rapporte Diodore, & telle qu'on peut la recueillir de l'abrégé que Diogene Laërce a fait de leur philoſophie d'après Manéthon & Hécate, il ſembleroit qu'ils n'euſſent véritablement attribué la formation de l'univers à aucun principe intellectuel, à aucune ſorte de Divinité. Il n'y eſt fait aucune mention de Dieu. On tâche au contraire d'expliquer phyſiquement l'arrangement de l'univers, & la génération des plantes & des animaux, que l'on fait ſortir également de la terre.

Jamblique pourtant, qui avoit étudié avec un foin particulier la Théologie des Egyptiens, n'ayant rien négligé de toutes les recherches qui pouvoient l'en inftruire à fond, nous dit que Chérémon & les autres Egyptiens qui avoient écrit des premiers principes du monde, n'avoient prétendu remonter qu'aux principes méchaniques, aux caufes fecondes, phyfiques & aftronomiques ; qu'ils n'attribuoient pas pour cela, la premiere origine des chofes à la feule Nature, que les Egyptiens au contraire reconnoiffoient une Intelligence qui avoit toujours exifté par elle-même, & par qui l'univers avoit été formé. On peut confulter là-deffus Mr. Cudworth. Il prouve très bien, par le témoignage de Jamblique, que les Egyptiens reconnoiffoient l'Ame fupérieure à la Nature, & l'Intelligence productrice du monde fupérieure à l'Ame. Les Livres d'Hermès en font foi; & l'on ne fauroit nier que ces Livres ne contiennent quelques reftes de l'ancienne doctrine des Egyptiens.

Eufebe ignoroit fans doute les recherches & la découverte de Jamblique fon contemporain; & jufques-là il pouvoit peut-être accufer les Philofophes Egyptiens d'Athéifme, après avoir copié leur Cosmogonie dans Diodore ; mais comment accorder Eufebe avec lui-même ?

Il dit expressément dans un autre endroit que les Egyptiens attribuoient la formation du monde à un Architecte intelligent qu'ils appelloient *Cneph*, ce que témoigne aussi Porphyre ; qu'ils le représentoient symboliquement sous la figure d'un homme tenant une ceinture & un sceptre en main, portant un plumet magnifique sur la tête, & de la bouche duquel sortoit un œuf, &c. Cet emblême est facile à expliquer. Cet homme est l'Intelligence suprême, dont la nature cachée & invisible est représentée par les plumes qui ornent sa tête : la propriété de donner la vie & la mort, & sa souveraineté sur toutes choses, sont caractérisées par le sceptre qu'il tient en main : pour l'œuf qui sort de sa bouche, c'est la figure du monde qu'il a produit. Cette explication rapportée & adoptée par Eusebe, auroit dû, ce semble, le rendre plus circonspect dans ses accusations.

## §. V.

*De la Théologie & Physiologie Orphiques.*

,, ORPHE'E, qui a été le principal intro-
,, ducteur des Rites religieux du Paganisme
,, parmi les Grecs, ayant été taxé d'avoir in-
,, venté

# PRÉFACE. xiii

,, venté les noms des Dieux, & forgé leurs
,, générations & actions différentes (en quoi
,, il a été imité par Homere), est pourtant
,, dit avoir gardé un profond silence dans sa
,, Théologie à l'égard de quelque chose d'in-
,, tellectuel & d'inconnu; & avoir fait d'un
,, de ses principes un dragon, ayant une tê-
,, te de taureau, & une autre de lion, avec
,, la face d'un Dieu au milieu, & des ailes
,, dorées à ses épaules. Mais, nonobstant
,, cette extravagante imagination d'Orphée, la
,, plûpart des Grecs payens, ne le regardant
,, point comme un simple Poëte, mais comme
,, un profond Philosophe, ont supposé que
,, toutes ses fables concernant les Dieux ren-
,, fermoient les allégories les plus admirables,
,, & les plus sublimes mysteres; opinion à la-
,, quelle Orphée eut l'obligation d'être regar-
,, dé comme un homme inspiré. Celse même
,, poussoit la chose si loin, qu'il osoit avancer
,, que les Chrétiens devoient plutôt prendre
,, Orphée pour un Dieu, que Jésus-Christ,
,, comme ayant été incontestablement doué
,, d'un esprit saint, & ayant aussi souffert une
,, mort violente. Mais revenons aux senti-
,, mens de ce fameux Poëte.

,, Quoiqu'il ait été le grand Apôtre du Po-
,, lythéisme, on a cru pourtant qu'il recon-

,, noiſſoit un Dieu ſuprême & incréé comme
,, Auteur de toutes choſes, non ſeulement à
,, cauſe de la grande eſtime qu'ont eue pour
,, lui les deux ſectes de Philoſophes qui ſe
,, piquoient le plus de religion, c'eſt-à-dire,
,, les Pythagoriciens & les Platoniciens, ſectes
,, qui le déſignoient ordinairement par le nom
,, de Théologien par excellence ; mais auſſi
,, parce qu'il eſt très apparent que c'eſt en
,, grande partie de lui que les Philoſophes,
,, dont il s'agit, ont tiré leurs idées Philoſo-
,, phiques & Théologiques.

,, Cette opinion avantageuſe d'Orphée ſera
,, mieux fondée encore, ſi nous reconnoiſſons
,, que l'abrégé de la Cosmogonie Orphique,
,, fait depuis longtemps par Timothée le Chro-
,, nographe, contient la véritable doctrine de
,, ce Poëte : car cet Auteur nous apprend
,, qu'Orphée, en racontant la génération des
,, Dieux, la création du monde, & la forma-
,, tion de l'homme, avoit proteſté ne rappor-
,, ter rien qui fût de ſon invention, & dont
,, il n'eût été duement informé par Phébus,
,, Titan, ou le Soleil. Son narré revient en
,, peu de mots à ceci: Qu'au commencement
,, Dieu créa l'æther ou les cieux, & que de
,, chaque côté de l'æther étoit le chaos &
,, l'obſcure nuit, qui couvroit tout ce qui

„ étoit fous l'æther, fignifiant par-là que la
„ nuit étoit antérieure à la création. Il ajoute
„ qu'il y avoit un certain Etre incompréhenfi-
„ ble, le plus éminent & le plus ancien de
„ tous les Etres, Créateur de tout l'Univers.
„ Que la terre étoit invifible, à caufe de l'ob-
„ fcurité qui la couvroit, mais que la lumiere
„ perçant à travers de l'æther, avoit éclairé
„ toute la création: c'eft cette lumiere qu'il
„ appelloit le plus ancien de tous les Etres,
„ & à qui un Oracle avoit donné les noms
„ de *Confeil*, de *Lumiere*, & de *Source de Vie*.
„ Que ces trois noms défignent le même pou-
„ voir de ce Dieu invifible & incompréhenfi-
„ ble qui eft le Créateur de toutes chofes.
„ C'eft par ce pouvoir qu'ont été produits
„ tous les Etres immatériels aufli bien que le
„ foleil, la lune, les étoiles, la terre, la
„ mer, & toutes les chofes, tant vifibles
„ qu'invifibles. Il enfeignoit aufli que le gen-
„ re humain avoit été formé de la terre par
„ la même Divinité, & avoit reçu d'elle une
„ ame raifonnable, conformément à ce que
„ Moïfe nous apprend. Timothée ajoute que
„ le même Orphée publia aufli par écrit, que
„ toutes chofes avoient été faites par un feul
„ Dieu qui avoit trois noms, & que ce Dieu
„ étoit toutes chofes.

„ Si l'on reçoit ce témoignage, il n'est pas
„ nécessaire d'avoir recours aux vers Orphi-
„ ques, dans plusieurs desquels se trouve l'as-
„ sertion qu'il y a un Dieu suprême. Il est
„ vrai que plusieurs de ces vers sont supposés,
„ & manifestement forgés par des Chrétiens
„ ou par des Juifs; mais il est clair qu'on ne
„ sauroit prouver la même chose à l'égard
„ de tous; quelques-uns de ces vers-là ayant
„ été cités par des Auteurs payens, comme
„ composés, sinon par Orphée lui-même,
„ du moins par de très anciens Poëtes fort
„ versés dans sa doctrine; &, par cela mê-
„ me, de grand poids chez des gens savans &
„ raisonnables. Quoi qu'il en soit, la Théolo-
„ gie d'Orphée a été préférée par les Peres,
„ à celle des autres Payens; & un Ecrivain
„ moderne, fort ingénieux, a avancé que si
„ Orphée a prêché le Polythéisme, il l'a fait
„ plutôt pour se prêter à la grossiéreté de ceux
„ qu'il vouloit civiliser, que par propre con-
„ viction, étant obligé de leur enseigner, non
„ pas une religion telle qu'il la croyoit, mais
„ telle qu'ils étoient capables de la rece-
„ voir (*)."

---

(*) Histoire des Systêmes de Philosophie tant anciens que modernes touchant l'Origine & la Création du Monde.

# PRÉFACE.

Orphée le philosophe, le théologien & le législateur des Thraces, eut la gloire de civiliser un peuple féroce & barbare, & de lui donner des mœurs, une religion & des loix.

*Sylveſtres homines ſacer, interpreſque Deorum,*
*Cædibus & fœdo victu deterruit Orpheus,*
*Dictus ab hoc lenire tigres, rabidosque leones.*

Je me repréſente donc Orphée chez les Thraces comme Moïſe à la tête des Hébreux, tous deux auteurs d'une nouvelle Religion, l'un de la Religion Judaïque, l'autre de la Religion Grecque ou payenne. Nous n'oſerions accuſer Moïſe de ſuperſtition ni d'ignorance, pour avoir parlé de Dieu en termes trop ſenſibles, lui donnant une figure & des paſſions humaines, & avoir ſurchargé ſa Religion de pratiques & de cérémonies minuticuſes, gênantes, inutiles, qui devoient être abrogées dans la ſuite; parce que le peuple qu'il inſtruiſoit n'étoit pas capable d'une doctrine plus ſublime ni d'un culte plus épuré. Nous devons penſer auſſi qu'Orphée conſulta moins la raiſon & la vérité que le génie des Thraces, leur barbarie & leur ſtupidité, dans la nature des dogmes & la forme de culte qu'il leur donna. C'eſt ainſi que Solon donna aux Athéniens, non pas les meilleures loix en elles-mêmes, mais les meilleures qui leur convinssent dans leur condition actuelle: il institua de même, par le conseil de Périandre, plusieurs mysteres & rites religieux qu'il n'approuvoit pas, mais qui plaisoient au peuple (*). Orphée voulant changer une troupe de sauvages en un peuple religieux, jugea que pour leur faire admettre une Divinité, il falloit la leur peindre sous des traits propres à les affecter, c'est-à-dire divinifer les objets qui frappoient leurs yeux, & pour la leur faire adorer, instituer un culte où les sens eussent plus de part que l'esprit. Des notions plus pures d'un pouvoir invisible, & un culte plus spirituel, n'eussent point fait d'impression sur eux. A peine les peuples policés peuvent-ils goûter une religion si sublime ; que dis-je ? il n'y a que les gens les plus éclairés & d'une raison très forte qui puissent s'élever au-dessus des sens lorsqu'ils veulent penser à Dieu, & qu'ils se mettent en devoir de l'adorer: qu'étoit-ce donc de ces hommes si voisins de la pure animalité qu'ils n'avoient presque d'humain que la figure ? N'en doutons pas: Orphée ne leur enseigna pas la vérité qu'il connoissoit, mais les fables qu'ils pouvoient croire ; & à

―――――――――――

(*) *Plutarch. in Solon.*

l'égard du culte, il ne l'inſtitua pas auſſi bon qu'il eût voulu, mais le moins mauvais qu'il put.

Moïſe ſe trouva dans des circonſtances plus favorables. Le peuple Hébreu, quoiqu'ignorant & hébété, n'étoit pas tout-à-fait ſans mœurs, ſans ſociété & ſans loi. D'ailleurs, & c'eſt le grand point, Moïſe étoit doué du don des miracles: la Divinité lui avoit confié une partie de ſa puiſſance pour ſe faire croire & obéir. On peut tout quand on diſpoſe d'un pouvoir ſurnaturel pour nuire ou faire du bien, pour punir ou récompenſer.

Orphée qui manquoit de ce ſecours divin, n'avoit que les reſſources de ſon génie, & ſes talens naturels, pour frapper des eſprits bruts, & dompter des caracteres féroces. Les hommes étoient épars: il les raſſembla par les charmes de la muſique dans laquelle il excelloit; la douceur de l'harmonie à laquelle les bêtes même ne ſont pas inſenſibles, les diſpoſa à l'écouter. Il leur chantoit d'abord des fables à leur portée auxquelles il entremêloit ſobrement quelques mots de vérité. Ces ſauvages inoccupés parce qu'ils avoient peu de beſoins & point de paſſions, paſſoient preſque tout leur temps à l'entendre. Lorſque le Chantre de la Thrace vit avec quelle avidité, quel plaiſir, & quels tranſports d'admiration ils l'écoutoient, il ofa leur parler quelquefois de fociété, de mœurs, de difcipline, donnant toujours à fes préceptes l'affaifonnement des fables. Il n'avoit plus qu'un pas à faire. Il le fit. Les Dieux & leurs attributs, leur pouvoir, leur foudre, leur bonté, les hommages qu'ils exigoient pour prix de leurs bienfaits, furent les nouveaux fujets dont il les entretint, leur peignant toutes ces chofes par des images fenfibles, & faifant agir fur eux deux puiffans refforts, la crainte & l'efpérance. Par ces degrés il parvint à leur faire adopter un fyftême & un culte religieux, remplis à la vérité de fables & de pratiques fuperftitieufes, parce que les Thraces n'étoient pas capables d'approcher de plus près de la vérité. Orphée perfuadé qu'il feroit inutile de tenter le mieux, fe contenta du moindre de deux maux. Il penfoit qu'autant la religion l'emporte fur la fuperftition, autant celle-ci eft préférable à la barbarie & à l'irreligion; & que la foibleffe humaine ne pouvant aller d'une extrémité à l'autre fans paffer par le milieu, la fuperftition étoit le degré qui pouvoit élever des fauvages de la barbarie à une vie civile & religieufe.

L'ufage des fables devient inutile quand les hommes peuvent voir la vérité toute nue; mais il feroit difficile de décider fi elles n'étoient pas plutôt nécessaires qu'utiles au temps d'Orphée. Les yeux longtemps plongés dans les épaisses ténèbres de l'erreur, sont blessés du trop grand éclat de la vérité : ils n'en peuvent supporter la vue qu'au travers du voile des fables comme au travers d'un nuage. Les anciens étoient unanimement persuadés que les fables pieuses, les emblêmes, & les allégories avoient beaucoup plus de pouvoir que les raisons philosophiques, pour porter les hommes, surtout le peuple & les femmes, aux bonnes mœurs & au culte des Dieux. On pourroit citer à ce sujet une infinité de passages d'Auteurs respectables de l'Antiquité, où cette vérité est fortement exprimée (\*) ; mais qu'avons-nous besoin de l'autorité des anciens pour appuyer ce que l'expérience des siecles atteste, nous surtout qui savons le fréquent usage que le fondateur du Christianisme a fait de cette méthode, enseignant la vérité par des figures & des paraboles.

---

(\*) Thomas Burnet dans ses *Archæologiæ Philosophicæ* dont tout ce morceau est présque servilement traduit, cite Strabon, Plutarque, Dion d'Halicarnasse, &c. Les paroles de Strabon sont remarquables. *Fieri enim non potest ut mulierum & promiscuæ turbæ multitudo philosophica oratione excitetur, ducaturque ad religionem, pietatem & fidem : sed superstitione præterea ad hoc opus est*, &c.

## §. VI.

### Du Traité de Phérécyde sur l'Origine des choses.

C'est Diogene Laërce qui nous parle de ce Traité de Phérécyde, qui existoit encore de son temps. *Servatur adhuc Pherecydis Syri, quem scripsit, libellus de rerum principio, cujus initium est: Jupiter quidem atque tempus idem semper & tellus erat* (\*).

## §. VII.

### Du Traité d'Ocellus de Lucanie sur l'Univers (\*).

,, Ocellus Lucanus, dont l'antiquité &
,, l'autorité ont été opposées à celles de Moï-
,, se, quoiqu'il ait vécu peu avant Platon, étoit
,, un des plus anciens défenseurs de l'éternité
,, du monde, en quoi il s'étoit éloigné de la
,, vraie doctrine de son maître Pythagore.
,, Nous avons un court Traité qui porte son
,, nom, sur la nature de l'univers, dans le-

---

(\*) *Diog. Laërt. in Pherec.*
(†) Περι τȣ παντος.

„ quel il affirme que le monde eſt abſolument
„ incapable de génération & de corruption,
„ de commencement & de fin ; qu'il eſt de
„ lui-même éternel, parfait, & durable à ja-
„ mais ; que la configuration & les parties de
„ l'univers doivent néceſſairement être éter-
„ nelles, auſſi bien que la matiere du tout, &
„ le genre-humain. Mais les argumens ſur leſ-
„ quels il appuie ſon ſentiment ſon très abſur-
„ des & très ridicules. Par exemple il tâche
„ de prouver que le monde doit néceſſaire-
„ ment être éternel, ſans commencement ni
„ fin, parce que ſa figure & ſon mouvement
„ ſont circulaires, & par conſéquent ſans fin
„ & ſans commencement. Ou bien ſes argu-
„ mens ſont d'un genre à vouloir prouver que
„ quelque choſe doit néceſſairement être éter-
„ nel, parce qu'il eſt impoſſible qu'une choſe
„ ſorte du néant, ou y retombe ; comme
„ quand il dit que le monde doit néceſſaire-
„ ment avoir été éternel, à cauſe qu'il impli-
„ que contradiction qu'il ait eu un commence-
„ ment ; puiſque, s'il avoit eu un commence-
„ ment, cela lui ſeroit venu de quelque autre
„ choſe, & alors il n'auroit pas été l'univers :
„ & c'eſt à ce ſeul argument qu'on peut ré-
„ duire tout ce qu'il dit dans ſon Livre. Pour
„ dire le vrai, lui-même paroît perſuadé que,

„ quelque éternelle & quelque néceſſaire qu'on
„ conçoive chaque choſe, dans le monde, cet-
„ te néceſſité pourtant tire ſon origine d'une
„ intelligence éternelle, dont les perfections
„ néceſſaires ſont les cauſes de cette harmo-
„ nie, qui conſerve l'univers dans l'ordre où
„ nous le voyons. Il reconnoît que Dieu a
„ donné aux hommes des facultés, les organes
„ des ſens, & certains appétits, non pour le
„ plaiſir ſeulement, mais pour des cauſes fina-
„ les; & avoue en termes formels que l'Etre
„ toujours agiſſant gouverne l'Etre toujours
„ paſſif; que le premier de ces Etres eſt la
„ ſource du pouvoir qui ſe trouve dans le ſe-
„ cond; que l'un eſt divin, raiſonnable, &
„ intelligent, & l'autre engendré, deſtitué de
„ raiſon, & ſujet au changement (\*)."

Je propoſe ces réflexions à l'examen du dernier traducteur d'Ocellus.

---

(\*) *Ocellus de Legib. Fragm.*

## §. VIII.

*Timée de Locres:*

*De l'Ame du Monde & de la Nature* (\*).

„ Time'e de Locres foutient que la matie-
„ re eſt éternelle & mobile, qu'elle eſt par
„ elle-même ſans forme & ſans figure, mais
„ capable de recevoir toutes les formes (†)."
Cette matiere premiere *informe*, ſi l'on entend
par-là une privation abſolue de toute figure ou
qualité quelconque, eſt une entité idéale,
qui n'a jamais exiſté, un Etre de raiſon, un
Etre ſans qualité, ni quantité, en un mot une
chimere. On rapporte un grand nombre de
paſſages très formels qui montrent que non
feulement Timée de Locres, mais encore les
philoſophes qui l'ont précédé & ceux qui l'ont
fuivi, ont également admis cette matiere premiere ſans forme & ſans qualité, quoique propre de ſa nature à recevoir toutes les formes
& toutes les qualités. Cela me rappelle ce que
j'ai dit ailleurs, qu'il étoit du fort de l'huma-

---

(\*) Περι ψυχας κοσμυ και Φυσιος.

(†) Chap. I. §. 5. de la traduction de Mr. le Marquis d'Argens.

nité de foutenir toutes les erreurs dans un temps ou dans l'autre.

Timée de Locres foutient que la matiere eft éternelle : cependant il dit dans un autre endroit ,, que le Dieu éternel qui ne peut être ,, apperçu que par l'entendement, eft l'auteur ,, de toutes chofes, & que le monde vifible ,, eft le Dieu engendré." Il ajoute encore ailleurs ,, que ce monde étant une production de ,, Dieu ne peut être détruit que par Dieu ,, lui-même."

## §. IX.

*Sentiment de Platon de l'origine des chofes.*

ON trouve de tout dans Platon : il a l'avantage de prêter des armes pour & contre toutes les opinions, peut-être parce qu'il n'eft réellement convaincu d'aucune. Quant au point dont il s'agit ici, on fait que Platon a dit tour-à-tour que l'on ne pouvoit connoître le pere du monde; qu'il n'étoit pas à propos de rechercher la nature de Dieu; que le monde étoit une émanation éternelle de Dieu; que le monde étoit Dieu, que le ciel, les aftres, la terre, & les ames étoient Dieu, & encore tous ceux que l'antiquité avoit cru tels (*).

---

(*) Voyez ce que lui reproche Ciceron à cet égard dans le Traité *de la Nature des Dieux* Liv. I.

On reprochoit auffi à Platon d'avoir cru la création du monde & de l'ame; & fes difciples, qui en rougiffoient pour lui, s'efforçoient de donner un tout autre fens à fa doctrine pour en cacher le véritable (*). Il faut avouer que Platon s'eft expliqué fur tout cela d'une maniere finguliere, équivoque, & par-là très conforme à fa méthode qui étoit d'adopter toutes les opinions, fans en croire aucune, c'eft-à-dire de les réfuter toutes les unes par les autres. Il l'avoit apprife à l'Ecole de Socrate. C'eft auffi celle que Bayle a fuivie, & vers laquelle le favant Huet inclinoit beaucoup.

### §. X.

*De la Monade & de la Tetrade de Pythagore.*

On fait que Pythagore appelloit *Monade* ou *Unité*, ce principe actif, qui étoit feul la caufe & l'origine de toutes chofes. ,, Il n'a pas ,, feulement appellé le Dieu Suprême une *Mo-* ,, *nade*, mais auffi une *Tetrade*, nom dont l'ex- ,, plication n'a pas médiocrement embarraffé ,, les favans. Cette Tetrade eft appellée dans ,, les Vers dorés, la fontaine de la nature

---

(*) *Plut. de Anim. proc.*

„ éternelle; & par Hieroclès, le Créateur de
„ toutes choses, le Dieu intelligent, la cause
„ du Dieu céleste & sensible, c'est-à-dire les
„ cieux. Les Pythagoriciens modernes tâchent
„ d'expliquer le nom dont il s'agit par le moyen
„ des Mysteres contenus dans le nombre de
„ *quatre*; mais une conjecture faite depuis par
„ quelques Savans (Pic de la Mirande, Selden
„ & Wendeling) nous semble beaucoup plus
„ probable; savoir, que ce nom n'est autre
„ chose que le Tetragrammaton, ou le nom
„ propre du Dieu Suprême parmi les Hébreux,
„ qui consistoit en quatre lettres; & il n'y a
„ pas lieu de s'étonner que Pythagore connut
„ si bien le nom de *Jehovah*, puisque, sans
„ compter ses voyages dans les autres parties
„ de l'Orient, Josephe, Porphyre, & d'autres
„ affirment qu'il a conversé avec les Hébreux."

§. XI.

*Restes de la Cosmologie Etrurienne.*

Les sentimens des anciens Toscans ou Etruriens sur l'origine du monde nous ont été conservés par un de leurs Ecrivains. „ Il dit
„ que Dieu, Auteur de l'Univers, devoit em-
„ ployer douze mille ans dans toutes ses créa-
„ tions. Que pendant les premiers mille ans
„ il

, il avoit fait les cieux & la terre; enſuite
, le firmament que nous voyons; puis la
, mer & toutes les eaux qui ſont ſur la terre;
, après cela le ſoleil, la lune & les étoiles;
, puis les volatiles, les poiſſons, les reptiles
, & les animaux à quatre pieds; enſuite l'hom-
, me: employant mille ans à chacun de ces
, ouvrages. Par où il paroît que ſuivant eux,
, ſix mille ans ſe ſont écoulés avant la formation de l'homme, & que le genre humain
doit ſubſiſter pendant les ſix mille autres ;
, tout le temps que l'univers durera, étant
renfermé dans l'eſpace de douze mille
, ans (\*). Car ils croyoient le monde ſujet
à de certaines révolutions, par leſquelles
commençoit une nouvelle génération. Ces
générations étoient en tout, ſuivant eux,
au nombre de huit, différentes l'une de
l'autre en coutumes & en manieres de vi-
vre; chacune ayant une durée d'un certain
nombre d'années qui lui étoit aſſignée par
Dieu, & déterminée par le période qu'ils
, nommoient la grande année. L'approche
d'une pareille révolution dans le monde
avoit été prédite par les Devins Toſcans, à

---

(\*) *Anonym. apud Suid. in voce* Tyrrheni.

\* \* \*

,, l'occasion d'un prodige qui arriva du temps
,, de C. Marius: ce prodige confiſtoit en ce
,, que l'air étant parfaitement ferein, on en-
,, tendit tout d'un coup un fon lugubre de
,, trompette qui effraya tous ceux par qui il
,, fut oui. Ce font-là tous les reſtes que nous
,, avons de l'ancienne Phyſiologie Etrurienne."

§. XII.

*De la vraie doctrine des Mages.*

,, LES Mages, parmi les anciens Perſes, ne
,, fachant comment rendre raiſon de l'origine
,, du mal, admettoient deux principes, un
,, bon Efprit ou Dieu, & un Efprit mauvais;
,, le premier comme origine de tout bien, &
,, l'autre comme auteur de tout mal : auſſi re-
,, préfentoient-ils l'un par la lumiere, & l'au-
,, tre par les ténebres... Quoiqu'une de leur
,, fecte crût, comme ont fait auſſi les Mani-
,, chéens, & quelques autres hérétiques, que
,, les deux principes étoient co-éternels, cette
,, fecte paſſoit parmi eux pour hétérodoxe: la
,, vraie doctrine des Mages étant que le bon
,, principe eſt feul éternel, & que l'autre eſt
,, créé; ce qui paroît non feulement par le
,, témoignage unanime des Ecrivains Orien-

# PRÉFACE.

„ taux, mais par les reſtes authentiques que
„ nous avons encore des écrits de Zoroaſtre
„ en Grec, & particuliérement dans la deſ-
„ cription ſuivante du Dieu ſuprême, telle
„ que Zoroaſtre l'a faite lui-même. Dieu, dit-
„ il, a la tête d'un Epervier (expreſſion ſym-
„ bolique ſans-doute) & eſt la premiere de
„ toutes les choſes, incorruptible, éternel,
„ incréé, ſans parties, ne reſſemblant point à
„ un autre, la ſource de tous les biens, meil-
„ leur & plus prudent que tout ce qu'on peut
„ concevoir; il eſt le pere de l'Equité & de
„ la Juſtice, puiſe ſes connoiſſances dans ſa
„ propre ſource, eſt parfait, ſage, & auteur
„ de tout ce qu'il y a de ſaint dans la Nature.
„ C'eſt ainſi que Zoroaſtre & Oſthane le Ma-
„ ge parlent de Dieu (\*). Au reſte il paroît
„ clairement que le mauvais principe n'a pu
„ être regardé comme exiſtant par lui-même,
„ puiſque Plutarque affirme qu'il doit être dé-
„ truit un jour, ce qui implique contradiction
„ à l'égard d'un Etre incréé."

---

(\*) *Apud Euſebium de Præp. Ev. Lib. I. Cap. X.*

§. XIII.

*Des six temps de la Création, suivant les Persans modernes.*

Les Persans modernes ont une opinion particuliere qu'ils font remonter jusqu'à Zoroastre qu'ils en supposent l'Auteur : c'est que le monde a été fait en six temps de différente grandeur qui réunis donnent une année complette pour l'accomplissement de ce grand œuvre que Moyse fait exécuter au Créateur en une semaine.

Si l'on est curieux de savoir l'ordre & la durée de ces différens périodes, voici ce que Hyde & Lord en rapportent. Le premier dans lequel les cieux furent créés, est de cinquante cinq jours: le second de soixante jours, employés à la création des eaux & de l'enfer : le troisieme de soixante-quinze jours pendant lesquels la terre fut créée: le quatrieme de trente jours pour la création des plantes & des arbres: le cinquieme de quatre-vingt jours consacrés à la création des animaux: le sixieme enfin auquel l'homme fut créé, est de soixante-quinze jours comme le troisieme (*).

---

(*) *Hyde de Rel. Vet. Pers. Lord's Account of the Religion of the Persees.*

# PRÉFACE.

## §. XIV.

*Doctrine des Philosophes Indiens anciens & modernes.*

„ Les anciens Philosophes Indiens, appellés
„ Brachmanes par les Grecs, croyoient que le
„ monde étoit créé & périssable, étant sujet
„ à être successivement détruit & renouvellé :
„ que les principes de toutes choses étoient
„ différens, mais que la formation du monde
„ avoit commencé par de l'eau (*), & que
„ la bonté de Dieu étoit la cause qui l'avoit
„ porté à créer toutes choses (†). Ce sont-là
„ aussi les sentimens des Bramins modernes,
„ leurs successeurs : mais le détail de leur doc-
„ trine est rapporté, par différens Auteurs,
„ avec une variété fort embarrassante pour
„ ceux qui cherchent à démêler la vérité : va-
„ riété qui vient en partie de ce que les Bra-
„ mins sont fort réservés avec les Etrangers,
„ mais principalement de ce que les Voyageurs
„ sont peu versés dans la langue de ceux dont
„ ils se mêlent de rapporter les opinions."

---

(*) *Megasthenes apud Strab. Lib. XV.*
(†) *Philost. in Vita Apollonii.*

## §. XV.

*D'un Livre Chinois intitulé* De la Nature.

On peut inférer de ce Livre, qu'il y a des Philosophes à la Chine qui croient la matiere informe du chaos créée par l'Etre Suprême qu'ils regardent comme l'Auteur de toutes choses, & gouvernant tout par sa Providence.

## §. XVI.

*Des Philosophes Japonois.*

On prétend qu'il se trouve chez les Japonois des Philosophes qui ont une toute autre idée de leur Amida, que le reste de leur Nation.

„ Ils disent que *Dieu* est invisible, d'une
„ autre nature que les élémens, existant avant
„ la création du ciel & de la terre, sans com-
„ mencement ni fin de durée; que toutes cho-
„ ses ont été créées par lui, son essence étant
„ répandue dans les cieux & dans la terre, &
„ même infiniment au-delà : enfin ils croient
„ qu'il est présent partout, qu'il gouverne
„ & conserve toutes choses; qu'il est immo-
„ bile, immatériel, invisible, & qu'il doit être
„ révéré comme une fontaine intarrissable de
„ tous biens (*)."

--------

(*) *Lud. Froes apud Kircher. Chin. Illust.*

# PRÉFACE.

## HISTOIRE DE LA CRÉATION, SELON MOYSE.

*1. Si Moyse a eu deſſein de donner une hiſtoire complette & ſuivie de la création du Monde entier, ou ſeulement un récit de cette révolution naturelle de la terre qui la mit dans l'état où la trouva le premier homme ?*

Il ne paroît pas que Moyſe ait voulu nous donner une hiſtoire complette & ſuivie de la premiere production des choſes ; & quoiqu'il ſoit difficile de connoître abſolument ſon intention à cet égard par la lettre ſeule du texte qui ne la déclare point expreſſément, cependant l'enſemble de ſa narration porte à croire qu'il a eu deſſein de ſe borner à la théorie de la terre, comme à ce qu'il y avoit de plus intéreſſant pour les hommes.

On remarque aiſément qu'il ne parle du ciel, du grand & du petit luminaire, des aſtres ou étoiles, qu'à cauſe du rapport qu'ils ont avec la terre. Ce deſſein eſt marqué dès le commencement de la Geneſe. L'hiſtorien ſacré, après avoir dit que Dieu avoit fait le ciel & la terre, paſſe incontinent à ce qui concerne la terre qu'il nous repréſente d'abord dans un état de vuide & de confuſion. Il ne revient enfuite au foleil & à la lune que pour indiquer en paffant leur ufage fur la terre où ils fervent à mefurer le temps, à diftinguer le jour de la nuit. Mais il décrit avec un détail très circonftancié l'arrangement du globe terreftre, la féparation des élémens felon leur pefanteur fpécifique; l'élévation des particules les plus légeres & les plus actives pour former l'air, l'étendue, l'atmofphere, ou les eaux d'en-haut; l'amas des eaux d'en-bas en un feul lieu où s'étant écoulées de toutes les parties de la furface du globe qu'elles inondoient, elles laifferent le fec ou le continent à découvert; la production des végétaux, celle des animaux, des quadrupedes, des reptiles, & des oifeaux qui fortirent des entrailles de la terre, & des oifeaux qui naquirent au fein des mers; la formation de l'homme que Moyfe rapporte, ainfi que toutes les autres productions, à une opération immédiate & manuelle de Dieu, par une figure qui ne lui eft peut-être fi ordinaire que parce qu'elle peint aux fens la Divinité.

Ce n'eft pas ici le lieu d'examiner fi Moyfe a pris l'idée de la formation de l'homme telle qu'il la raconte, du fentiment des Egyptiens qui le croyoient né du fein de la terre comme les autres animaux. Dans l'un & l'autre fyftême le corps de l'homme eft toujours un li-

# PRÉFACE.

mon organifé, & fon ame un feu célefte ou un foufle divin. Si le fyftême des Egyptiens eft plus philofophique, celui de Moyfe eft beaucoup plus religieux. Revenons.

Une raifon entre autres qui ne laiffe aucun lieu de douter que Moyfe n'ait fait mention du foleil, de la lune & des étoiles uniquement à caufe de leur rapport avec la terre, c'eft la maniere populaire dont il en parle. Il dit que Dieu fit deux grands luminaires qui font le foleil & la lune, le plus grand pour dominer fur le jour, & le moindre pour préfider à la nuit avec les étoiles.

1. D'abord, dire que Dieu a fait le foleil, la lune & les étoiles pour luire fur la terre, c'eft interpréter indifcrétement les intentions du Créateur, c'eft prétendre que le tout ait été fait pour une de fes moindres parties ; à l'exemple du vulgaire qui ne voyant que le moindre ufage d'une chofe la rapporte toute entiere à ce but. Quel eft l'homme pour ofer fe vanter que les étoiles, ces corps immenfes, ont été fufpendus à la voute célefte pour éclairer de fi loin fa demeure pendant les ombres de la nuit?

2. Moyfe appelle le foleil & la lune deux grands luminaires entre lefquels il ne femble mettre d'autre différence que celle-ci, favoir

que l'un est un plus grand luminaire que l'autre : ce qui signifie, dans la narration de cet historien, que l'un est plus lumineux que l'autre. Cependant le soleil est lumineux par lui-même, & la lune, corps opaque de sa nature, brille d'un éclat emprunté qu'elle réfléchit sur la terre. Moyse ne l'ignoroit peut-être pas; mais aux yeux & dans le style du peuple, le soleil & la lune sont deux luminaires dont l'un fait l'éclat du jour sur la terre, & l'autre celui de la nuit. Moyse ne les distingue point autrement parce qu'il n'en parle que sous le rapport du plus ou moins de lumiere qu'ils nous envoient.

3. La lune est appellée un des deux grands corps lumineux, préférablement aux étoiles, quoique celles-ci soient de beaucoup supérieures à la lune en masse, & que leur lumiere leur appartienne. C'est que la lune, je le répete, est pour la terre un luminaire plus grand que les étoiles, & qu'on ne les considere ici que sous cette relation.

Qu'on lise attentivement le premier Chapitre de la Genese, qu'on le lise avec un esprit dégagé de prévention, on reconnoîtra sans peine qu'il n'y est question que d'un changement naturel survenu dans le tourbillon solaire, lorsque notre terre commença à sortir de l'état de confusion où elle étoit, à prendre de la consistance, à tourner sur son axe & autour du soleil, à en être éclairée & fécondée après la précipitation des vapeurs grossieres, des brouillards épais qui lui avoient intercepté jusqu'alors la lumiere & la chaleur de cet astre; lorsque les montagnes s'éleverent, lorsque le vaste océan fut creusé, lorsqu'en un mot le globe terraquée rendu habitable commença à se peupler d'animaux de toutes les especes : tout cela selon les loix générales du développement des germes.

Mais ce n'est pas-là l'origine des choses. Des temps avoient précédé cette révolution, temps qui ne peuvent être calculés ni par des années, ni par des mois, ni par des jours.

2. *Des temps qui ont précédé la révolution de notre terre d'où Moyse date sa chronologie.*

La matiere ne pouvoit passer brusquement de l'état élémentaire à la forme d'un globe lumineux tel que le soleil & les étoiles, ou à celle d'un globe opaque tel que la terre ou telle autre Planete. Un si prodigieux développement ne pouvoit se faire dans l'espace de six jours semblables aux nôtres en durée.

Tout dans la nature, commence d'exister

fous une très petite forme, la plus petite qui convienne à chaque chofe, & paffe fucceffivement de l'état de femence à la perfection de fon efpece. Ce paffage fe fait en vertu de loix néceffaires, & eft d'autant plus long pour chaque particulier qu'il eft d'une organifation plus compofée, qu'il a plus de métamorphofes à fubir. Voyez quelle différence il y a à cet égard de l'infecte éphémere à l'homme. Et qu'eft-ce que l'homme comparé à l'univers? Quelle proportion entre un gland & un chêne parfait, entre un point féminal & un homme, ou même l'enfant qui vient de naître? Il n'y en a pas davantage entre la femence du monde, fi j'ofe parler ainfi, & le monde formé. Quel temps prodigieux n'exigeoit donc pas la loi de la manifeftation des formes pour amener l'univers au point d'accroiffement où il étoit à la formation de notre terre? Et que fera-ce fi l'origine de la Nature créée va fe perdre dans l'éternité de Dieu même, comme effet néceffaire d'une caufe effentiellement créatrice.

### 3. *Interprétation particuliere du premier verfet de la Genefe.*

„ Au commencement Dieu fit le ciel & la
„ terre." C'eft-à-dire, felon l'Evêque d'Hip-

# PRÉFACE.

pone & plusieurs autres qui ont adopté son interprétation ,, Lorsque Dieu commença d'agir
,, & d'opérer, il fit une matiere informe qui
,, contenoit confusément le ciel & la terre, &
,, d'où ils furent formés ensuite tels qu'ils
,, sont à-présent avec tout ce qu'ils contien-
,, nent."

*In principio fecit Deus cælum & terram, id est in ipso exordio faciendi atque operandi fecit Deus informem materiam confusè habentem cælum & terram, undè formata nunc eminent & apparent cum omnibus quæ in eis sunt* (\*).

Voici comment un Physicien moderne développe ce commentaire :

,, Le Prophete, dit-il, nous donne d'abord
,, ici une idée générale de la Création. Il
,, nous fait voir par les paroles du texte que
,, Dieu commença cette grande œuvre par
,, créer la matiere dont il vouloit que se for-
, mât tout l'univers.

,, Or, comme Moïse, dans la suite de sa
, narration, nous décrit en détail la maniere
, dont cela s'est fait, il y a tout lieu de croi-
,, re que le ciel & la terre, dont il est ici
,, parlé, ne sont ni celui que nous voyons,

---

(\*) *August. Confess. Lib. XII. Chap.* 20. *& alibi.*

,, ni celle que nous habitons, puisque la for-
,, mation des cieux n'arriva qu'au second jour,
,, & celle de la terre au troisieme, suivant le
,, rapport qu'il nous en fait.

,, C'eſt donc de la création de la matiere
,, dont les cieux & la terre, en un mot tout
,, ce vaſte & bel univers devoient être com-
,, poſés, qu'il eſt ici fait mention. Et quand
,, l'Hiſtorien ſacré nous dit qu'au commence-
,, ment Dieu créa le ciel & la terre, c'eſt le
,, même que s'il nous diſoit que Dieu créa
,, d'abord la matiere de laquelle ſe formerent
,, ſuivant les loix du mouvement que ſon Au-
,, teur avoit établies, les cieux, tous les aſ-
,, tres, & la terre avec tout ce qu'elle
,, contient.

,, Ainſi nous pouvons regarder le premier
,, verſet de la Geneſe comme une propoſition
,, générale que fait le Prophete, pour nous
,, faire connoître le deſſein qu'il a eu de nous
,, donner un détail de la maniere dont toutes
,, les choſes ont été faites." (détail qui ne
s'étend néanmoins qu'à la terre comme nous
l'avons dit plus haut.).

,, C'eſt pourquoi, afin d'être méthodique,
,, il a du commencer par nous parler de la
,, création de la matiere, & c'eſt ce qu'il a
,, fait en nous le marquant par les paroles du

,, texte qui nous apprennent que Dieu créa
,, au commencement le ciel & la terre, c'eſt-
,, à-dire le ſujet dont ils furent formés.

,, Je ne crois pas que cette explication
,, puiſſe être regardée d'un mauvais œil puis-
,, qu'elle eſt fondée ſur l'autorité de Saint
,, Auguſtin qui dit que lorſque nous liſons
,, que Dieu fit au commencement le ciel & la
,, terre, cela veut dire qu'au même moment
,, que Dieu a voulu mettre la main à l'exécu-
,, tion de ſon deſſein, il commença d'abord
,, par créer une matiere informe qui renfer-
,, moit confuſément le ciel & la terre, c'eſt-
,, à-dire le ſujet dont furent formés dans la
,, ſuite celui que nous voyons & celle que
,, nous habitons, avec tout ce que l'un &
,, l'autre contiennent (*)."

Parmi le grand nombre de ceux qui ont adopté cette interprétation, je ne citerai que deux Auteurs célebres, parmi les plus modernes. L'un dit formellement que le Créateur ,, tira du néant le ciel & la terre; c'eſt à dire, ,, cette portion immenſe, mais bornée & finie ,, de matiere, d'où ſortirent enſuite, l'air &

---

(*) Nouvéaux Eſſais d'explication phyſique du premier chapitre de la Geneſe, par Mr. de St. Rambert.

,, les cieux, auſſi bien que le globe terres-
,, tre (\*).'' Voici comment s'exprime le ſecond: Lorſque Moyſe ,, dit que Dieu créa le
,, ciel, la terre encore informe, & la lumiere
,, dès le premier jour, il entend par-là que
,, Dieu créa le premier jour la matiere du
,, ciel & de la terre en général, & ſpéciale-
,, ment celle de la lumiere, &c. (†).''

L'Evêque d'Hippone s'eſt autoriſé de la ſuite de la narration de Moyſe pour appuyer ſon
ſentiment. Il prétendoit que l'abîme, ou profondeur, dont il eſt parlé au ſecond verſet de
la Geneſe, n'étoit autre choſe que cette étendue immenſe créée au commencement, & appellée du nom de ciel & de terre, non que le
ciel & la terre exiſtaſſent déja formellement,
mais parce que le ciel & la terre devoient être
formés de cette matiere, qu'on en pouvoit
conſéquemment regarder comme la ſemence,
comme dit ce Pere de l'Egliſe en parlant des
ténebres qui couvroient la face de l'abîme.
*Hæc*

---

(\*) Hiſtoire du Peuple de Dieu, &c T. I. Livre I.

(†) Réponſe à quelques difficultés de Phyſique, d'Aſ-
tromie, de Morale, & de Géographie, propoſées par un
jeune Chevalier ſur divers paſſages de l'Ecriture Sainte;
par le P. Bertier de l'Oratoire dans le Journal de Trévoux

*Hæc materies, quæ consequenti operatione Dei in rerum formas distinguitur, appellata est terra invisibilis & incomposita, & profunditas luce carens, quæ appellata superius nomine cœli & terræ, veluti semen, ut jam dictum est, cœli & terræ* (\*).

Les eaux mêmes qu'agitoit l'esprit de Dieu, un vent de Dieu, un vent fort, violent, impétueux, n'étoient encore au jugement du même Docteur, que la matiere premiere, ténébreuse & sans forme. ,, Tous ces noms, ,, le ciel & la terre, ou la terre invisible & ,, en desordre, & l'abîme couvert de ténè- ,, bres, ou l'eau sur laquelle l'esprit étoit ,, porté, sont des noms synonimes de la ma- ,, tiere informe." *Hæc ergo nomina omnia, sive cœlum & terra, sive terra invisibilis & incomposita, & abyssus cum tenebris, sive aqua super quam ferebatur spiritus, nomina sunt informis materiæ* (†).

Quant au sentiment de Vatable, de Grotius & de plusieurs autres savans qui ont prétendu que pour rendre exactement l'Hébreu, il falloit traduire ,, Lorsque Dieu fit le ciel & la

_____

(\*) *Aug. de Gen. ad Litt. Lib. Imperf.*
(†) *Id. Contra Manich. Lib. I. Cap. 7.*

„ terre, la terre étoit informe, *ou* la ma-
„ tiere étoit informe;" il préfente le même
réfultat, favoir une matiere premiere & informe, un vrai cahos, qui précéda la formation du ciel & de la terre.

Un favant Eccléfiaftique Anglois qui vient
de nous donner une nouvelle traduction des
trois premiers Chapitres de la Genefe avec
des notes & un commentaire qui font defirer la fuite de fon travail, traduit ainfi : „ Au
„ commencement que Dieu fit le ciel & la
„ terre, *ou* Lorfque Dieu commença à for-
„ mer le ciel & la terre, *ou* Avant que Dieu
„ fît & arrangeât le fyftême préfent de la Na-
„ ture, la terre étoit fans forme, &c. (*)."
C'eft encore le même fens pour le fond.

En prenant les mots de *ciel* & de *terre* à
la lettre, fans leur donner une interprétation auffi fubtile que celle de St. Auguftin,
on peut regarder ce premier verfet comme le

---

(*) In the beginning of God's creating the Heaven and the Earth —— When God began to form the Heaven and the Earth —— Before God had made and fettled the prefent System and Courfe of Nature... *A new Englifh Tranflation from the original Hebrew of the three firft Chapters of Genefis; with marginal illuftrations and notes critical and explanatory.* By ABRAHAM DAWSON M. A.

préambule de la narration de Moyſe, dans lequel il rapporte à Dieu la production du ciel & de la terre, c'eſt-à-dire du monde en général, avant que d'entrer dans le détail de la maniere dont il avoit arrangé & mis en ordre notre terre, la ſeule que l'hiſtorien paroît avoir eu particuliérement en vue, comme je l'ai dit.

Cette idée ſimple & naturelle a l'avantage de s'accorder avec toutes les verſions.

4. *Des ſix Jours de la Création Moſaïque.*

TOUT livre ſoumis au jugement des hommes ſera infailliblement interprété dans tous les ſens contraires. Moyſe dit que Dieu fit le ciel & la terre en ſix jours & qu'il ſe repoſa au ſeptieme. Six jours, c'eſt trop pour la puiſſance de Dieu, ſelon les uns; & trop peu pour le développement de la Nature, ſelon d'autres.

Les premiers ne veulent donc point admettre cette Création ſucceſſive & éphémere: ils jugent cette maniere d'opérer indigne de l'Être tout-puiſſant qui n'ayant point eu beſoin d'un ſujet préexiſtant pour former le monde, n'avoit pas non plus beſoin de temps pour perfectionner ſon ouvrage. Celui, diſent-ils, qui créa le monde de rien, put bien le créer en un inftant, fans avoir befoin de fe repofer le feptieme jour, comme un artifan fatigué.

Deux célebres Docteurs du Chriftianifme, Thomas & Auguftin, paroiffent fort portés à croire que tout fe fit à la fois. Ce dernier avoue qu'il eft très difficile, même comme impoffible, de dire ou d'imaginer quels peuvent être les fix jours dont parle Moyfe, que l'efpece de ces jours eft très équivoque (*). L'autre Docteur dit expreffément que ces fix jours n'en font qu'un (†). Ils n'ont donc pas crû devoir prendre à la lettre le journal de la Création donné par Moyfe.

Ceux qui admettent la Création fucceffive, ou plutôt le développement fucceffif des germes créés au commencement, font encore bien éloignés de prendre ces fix jours pour des jours femblables aux nôtres, des jours compofés de vingt-quatre heures, mefurés par le

---

(*) *Qui dies injusmodi fint, aut per difficile nobis, aut etiam impoffibile, cogitare, quanto magis dicere!* Lib. II. de Civit. Dei, Cap. VI.

(†) *Omnes qui dicuntur feptem dies, funt unus dies feptempliciter rebus repræfentatus.* D. Thom.

cours apparent du soleil. Ils les regardent plutôt comme six temps différens d'une durée indéterminée, correspondans à six états par lesquels notre terre passa avant que d'acquérir l'ordre & la perfection qu'elle eut à la fin du sixieme.

Nous avons vu l'étendue que les Persans modernes donnent à chacun des six temps de la Création. Ils les combinent tellement que la réunion des six forme une année entiere, au lieu d'une semaine. Whiston qui ne voit aussi dans la narration de Moyse qu'une théorie abrégée de la terre, prend les six jours pour six années. Peut-être que, si nous connoissions davantage la marche de la Nature, nous trouverions que six siecles conviendroient mieux.

Quoi qu'il en soit, il doit paroître étrange que dans l'espace d'un jour qui est le troisieme, c'est-à-dire avant que la terre fût éclairée, échauffée & fécondée par le soleil, on lui fasse pousser brusquement de l'herbe, se couvrir de plantes dans leur maturité, & produire des arbres chargés de fruits selon leur espece, avec leur semence. Cette production est bien hâtive, sur-tout dans une saison qui n'étoit pas celle des fruits pour l'endroit de la terre où l'historien place les premiers hommes.

## PRÉFACE.

Il y auroit d'ailleurs une contradiction manifeste à soutenir que les trois à quatre premiers jours de la Création Mosaïque fussent des jours semblables aux nôtres, & à vouloir en même temps que le soleil n'ait été fait qu'au quatrieme, au moins quant à sa forme, pour distinguer le jour de la nuit, pour servir de signe ou de mesure aux jours, aux saisons, aux années, puisqu'il suit de cette derniere assertion, que jusqu'alors il n'y avoit point encore eu ni jour proprement dit, ni saison, ni année commencée.

Pour sauver la contradiction qu'il semble y avoir entre le texte de la Genese pris à la lettre & les principes de l'astronomie, on peut composer le soir du premier jour de tout le temps qui précéda la production, ou la premiere apparition de la lumiere sur le globe terrestre: temps indéterminé, mais très-long, qui avec le premier matin fera le premier jour: *Very long evening, or night, which preceded the production of light, together with the morning, or twelve hours light, may be considered as constituting one day, viz. the first* (\*). Mais ce jour ainsi

---

(\*) *A new English Translation from the Original Hebrew of the three first Chapters of Genesis*, by ABRAHAM DAWSON M. A.

# PRÉFACE.

ue les deux fuivans ont toujours cela de pariculier qu'ils manquent de mefure, & ne fauoient être déterminés par le cours des Asres, comme ceux qui commencent le cycle nnuel.

Ce n'eft donc pas fans raifon qu'on nomme es quatre premiers jours de la premiere femaie Mofaïque, des jours extraordinaires (\*), es jours d'une efpece particuliere, qui ne euvent être foumis à aucun calcul véritable: on pas qu'ils n'aient eu une exiftence réelle, qu'ils ne puiffent abfolument être appellés es jours naturels, compofés d'un foir & d'un natin, dans lefquels la terre fit peut-être une évolution complette fur fon axe dans un emps égal à celui de fes révolutions fuivanes, mais parce que cette même terre ne comença à fe mouvoir dans fon orbe autour du oleil que le quatrieme jour, & qu'ainfi on ne eut dater l'année que de ce point. Prenant la lettre ces mots de Moyfe qui dit en parant de la formation du foleil, de la lune des étoiles au quatrieme jour, *Qu'ils feront à marquer les jours & les années*, on y voit

---

(\*) *A Complete Syftem of Aftronomical Chronology, Unolding the Scriptures.* By JOHN KENNEDY.

une raison suffisante de ne compter les jours que de la date du commencement de la premiere année, le quatrieme jour à midi, laissant les trois autres hors de compte à cause qu'ils ne rentrent point dans le cycle solaire.

Cependant ces six temps, ou six états différens de notre terre sont appellés six jours, on leur donne un soir & un matin comme au jours qui suivirent. On en peut apporter, je crois, une raison assez satisfaisante. Moyse voulant rendre raison de l'institution d'un jour solemnel & religieux, consacré d'une maniere spéciale au service du Seigneur, jour auquel les hommes cessant leurs travaux accoutumé rendoient à l'Eternel l'hommage qui lui e du, ne pouvoit donner plus d'autorité à l'institution du Sabbat, qu'en la faisant remonter jusqu'à la Création, comme une fête commémorative du repos même de Dieu qui, après avoir employé six jours à faire les cieux & l terre avec leur armée, s'étoit reposé le septieme jour de toute son œuvre, quoiqu'il soi évident que ces jours & le repos du Seigneu ne doivent pas être pris à la lettre. On peu donc croire que la raison pourquoi Moyse di que Dieu bénit ce septieme jour & qu'il l sanctifia, fut de donner plus de solemnité a jour du Sabbat, institution également salutair au bien de l'ame & du corps.

# PRÉFACE.

5. *Essai d'une théorie de la Terre d'après le texte de Moyse.*

Si, rassemblant les divers traits de cet examen critique de la Création Mosaïque, j'osois en faire la base d'un essai de théorie de la Terre d'après le texte, voici comme je m'y prendrois, en suivant la route qui a été frayée par quelques savans.

Au commencement, longtemps avant les jours ou les temps dont je vais parler, Dieu créa la matiere séminale du monde & de tous les Etres qu'il devoit contenir.

Les élémens de la terre dont j'ai entrepris d'ébaucher la théorie, étoient dispersés çà & là dans la masse universelle, sans former un corps particulier. Après bien des temps ils commencerent à se rassembler suivant la loi des générations. Le premier résultat de cette réunion fut un amas d'élémens ou d'atômes en desordre & en confusion relativement à l'arrangement qui devoit succéder dans la suite. La terre resta donc dans un état informe & de ténebres, jusqu'à ce que par la force évolutive, ou de développement, dont toute la matiere est douée, force qui agitoit intérieurement cette masse fluide & opéroit encore plus sensiblement à sa surface, ses élémens mêlés commencerent à se séparer selon leur pesanteur spécifique : les parties terreuses les plus grossieres se précipiterent vers un centre commun ; celles-ci furent recouvertes par les parties aqueuses. Ainsi le fluide supérieur commença à se purger peu-à-peu de ses plus grosses parties, de sorte que le soleil, depuis longtemps formé & fixé au milieu de son tourbillon, put le pénétrer un peu. Alors la lumiere succéda aux ténebres; & ce fut le premier état de notre terre, le premier jour, jour très-foible que les rayons solaires produisirent dans l'atmosphere terrestre, comme au travers d'un nuage; car il y restoit encore trop de vapeurs grossieres pour que ce fluide supérieur méritât le nom d'air : c'étoit plutôt un brouillard fort épais.

Cependant la précipitation des molécules terreuses & des globules aqueux continua, tandis que les parties de l'air plus légeres, plus subtiles, plus actives, dégagées du poids des petites masses de terre & d'eau, s'élevoient, se raréfioient, s'étendoient & commençoient à former au-dessus des eaux l'étendue ou un fluide aérien subtil, délié & transparent, que le soleil pénétra avec plus de facilité qu'auparavant. Ce fut le second état de notre terre: le second jour beaucoup moins obscur que le premier.

# PRÉFACE.

Les parties terrestres en se rassemblant au
entre, avoient laissé les parties aqueuses au-
essus d'elles, de sorte que l'eau couvroit tou-
e la surface du globe ; mais les précipitations
e s'étoient pas faites en proportion égale de
ous les côtés : il y avoit des inégalités, de gran-
es fentes, des creux plus ou moins profonds,
uelle qu'en fût la cause. Les eaux durent né-
essairement descendre dans les endroits les
lus bas, & laisser par leur écoulement une
artie de la terre à découvert. Cette terre
toit alors un limon gras & plein de bon suc,
ropre à être fécondé par la chaleur du soleil
ont les rayons lui venoient au travers d'un air
lus épuré, sans presque rien perdre de leur
orce. Aussi ce limon se dessécha, s'échauffa,
evint fertile, & les semences des végétaux
u'il réceloit commencerent d'éclore vers sa
rface, tandis que les pierres & les métaux se
ormoient à des profondeurs plus ou moins
randes. Cette troisieme époque de l'arrange-
ent de notre terre méritoit bien d'être distin-
uée par le nom de troisieme jour, la clarté
u'elle recevoit du soleil étant beaucoup plus
ive, & plus forte que dans les deux époques
récédentes ; sans pourtant que le disque
blouissant de cet astre pût encore se faire voir
ui-même.

Lorsqu'enfin la terre fut consolidée, elle commença à tourner sur son axe, & dans une orbite particuliere autour du soleil, soit que son peu de consistance, ou quelqu'autre cause, l'eût rendue jusqu'alors inhabile à ces mouvemens. Son atmosphere acheva de s'épurer entiérement de toutes les parties opaques qui pouvoient encore l'obscurcir, & laissa voir le disque lumineux du soleil, celui de la lune & les points brillans sous lesquels les étoiles sont sensibles à la terre. Alors, & seulement alors, commencerent les jours, les mois, les saisons & les années, mesurés par le cours des astres. C'est le quatrieme état de la terre.

Dans le cinquieme & le sixieme, les semences animales ayant acquis leur juste degré de maturité, les poissons naquirent au sein des eaux, les oiseaux s'élancerent dans l'atmosphere, & la surface du globe se couvrit d'animaux de toutes les especes, éclos dans son sein. L'homme n'est point privilégié à cet égard. Le nom d'*Adam* annonce son origine.

*Amsterdam ce 15 Janvier 1765.*

# DE LA NATURE.

## SIXIEME PARTIE.

DE L'ORIGINE DE LA NATURE,
DE SON ANTIQUITÉ,
DE SES BORNES,
ET
DE SA DURÉE.

## CHAPITRE I.

*De la Production des choses: objet de cette sixieme Partie.*

D'UNE unité de Cause suit une unité d'Action, laquelle ne paroît pas susceptible de plus, ni de moins. C'est en vertu de cet acte unique que tout a été produit, que tout subsiste. Quand cet acte sera épuisé, tout cessera (*). Mais cet acte est éternel, infini, inépuisable, comme la cause dont il est l'effet. Telle est la grande vérité que je vais tâcher de développer, selon mes foibles lumieres: vérité ignorée du peuple qui ne sauroit la comprendre, & méconnue des savans qui ne l'ont pas assez méditée.

---

(*) Voyez la premiere Partie, Chapitre IV.

La Nature eſt le réſultat de cet acte, ou, pour nous rapprocher des idées théologiques, le produit de la puiſſance créatrice. Nous ne pouvons mieux concevoir la puiſſance de créer, que comme la vertu de donner l'être, la vertu de faire exiſter ce qui n'exiſteroit pas fans elle. Mais la vertu de donner l'être n'eſt pas moins incompréhenſible que l'Etre néceſſaire à qui ſeul elle appartient.

Je ne me flatte donc pas de pénétrer l'énergie de la cauſe: ce n'eſt pas là mon but. Ayant établi ce principe inconteſtable, que l'acte de la cauſe eſt éternel, infini, inépuiſable, je me propoſe d'en déduire, comme une conféquence néceſſaire, ce que nous devons penſer de l'origine de la Nature, de ſon antiquité, de ſes bornes & de ſa durée.

Comme pluſieurs ſavans ont traité cette matiere avant moi, il eſt arrivé ici ce qui arrive dans toutes les recherches philoſophiques un peu difficiles; ceux qui ne parviennent point au but ſement la route qui y conduit, de préjugés vulgaires ou ſcientifiques : traces fatales de leur paſſage, propres à arrêter les eſprits qui n'ont pas la force de franchir ces obſtacles Je dois commencer par faire tomber ces préjugés.

Briſons de vaines Idoles que l'on prend indiſcrétement pour la ſtatue auguſte de la Vérité.

## CHAPITRE II.

*Des difficultés que l'on peut faire ſur la création & ſur ſa poſſibilité.*

L'EXISTENCE de la cauſe unique eſt démontrée (†). L'exiſtence de l'effet, comme tel, eſt ſenſible. Dès-lors je ſuis forcé d'admettre la création, j'entends la production du monde, quelque

---

(†) là-même Chapitre II.

# SIXIÈME PARTIE.

nom que l'on donne à cette opération de la cause. Cela n'empêche pas qu'elle ne me semble sujette à de grandes difficultés. Et quelle vérité en est tout-à-fait exempte? Quelle vérité si évidente & si bien établie qu'on ne puisse combattre encore avec quelque apparence de raison? Quelle opinion si absurde qu'on ne puisse soutenir aussi avec honneur? Telle est la force de l'esprit humain, qu'il maîtrise souvent la vérité faite pour le subjuguer! Telle est sa oiblesse, qu'il devient plus souvent encore le jouet e l'imposture qu'il devroit dominer!

Les difficultés sur la création & sur sa possibilité, ussent-elles beaucoup plus fortes & en plus grand iombre qu'elles ne le sont, n'infirmeront jamais la éalité du fait. Quand il est prouvé qu'une chose st, il est trop tard de disputer de sa possibilité; & uiconque sent qu'il n'existe pas par sa propre veru, par la perfection de sa nature, a mauvaise rrace à demander s'il a pu être fait par un autre tre, ou si cet autre Etre peut dispenser l'existence.

On ne détruit point ici l'évidence du fait par son mpossibilité. Tous les argumens des anciens éterialistes, tous ceux de Spinoza & de son illustre commentateur, ne vont pas jusqu'à prouver que la puissance de faire des Etres répugne en elle-même.

Dans cette matiere encore, les raisons tirées de la contemplation de la Nature & du cours ordinaire des choses, ne sont d'aucun poids contre la possibilité d'une puissance qui est hors de la Nature, & au-dessus de la raison.

L'intrinseque de la puissance créatrice est un mystere. Voilà pourquoi la création a ses difficultés: oilà aussi pourquoi ces difficultés ne doivent point nous arrêter, quand même elles seroient insolubles.

## CHAPITRE III.

*Du nombre & de l'autorité de ceux qui ont prétendu que la matiere étoit éternelle & improduite.*

Croit-on rendre la création improbable en exagérant le nombre & l'autorité de ceux qui ne l'ont pas connue, ou qui l'ont niée?

Feuilletez les annales du monde, rappellez tous les temps, parcourez tous les pays; comptez parmi les défenseurs d'une matiere éternelle & incréée, les Phéniciens qui réfléchirent les premiers sur l'origine de l'univers:

Les Chaldéens fameux, presque à l'égal des Juifs, par la croyance d'un seul Dieu:

Les Babyloniens qui, en attribuant l'arrangement du monde, l'ordre de ses parties, le mouvement des corps célestes, la formation des animaux, au Dieu suprême qu'ils nommoient *Bel*, assuroient néanmoins qu'il n'avoit ordonné & formé toutes ces choses que d'une matiere éternellement préexistante qu'il avoit trouvée en desordre:

Les Egyptiens qui présumerent assez de leur sagesse pour expliquer la formation de l'univers sans y faire intervenir aucune sorte de Divinité:

Les anciens Gaulois que Strabon met aussi au nombre des éternalistes.

Joignez-y tous ou presque tous les philosophes Grecs:

Hésiode qui dit qu'au commencement existoit le cahos, & qui fait sortir tout le reste de cette masse informe:

Anaximandre qui suppose une certaine matiere primitive & infinie dont il fait l'unique principe de l'univers:

Pherecyde dont le Traité de l'origine des cho-

# SIXIÈME PARTIE.

fes, commençoit ainfi, *Jupiter, le temps & la terre ont toujours été:*

Ocellus qui prétend que le monde eft éternel & incréé, & qui prouve feulement qu'il doit y avoir quelque chofe d'éternel & d'incréé:

Timée qui veut que la matiere foit éternelle & mobile par effence, mais fans forme & fans figure, quoique capable de les prendre toutes:

Platon à qui l'on peut faire dire tout ce qu'on veut:

Xenophanes & Meliffe qui, confondant l'effet avec la caufe, attribuerent à l'un ce qui n'appartenoit qu'à l'autre:

Mofchus, Leucippe, Democrite, Epicure & tous les Atomiftes:

Arittote enfin qui ofa fe faire honneur de l'invention d'un fyftême connu & admis avant lui, & qui méritoit peut-être d'en être réputé l'auteur, par le zele avec lequel il le foutint, & les raifons nouvelles dont il l'appuya.

Quand il feroit conftant que le fyftême de l'éternité du monde, a été le fyftême favori des anciens; que les uns fe le font répréfenté comme exiftant par lui-même de toute éternité dans l'état où nous le voyons; que les autres en fuppofant que fa forme préfente n'avoit pas toujours exifté, l'ont cru du moins éternel quant à fa matiere; que tous fe font accordés à fuppofer certains principes préexiftans indépendamment de la caufe efficiente du monde, fur lefquels elle avoit agi pour donner à l'univers la forme qu'il a; quel avantage tireroit-on de cette foule de témoignages?

J'accorde au favant Thomas Burnet que la maniere dont on explique aujourd'hui la création de l'univers a été abfolument inconnue dans l'antiquité, non-feulement aux philofophes, mais même à tous les peuples de la terre, fans en excepter les Hébreux. On conviendra auffi avec moi que la queftion n'eft pas de nature à être décidée par le poids des autorités, mais par la force du raifonnement. Ce que les anciens ont dit ou pensé est-il une regle dont les modernes n'osent s'écarter ? Ils étoient hommes comme nous. Respectons leur mémoire autant qu'elle le mérite. Que leurs noms ne nous en imposent pas jusqu'à nous faire adopter servilement leurs erreurs. Osons plutôt les contredire quand la raison l'ordonne.

On nous répete souvent, & l'expérience nous l'enseigne ,, que les opinions les plus généralement ,, répandues, & les mieux autorisées, ne sont pas ,, toujours les plus exactement vraies ; que les hom- ,, mes les plus respectables & les plus habiles ont ,, eu quelquefois des sentimens qui, quoiqu'allez ,, généralement reçus de leur temps, sont aujour- ,, d'hui proscrits & regardés comme peu conformes ,, à la vérité ; qu'au contraire ces mêmes savans ,, ont quelquefois regardé pendant longtemps com- ,, me des rêveries, ou comme des erreurs ; des ,, vérités dont l'évidence a été depuis démontrée " Cette leçon doit nous apprendre à apprécier les opinions des hommes, quelque anciennes & générales qu'elles puissent être.

## CHAPITRE IV.

*Véritable sens de cet axiome:*

DE RIEN ON NE FAIT RIEN.

On nous assure que les philosophes de l'antiquité s'accorderent tous à dire, que la matiere du monde étoit improduite, sur ce principe qu'il étoit impossible que quelque chose eût été faite de rien ; de sorte que ceux-même qui croyoient en Dieu, admettoient pourtant un Etre éternel, incréé, distinct de Dieu, qui étoit la matiere du monde.

Si ces grands hommes renaissoient, peut-être que

plusieurs, en avouant le principe, nieroient la conséquence qu'on leur impute. Voyons si de cet axiome reçu généralement de toute l'antiquité, on peut inférer que la matiere du monde soit improduite. Quant à moi, je le tiens pour aussi vrai que jamais aucun philosophe l'ait soutenu. Mais, comme il est équivoque, il a besoin d'explication. Il a un sens naturel & seul vrai: on le prend presque toujours dans le sens contraire. De-là vient que parmi les modernes les uns veulent que ce qui est soit incréé; tandis que d'autres disent avec confiance que de rien on peut faire quelque chose. Il est à propos, je crois, d'achever de dissiper jusqu'au moindre scrupule sur ce point.

Le néant ne peut rien produire: il n'a aucune propriété: il n'est susceptible d'aucune forme, modification, ou action. Du néant on ne peut rien faire de réel. Le néant ne peut pas devenir quelque chose; il y auroit contradiction. Le néant est la négation précise de l'être. Dieu ne peut pas travailler sur rien: le rien ne sauroit être le terme ni le sujet de ses opérations, n'ayant aucune aptitude, aucune faculté, aucune capacité. Voilà, je pense, tout ce que signifie cette sentence si célebre: *Ex nihilo nihil fit*: De rien on ne fait rien.

Ne signifioit-elle que cela dans la bouche des anciens? Elle a pu signifier encore que ce qui n'est pas ne peut se donner l'existence.

Je ne trouve nulle part que les anciens aient soutenu, au moins prouvé, qu'il étoit impossible qu'une chose commençât d'être, & que la puissance de faire exister une chose qui n'étoit pas, fût une faculté chimérique & contradictoire. Les changemens continuels qu'ils appercevoient dans la Nature, la vicissitude des saisons, la végétation des plantes, la destruction & la réproduction successive du genre-humain, les nouvelles formes que prenoit la matiere sous leurs yeux, perdant celles qu'elle avoit d'abord, devoient leur faire comprendre qu'à chaque inſtant, il ſe faiſoit une production réelle de formes & de qualités, en ſorte que quelque choſe qui n'étoit pas commençoit d'être, comme quelqu'autre choſe qui étoit ceſſoit d'être. Cela ſuffiſoit, ce ſemble, pour leur donner à penſer que ce qui n'exiſtoit pas pouvoit commencer d'exiſter : ſur tout à ceux qui regardoient les formes, les idées & les qualités des choſes comme des Etres ſubſtantiels particuliers.

Véritablement, de rien on ne fait rien. Lorſque nous diſons que Dieu a créé le monde, qu'il l'a tiré du néant, nous ne ſommes pas en contradiction avec cet axiome des anciens : car nous ne voulons pas dire que Dieu a fait que le néant devînt quelque choſe, qu'il a donné une forme au néant, que le rien a été le ſujet de ſes opérations. Nous diſons ſeulement que l'Etre ſuprême, par ce pouvoir qui n'appartient qu'à lui, a fait exiſter ce qui n'exiſtoit pas, ou pour parler plus exactement ce qui n'auroit pas exiſté ſans lui, ce qui ne pouvoit exiſter que par lui. Cette notion de la création ſuffit pour le préſent. Je la rectifierai davantage dans la ſuite, lorſque j'aurai traité de l'origine & de l'antiquité de la Nature.

Dieu a dit : Que le monde ſoit ; & le monde a été. Dieu a dit : Que la lumiere ſoit ; & la lumiere fut : comme s'exprime Moïſe qui nous a décrit d'une maniere figurée, & par-là plus ſenſible, plus frappante, & plus proportionnée peut-être à la foibleſſe humaine, mais qui ſemble répugner aux vraies notions de la raiſon, ce que le Créateur fit à la naiſſance des temps, par un acte très ſimple

# CHAPITRE V.

*Examen d'une expression de la Vulgate qui dit que Dieu a fait de rien le ciel, la terre & tout ce qu'ils contiennent.*

Je veux parler de la pieuse exhortation de la mere des Machabées au plus jeune de ses enfans. La voici telle qu'elle est dans la Vulgate:

*Peto, nate, ut adspicias ad cœlum & terram, & ad omnia quæ in eis sunt; & intelligas quia ex nihilo fecit illa Deus, & humanum genus* (*).

Mot pour mot „Je vous prie, mon fils, de re-
„garder le ciel & la terre, & tout ce qu'ils con-
„tiennent; & de comprendre que Dieu les a faits
„de rien, aussi bien que le genre humain."

Mais le Grec rend mieux le Texte Hébreu; & la Vulgate ne rend pas le Grec qui porte ἐξ οὐκ ὄντων ἐποίησεν αὐτὰ ὁ Θεός, *ex non existentibus fecit illa Deus,* c'est-à-dire „Dieu a fait que ces choses de-
„vinssent existantes de non-existantes qu'elles
„étoient." Au moins il me semble que c'est là le vrai sens, le sens unique de ce passage. Il est toujours sûr qu'il est mal rendu par ces mots *ex nihilo fecit illa Deus* „Dieu les a faits de rien". Ou „Dieu
„a fait tout cela du néant". L'Hébreu ni le Grec ne disent rien de pareil.

Un habile & célebre Protestant (†) n'a pas été plus heureux dans sa traduction, quoiqu'il paroisse s'être plus attaché à rendre fidélement la version Grecque. Il traduit: „Je vous conjure de regarder
„le ciel & la terre, & toutes les choses qui y sont

---

(*) Machab. L. II. Cap. VII. 28.
(†) Mr. de Beausobre.

,, contenues, & de bien confidérer que Dieu les a
,, faites de celles qui n'exiſtoient pas."

N'eſt-ce pas-là faire entendre que Dieu a travaillé
ſur des choſes qui n'exiſtoient pas, ſur des riens,
ſur le néant ? Cela s'appelle dire préciſément ce
qu'on vouloit éviter de dire.

Voici comme je traduirois le texte entier, pour
ſauver toute contradiction, toute abſurdité. ,, Je
,, vous conjure, mon fils, de regarder le ciel & la
,, terre, & tout ce qu'ils contiennent, & de com-
,, prendre que Dieu a donné l'exiſtence à ces cho-
,, ſes qui ne l'avoient pas, auſſi bien qu'au genre
,, humain."

## CHAPITRE VI.

*Des Philoſophes payens qui ont reconnu que la matiere du monde avoit été produite.*

Il n'eſt pas tout-à-fait hors de propos de parler ici des philoſophes payens qui ont admis la création proprement dite, c'eſt-à-dire qui ont regardé la matiere du monde comme l'effet de la cauſe unique qui eſt Dieu, de quelques termes qu'ils ſe ſoient ſervis pour exprimer leur penſée : il ne s'agit pas ici des mots. Du reſte on ſent bien que dans l'énumération que je vais faire, je n'ai pas deſſein d'oppoſer autorité à autorité.

D'abord il n'eſt pas bien conſtaté que tous ceux dont j'ai parlé ci-deſſus (*) aient penſé que la matiere fût improduite. Ce que j'en ai dit dans la Préface peut donner des doutes légitimes ſur leurs vrais ſentimens. Il eſt plus certain que Pythagore attribuoit à Dieu la production du monde.

---

(*) Chapitre III.

# SIXIEME PARTIE.

Orphée que j'aurois dû nommer avant Pythagore, Orphée le grand apôtre du polythéisme, qui crut devoir enseigner aux hommes grossiers une Religion à leur portée, & non telle qu'il la croyoit ; Orphée qui inventa les noms des Dieux, forgea leurs générations & leur histoire, & fut néanmoins réputé un philosophe, un sage dont les fables religieuses n'étoient pas ce qu'elles paroissoient au peuple, mais des allégories profondes & réfléchies qui servoient d'enveloppe à la sagesse la plus sublime ; Orphée que les Pythagoriciens & les Platoniciens, ceux des philosophes qui se piquoient le plus de Religion, honorerent toujours comme le pere de la saine Théologie ; Orphée reconnoissoit un Dieu suprême, auteur de toutes choses.

La création étoit un principe, ou plutôt le premier article de la cosmogonie des anciens Toscans ou Etruriens, telle qu'elle nous a été conservée par un de leurs écrivains.

„ Les Mages, parmi les anciens Perses, reconnois-
„ soient aussi que le monde avoit été créé de Dieu,
„ & leurs successeurs sont encore aujourd'hui dans
„ le même sentiment.... Car les Persans modernes
„ ont une tradition particuliere, qu'ils prétendent
„ avoir reçue de Zoroastre, savoir que Dieu a créé
„ le monde, non en six jours naturels, mais en six
„ temps de différente longueur, appellés en leur
„ langue *Gâban-bârba*, & faisant en tout trois cens
„ soixante cinq jours, ou une année complette."
La longueur du temps employé à la formation du monde fait soupçonner qu'il ne s'agit pas ici seulement de sa premiere production, mais aussi de son arrangement.

Les anciens philosophes Indiens, ou Brachmanes, & les Brames modernes leurs successeurs, s'accordent de même sur ce point, qu'un Dieu a fait le monde par un principe de bonté.

La plus saine partie des philosophes Chinois croient que Dieu tira du cahos tout ce qu'il y a de matériel dans l'univers,

Il s'en trouve aussi parmi les Japonois, qui rapportent l'origine du monde à la puissance productrice de Dieu (*).

Enfin l'auteur, dont je copie cette espece de catalogue en l'abrégeant, assure que plusieurs peuples de l'Amérique ont été dans la même croyance à l'égard de la création, & qu'on ne manque pas d'exemples pour le prouver.

Ce tableau mis en parallele avec celui qu'offre le Chapitre III. fait voir que la vérité n'a pas été, toujours, ni partout, enveloppée des ténebres de l'erreur. Il est vrai que tous les peuples ont couvert leurs doctrines sur l'origine des choses, du voile des emblêmes & des allégories. Sous cette forme elles nous paroissent étranges, bizarres, & même ridicules, parce que nous donnons trop à la lettre. Tout l'étrange & le ridicule disparoîtroit probablement, si nous en avions la vraie explication. L'ombre des temps nous la cache. Nous blâmons avec raison Julien, Celse, & d'autres, d'avoir tourné en dérision, & raillé de la maniere la plus indécente, l'Histoire de la création rapportée dans la Genese. En reconnoissant l'authenticité divine du récit de Moïse, on ne doit pas non plus taxer témérairement d'athéisme, ni de folie, ni d'absurdité, des opinions qui pourroient n'avoir d'extraordinaire que les symboles sous lesquels elles nous sont présentées, lesquels fixent trop notre attention : nous devrions pénétrer plus avant pour voir ce qu'il y a de caché sous cette enveloppe. Jusques-là nous n'avons pas droit de les juger.

---

(*) Voyez les preuves de tout ceci dans la Préface de ce Volume.

# CHAPITRE VII.

*Si les Hébreux concevoient la création au sens que les Théologiens Chrétiens la conçoivent aujourd'hui.*

„ La création n'a été connue que par la révéla-
„ tion; la raison humaine n'avoit pas assez de force
„ d'elle-même pour faire cette découverte." (*)

On n'a pas besoin de l'autorité de la révélation pour croire que le monde a été créé; la raison seule suffit pour le prouver, & l'on ne doit pas s'étonner que plusieurs payens soient parvenus, par les seules lumieres naturelles, à la connoissance de cette vérité.

Ces deux opinions opposées ne manquent pas de partisans. Il y a des esprits plus hardis qui ont avancé, dans ces derniers siecles, que la création avoit été inconnue à toute l'antiquité profane & sacrée, sans en excepter les Hébreux; & que c'étoit une découverte, ou une imagination, des théologiens modernes.

Cependant les premiers mots de la Genese disent qu'au commencement Dieu *créa* le ciel & la terre: on les traduit ordinairement ainsi.

On prétend donc que le mot *créa*, dans la signification qu'on lui donne aujourd'hui, est un terme tout-à-fait nouveau, qui n'a point de mot correspondant dans les langues Hébraïque, Grecque, & Latine; que l'Hébreu *barab*, ἐποίησε en Grec, & *fecit* en Latin, traduit en François par *créa*, signifie simplement *fit*; & que ce dernier mot rend toute la force & l'énergie de l'Hébreu, du Grec, & du Latin, sans désigner pourtant la création proprement

---

(*) Encyclopédie, au mot CREATION.

dite. L'on a eu tort évidemment de vouloir qu'il signifiât faire quelque chose de rien, ce qui est en soi une contradiction manifeste.

D'autres commentateurs se persuadent que le mot Hébreu rendu en Latin par *créavit* ou *fecit*, en François *créa* ou *fit*, signifie proprement *donna l'existence*; que d'anciens Rabbins lui donnent cette signification; & que si quelquefois aussi il veut dire *donna la forme* à une chose déja existante, c'est en ce sens que, lorsqu'on façonne un morceau de matiere, on fait exister une forme qui n'étoit pas.

Le mot François *faire* signifie aussi quelque chose de plus que *former*, *façonner*, *arranger*. Si dans l'usage ordinaire il ne désigne pas toujours la premiere production de la matiere sur laquelle on travaille, il semble pourtant qu'il peut avoir cette signification, pris dans un sens strict & philosophique, lorsqu'on parle de l'origine du monde.

Ne contestons point sur des mots. Une pareille dispute seroit ici plus inutile que jamais. On demande si les Hébreux concevoient la création comme les théologiens Chrétiens la conçoivent aujourd'hui.

La question est décidée par le nom que Dieu se choisit, qu'il leur notifia si solemnellement, & pour lequel ils eurent toujours tant de respect; nom qui désigne proprement *Celui qui fait que les choses soient*, l'Auteur de la Nature, le Créateur au sens le plus formel. Quelle plus juste idée pouvoient-ils avoir de la création, qu'en croyant que Dieu avoit fait que les choses fussent, qu'il leur avoit donné l'être, comme il l'avoit lui-même révélé en prenant le nom auguste de JEHOVAH?

Peut-on rien de plus expressif encore que l'endroit du second Livre des Machabées, rapporté ci-devant (*)?

---

(*) Chapitre V.

## CHAPITRE VIII.

*De l'Age du monde, & des différens systèmes de Chronologie.*

CEUX qui reconnoissent que la matiere a été produite par un Etre éternel, n'en sont pas moins embarrassés lorsqu'il s'agit de savoir quand elle a été faite.

Des nations prétendues indigenes se croyoient nées dans le pays qu'elles habitoient, & elles le supposoient peuplé depuis un temps immémorial. Les Egyptiens & les Chaldéens faisoient remonter les annales de leur monarchie, les uns jusques à trente mille, les autres au-delà de quatre cens trente mille ans. Les Chinois & les Indiens se glorifient d'une antiquité que l'on traite, peut-être trop légérement, de fabuleuse. Mais tous ces peuples ne prétendent pourtant pas remonter jusques à l'origine des choses, ni fixer l'âge du monde par celui qu'ils se donnent à eux-mêmes.

Les Juifs sont les premiers qui aient osé former cette entreprise, s'y croyant autorisés par leurs livres, quoiqu'ils se contentassent d'une antiquité beaucoup moins grande que celle des Egyptiens & des autres dont on vient de parler. Les chronologistes modernes n'ayant qu'un moindre nombre de siecles à arranger, peuvent à peine s'accorder sur la date d'une seule époque. Ils ne semblent se réunir tous à adopter cette chronologie abrégée, que pour prendre la liberté de l'altérer & de l'interpréter chacun à sa fantaisie, selon son système particulier, de rétrécir un temps, d'en prolonger un autre, d'en transposer un troisieme. Que conclurre aussi des savantes discussions des Scaliger, des Petau, des Usserius, des Marsham, des Cumberland, des Pezron, des Periſſonius, des Newton, des Freret, des Fourmont, &, pour citer les plus modernes, des Ferguſſon, des Kennedy; que conclurre, dis-je, de leurs ſavantes diſcuſſions, ſinon qu'ils ſe réfutent les uns les autres, qu'on ne ſauroit prendre parti entre eux ſans avoir le plus grand nombre contre ſoi, que la chronologie qu'ils ont priſe pour guide n'eſt point une regle ſure & ſuffiſante?

Après tout, il ne s'agit ici ni d'abréger ni d'accroître l'âge du monde de quelques milliers de ſiecles. Il eſt queſtion d'une bien plus haute antiquité. Peut-on marquer un point, ſoit dans le temps ou dans l'éternité, auquel le monde n'ait pas exiſté? Le monde ne réſulte-t-il pas plutôt de l'Eſſence Divine, ſinon comme partie, du moins comme production, en ſorte que l'une ne puiſſe avoir exiſté ſans l'autre?

## CHAPITRE IX.

*La Chronologie eſt inſuffiſante pour fixer l'Age du monde.*

CETTE inſuffiſance ne réſulte pas ſeulement de l'oppoſition mutuelle des diverſes chronologies entre elles, des variations particulieres de chacune, des diviſions interminables des chronologiſtes. Cette raiſon eſt la moindre de toutes. La principale ſe tire, ſelon moi, de ce que la chronologie la plus vaſte pour nous ne ſauroit remonter qu'à l'époque où la terre commença d'être habitée par des hommes. Il y a bien loin de cette époque à celle de la naiſſance du monde.

Quand donc il ſeroit vrai que, lorſqu'Alexandre paſſa en Aſie, il y eût déja quatre cens mille ans que les Chaldéens obſervoient les aſtres, ainſi qu'ils l'aſſuroient; le temps auquel ces anciens Aſtronomes avoient levé pour la premiere fois les yeux vers le ciel, étoit encore fort poſtérieur à celui où les
glo-

# SIXIEME PARTIE. 17

lobes célestes qu'ils observoient, avoient reçu leur remiere existence.

Quand on conviendroit de l'authenticité des Grandes Annales Chinoises où il est dit qu'au commenement il y eut trois Empereurs, l'un du ciel, le econd de la terre, le troisieme des hommes, que elui-ci fonda l'empire de la Chine que ses descendans gouvernerent pendant cinquante mille ans; es Annales laisseroient toujours un grand vuide de fondation de cet empire à celle du monde.

A l'égard de la chronologie des Juifs, quelque arti que l'on prenne, que l'on suive le Texte Hébreu qui abrege visiblement les temps, où la Version des Septante qui les étend peut-être trop, ou Texte Samaritain qui tient le milieu entre ces ux excès, sans que pour cela on doive le croire lus sûr; elle ne prouve pourtant pas que le jour la lumiere parut, qui y est appellé le premier jour, it le temps où la matiere du ciel & de la terre mmença d'exister (*).

## CHAPITRE X.

*Conclusion sur la Chronologie de Moyse.*

N n'est du-tout pas fondé à prendre pour l'époc de l'origine des choses, une révolution de noglobe qui le mit en état de produire des minéux, des végétaux & des animaux: ce que je puis peller son âge de puberté.

---

(*) Je crois l'avoir suffisamment démontré dans la Préface de ce lume.

Tome III. B

## CHAPITRE XI.

*Préparation aux Chapitres suivans.*

IL étoit nécessaire d'écarter certains préjugés qu[i] pouvoient nous arrêter dans la recherche de l'o[ri]gine du monde : c'est tout ce que j'ai prétendu fair[e] jusques ici. Nous sommes en état de nous appliqu[er] plus librement à cette importante recherche, à pré[-] sent que nous sommes sûrs que les annales d'aucu[ne] nation ne remontent à un temps si éloigné, & q[ue] nous pouvons étendre nos vues fort au-delà, sa[ns] craindre de les contredire.

Nous allons desormais partir de ce point, que l[e] monde vient de Dieu, & qu'il est plus ancien q[ue] la formation ou l'arrangement de notre terre.

## CHAPITRE XII.

*De l'Eternité.*

LES notions les plus exactes de l'Eternité nou[s] la font concevoir comme une *Durée* simple, sa[ns] commencement & sans fin, sans passé & sans futur[,] sans succession & sans vicissitude quelconque; c'e[st] à-dire une *durée* dont nous ne savons & ne conce[-] vons autre chose, sinon qu'elle est l'opposé de [la] durée des créatures, de cette durée successive qu[i] se forme du passé, du présent & du futur, qui s'é[-] coule & varie, qui n'a même d'autre mesure que l[a] vicissitude des choses.

On appelle l'éternité une *durée* simple, perma[-] nente, toujours semblable à elle-même, non pa[s] que l'on conçoive la compatibilité de ces mots: ca[r]

# SIXIEME PARTIE.

a durée ne paroît propre que d'une existence temporelle, successive, continuée; mais parce qu'on manque de terme pour exprimer ce qui n'est pas dans la Nature.

### Notion de l'Eternité, selon Locke.

La notion que Locke nous donne de l'éternité, est celle d'une *durée* sans bornes, je dirois presque un temps infini, comme on peut s'en convaincre par le passage suivant:

„ Comme nous avons souvent dans la bouche le
„ mot d'*Eternité*, nous sommes portés à croire que
„ nous en avons une idée positive & complette, ce
„ qui est autant que si nous disions qu'il n'y a au-
„ cune partie de cette durée qui ne soit clairement
„ contenue dans notre idée. Il est vrai que celui
„ qui se figure une telle chose, peut avoir une idée
„ claire de la durée. Il peut avoir, outre cela, une
„ idée fort évidente d'une très grande étendue de
„ durée, comme aussi de la comparaison de cette
„ grande étendue de durée avec une autre plus
„ grande. Mais comme il ne lui est pas possible de
„ renfermer tout-à-la-fois dans son idée de la du-
„ rée, quelque vaste qu'elle soit, toute l'étendue
„ d'une durée qu'il suppose sans bornes, cette par-
„ tie de son idée qui est toujours au-delà de cette
„ vaste étendue de durée, & qu'il se représente en
„ lui-même dans son esprit, est fort obscure & fort
„ indéterminée (*).''

Si donc on pouvoit se représenter, concevoir, ou renfermer dans son idée, toute l'étendue d'une durée sans bornes, ensorte qu'il n'y eût aucune partie de cette durée qui n'y fût clairement contenue, comme dit Locke, on auroit, selon lui, une idée

---

(*) Essai philosophique concernant l'entendement humain. Liv. II, Chap. XXIX.

positive & complette de l'éternité. Il me semble, à moi, qu'une telle idée ne seroit que l'idée d'un temps dit infini, formé d'une infinité de parties, ou de momens. L'éternité est autre chose. Il ne suffit pas, pour la concevoir, d'étendre jusqu'à l'infinité l'idée que nous avons de la durée. Cette idée, quelque étendue qu'on lui donne, sera toujours l'idée d'une durée successive & temporelle qui n'a rien de commun avec l'éternité.

*Notion de l'Eternité, selon Leibnitz.*

Leibnitz dit, dans un Ouvrage particuliérement destiné à éclaircir ou réfuter Locke, que l'idée du temps & celle de l'éternité viennent de la même source, parce que nous pouvons ajouter dans notre esprit certaines longueurs de durée les unes aux autres aussi souvent qu'il nous plaît; & que pour en tirer la notion de l'éternité, il suffit de concevoir de plus que la même raison subsiste toujours pour aller plus loin (*). Si l'idée du temps & celle de l'éternité venoient de la même source, ce ne pourroit être que parce que le temps & l'éternité seroient composés des mêmes élémens. Admettre que le temps & l'éternité résultent des mêmes quantités composantes, avec cette différence que le temps n'en contient qu'un certain nombre, au lieu que l'éternité en comprend une infinité, rien n'est moins digne du profond génie de Leibnitz. D'ailleurs l'expédient qu'on propose pour tirer la notion de l'éternité de l'idée du temps en y joignant une raison toujours subsistante d'une prolongation de durée, ne donne pourtant que la notion d'un temps indéfini, d'un temps sans bornes fixes.

Ce grand philosophe ne proposoit sans doute une notion si imparfaite de l'éternité, que pour la rec-

---

(*) Nouveaux Essais sur l'entendement humain, Mst.

ifier ensuite. Je crois, dit-il quelques pages après, que nous avons l'idée positive de l'éternité, & que cette idée sera vraie, pourvu qu'on n'y conçoive pas comme un tout infini, mais comme un absolu, un attribut sans bornes qui se trouve dans la nécessité de l'existence de Dieu, sans y dépendre des parties, & sans qu'on s'en forme la notion par une addition des temps (*).

Si je ne me trompe, une telle notion de l'éternité ne vient point de la même source que l'idée du temps. Elle ne se forme point en joignant à l'idée du temps une raison toujours subsistante d'une durée ultérieure. Au contraire, on en exclut expressément toute idée de durée, parce que toute idée de durée importe une succession d'instans. L'éternité n'est pas un tout infini, composé de parties; c'est-à-dire, qu'elle n'est pas une durée infinie, un temps infini. C'est un absolu qui a sa raison dans l'existence de Dieu: d'où je tire cette

*Conclusion.*

L'Eternité est l'existence de Dieu, existence absolue, simple, immobile, nécessaire par elle-même, incommunicable.

## CHAPITRE XIII.

*Si la Nature a pu être co-éternelle avec son Auteur ?*

UNE définition claire & précise termine bien des disputes.

Il suffit de se rappeller la distinction nécessaire entre l'existence de Dieu, & la durée du monde, pour

(*) Ibid.

montrer que la Nature n'a pu être, ni éternelle e: soi, ni co-éternelle avec son Auteur, ayant une du rée qui ne ressemble en rien à l'existence éternelle Celle-ci est simple & immobile, celle-là est succe sive & changeante. L'une ne passe point, & l'au tre passe sans cesse.

La Nature & son Auteur existent dans deux ordr de choses tout-à-fait différens, qui n'ont rien commun, de semblable, ni d'analogue.

Je sais que la possibilité de l'éternité du monde ou de sa co-éternité avec Dieu, a été soutenue pa de grands hommes. St. Thomas, Wolf & les at tres savans qui ont soutenu cette opinion, n'o pas pris garde qu'elle rapprochoit trop deux c ses essentiellement disparates ; qu'elle donnoit monde un genre d'existence incompatible av l'Etre créé.

## CHAPITRE XIV.

*Réponse à ce raisonnement :*

„ *Dieu put créer le monde aussi-tôt qu'il fornia le décre*
„ *de le créer : ce décret est éternel : donc le monde*
„ *pu être éternel, ou co-éternel avec Dieu.*"

Voila à quoi se réduisent les raisonnémens pro lixes des défenseurs de la possibilité de l'éternité du monde, c'est-à-dire, à équivoquer sur le mot d'é ternité. Il étoit donc à propos de définir ce terme S'ils avoient voulu prendre cette précaution, ils s feroient épargné une longue controverse, & de plu la honte de nier une conséquence qui découle né cessairement de leurs principes, savoir que le monde est éternel. Car l'éternité du monde est impossible, où elle est nécessaire : il n'y a pas de milieu.

,, *Dieu put créer le monde auſſi-tôt qu'il forma le
,, décret de le créer.''*

Je craindrois de me rendre trop difficile ſi je nioîs
cette propoſition, quoiqu'elle me ſemble mal énon‑
cée. Former un décret, prendre une réſolution, ſe
éterminer, vouloir, ce ſont autant d'expreſſions
riſes de ce qui ſe paſſe dans l'homme, & qui ne
s'appliquent point convenablement à Dieu. Dieu
'a rien formé de ce qui eſt dans lui. Tout ce qui
ſt dans Dieu, y eſt néceſſaire comme Dieu. On ſe
ouviendra que je n'admets ni liberté, ni volonté
ans Dieu (*).

,, *Ce décret eſt éternel.''*

Tout ce qui eſt dans Dieu eſt éternel comme Dieu.
C'eſt Dieu même, que nous imaginons ſous tel ou
tel rapport: rapports qui n'exiſtent que dans notre
imagination, Dieu étant un Etre ſimple.

,, *Donc le monde a pu être éternel, ou co-éternel avec Dieu.''*

Point du tout. Quand même ce qu'on appelle le
décret de la création auroit été auſſi-tôt exécuté que
formé, le monde n'en feroit pas moins temporel,
ſa durée n'en feroit pas moins ſucceſſive. Que ce
décret ſoit, ou ait pu être, auſſi-tôt effectué que
formé, ou qu'il ne ſoit, ou n'ait pu être, mis à
exécution que plus ou moins de temps (temps poſ‑
ſible & purement idéal) après avoir été formé; cela
ne change rien à la nature de l'Etre créé.

Donc, quoique Dieu ait pu créer le monde auſſi‑
tôt qu'il en forma le décret, ſi j'oſe ainſi m'expri‑
mer; & quoique ce décret ſoit éternel, le monde n'a
pu cependant être éternel, ni co-éternel avec Dieu.

---

(*) Voyez la cinquieme Partie.

## CHAPITRE XV.

*Suite du Chapitre précédent.*

*De ce que Dieu a eu de toute éternité la puissance de créer le monde, il s'enfuit seulement que le monde a pu être créé de toute éternité, & non que le monde a pu être éternel.*

LA forme la plus séduisante dont on puisse présenter le grand, l'unique argument qu'il y ait en faveur de la possibilité de l'éternité du monde, est celle que lui donne un célebre commentateur d'Aristote (*).

*Imprimis est argumentum primum quo probatur mundum potuisse ab æterno esse. Deus ab æterno fuit jam omnipotens, sicut cum produxit mundum; ab æterno potuit producere mundum. Consequentia certissima est, & antecedens verissimum. Et hoc argumentum est præcipuum pro hac sententia.*

En abrégeant: ,, Dieu a eu de toute éternité la
,, puissance de créer le monde; donc le monde a pu
,, être créé de toute éternité; donc le monde a pu
,, exister de toute éternité.

Cet argument tombe à faux, si on l'emploie à prouver la possibilité de l'éternité du monde. Il suffit d'en réduire les termes à leur valeur, pour voir qu'il ne prouve point du tout que le monde ait pu être éternel.

Dieu a eu de toute éternité la puissance de créer le monde; ou Dieu a eu la puissance de créer le monde de toute éternité, mais il n'a pas pu faire le monde éternel. Un Etre créé & éternel: cela im-

---
(*) Le Cardinal Tolet ou Toleta.

plique contradiction; la temporanéité est une qualité essentielle à l'Etre créé.

Si Dieu agit, il agit nécessairement dans l'ordre où il existe, dans l'éternité; mais le terme de son action n'est point de cet ordre, & il n'en sauroit être. On l'avoit déja dit dès le commencement: La cause & l'effet sont nécessairement d'un ordre différent. Dieu remplit seul son ordre. Tout ce qui existe, outre Dieu, quoiqu'il existe par Dieu, est d'un autre ordre.

Dès-là que Dieu crée, le temps commence pour l'Etre créé: Dieu en créant le monde, fait le temps qui est la durée du monde.

Dire que Dieu a pu créer de toute éternité, ensorte que l'Etre créé fût éternel, car c'est là le point décisif, c'est prétendre que Dieu ait pu faire le temps éternel, quoique le temps soit l'opposé de l'éternité.

Si Dieu agit, il agit en Dieu, d'une manière divine, une, simple, selon sa nature. Le terme de son action ne participe pas pour cela de la nature divine, une & simple. Il n'est, ni simple, ni divin, quoique l'effet d'une cause divine. Il n'y a point ici d'analogie entre la cause & l'effet, parce qu'il est essentiel à la cause d'être d'un ordre particulier au-dessus de tout le reste, même à une distance infinie de ses productions. Tous les créés sont infiniment loin de l'incréé.

Ceux qui ne veulent pas en convenir, n'ont pas des notions précises de la cause & de l'effet. Dans la Nature, il n'y a point de cause ni d'effet à parler strictement: il n'y a que développement, manifestation, transformation. Un phénomene en amene un autre, mais il ne le produit pas. Dé-là vient que la notion de causalité est si imparfaite. Les phénomenes se montrent successivement sur la scene du monde, attirés les uns par les autres en vertu de la loi qui les enchaîne tous. Ils sortent de dessous la toile, pour ainsi dire, mais aucun n'est réellement produit par celui qui le précede. Aucun n'ayant d'empire réel fur celui qui le fuit, il ne fauroit l'amener que par une analogie très proche, la plus proche qu'il puiffe y avoir entre eux, le paffage de l'un à l'autre étant le moindre poffible.

Au contraire l'intervalle de la caufe qui exifte par elle-même, à l'effet auquel elle donne l'exiftence, eft auffi grand qu'il puiffe être, c'eft-à-dire infini, tel qu'il doit être entre l'incréé & le créé. Et, fi l'énergie infinie de la caufe franchiffant cet intervalle met quelque rapport entre elle & fon effet, ce rapport eft d'une efpece particuliere, c'eft la négation de tout rapport, de toute analogie de vertu, d'exiftence, ou d'effence.

La difproportion immenfe de la caufe à l'effet, eft fondée fur l'aféité de la caufe qui exifte par la néceffité de fon effence complette & incommunicable. Tout ce qu'elle fait exifter, eft néceffairement d'un ordre différent. Le créé & l'incréé ne fauroient être du même ordre.

## CHAPITRE XVI.

### Suite.

### De la Puiffance de créer.

LA puiffance de créer bien entendue, eft la puiffance de faire exifter un ordre de chofes temporel, effentiellement différent de l'ordre éternel, lequel eft rempli par la feule infinité de la caufe.

Dieu en créant fait exifter quelque chofe hors de lui, hors de l'ordre de fon exiftence, hors de l'éternité.

# SIXIEME PARTIE.

## CHAPITRE XVII.

*Suite.*

*Comment le monde a-t-il pu exister de toute éternité sans avoir pu être éternel?*

*Se pouvoit-il que l'existence de l'incréé ne précédât point celle du créé?*

### PREMIERE QUESTION.

*Comment le monde a-t-il pu exister de toute éternité sans avoir pu être éternel?*

ON a de la peine à appercevoir de la différence entre ces expressions, *exister de toute éternité*, & *être éternel*. La différence est pourtant très grande. La puissance créatrice est éternelle : son éternité seroit une chimere, si elle ne pouvoit pas produire éternellement son effet, ou autrement, si l'effet ne pouvoit pas être produit dès l'éternité de la cause. Il ne suffit pas toutefois que cet effet puisse être produit dès l'éternité de la cause, pour pouvoir être éternel comme elle. En le supposant produit de toute éternité, il ne sera pas encore éternel. Pour l'être, il faudroit qu'il entrât dans l'ordre de l'éternité, dans l'ordre d'une existence simple, immuable, nécessaire par elle-même. Or son essence l'exclut de cet ordre : car le produit de la puissance créatrice, est l'existence d'un Etre temporel ; & l'existence d'un Etre temporel est nécessairement hors de l'éternité.

Etre éternel, c'est exister dans l'ordre de l'éternité, ou plutôt c'est constituer l'ordre de l'éternité, avoir une existence simple, immobile, nécessaire par elle-même, & conséquemment incommunicable.

Tout ce qui est éternel existe de toute éternité. Tout ce qui existe de toute éternité, ou dès l'éternité, n'est pas pour cela éternel, comme l'ont cru mal-à-propos les défenseurs de la possibilité de l'éternité du monde.

Exister dès l'éternité précisément, c'est seulement exister dès que quelque chose d'éternel existe, c'est n'être précédé dans l'existence par aucun Etre, pas même par l'Etre éternel. Mais exister dès que quelque chose d'éternel existe, n'être précédé dans l'existence par aucun Etre, pas même par l'Etre éternel, ce n'est pas exister dans l'ordre de cet Etre éternel, ce n'est pas avoir une existence simple, immobile, & nécessaire par sa nature comme lui. On ne voit point de connexion essentielle entre ces deux choses, ensorte que l'une ne puisse se trouver sans l'autre dans un Etre quelconque.

Si Dieu a pu créer de toute éternité, quelque chose a pu exister dès l'éternité même de Dieu. Mais par la définition même de la puissance de créer, créer de toute éternité, ce n'est pas faire quelque chose d'éternel, car l'éternel n'est point fait ; c'est seulement faire exister dès l'éternité quelque chose hors de l'ordre éternel, hors de l'éternité.

Un Etre peut avoir été fait dès l'éternité d'un autre Etre, puisque l'on reconnoît dans celui-ci une vertu éternellement productrice ; au lieu qu'il répugne qu'un même Etre soit *fait* & en même temps *éternel*.

Je ne dirai donc plus précisément que le monde a pu exister de toute éternité, où dès l'éternité de Dieu, sans avoir pu être éternel. Je dirai d'une manière plus positive, qu'il étoit impossible que l'Etre créé, même créé de toute éternité, fût éternel, le créé ne pouvant être l'incréé, le temps ne pouvant être l'éternité.

L'existence du monde ne sauroit être éternelle, elle est essentiellement temporelle, successive, va-

# SIXIEME PARTIE.

riable. Le temps a été fait avec le monde, le temps est la durée du monde. L'éternité n'a point été faite, l'éternité est la durée de Dieu, si l'on peut appeller durée, une existence simple & immobile.

## SECONDE QUESTION.

*Se pouvoit-il que l'existence de l'incréé ne précédât point celle du créé ?*

Se pouvoit-il que l'existence de l'incréé ne précédât point celle du créé ? C'est-à-dire, Dieu a-t-il pu créer de toute éternité, ensorte qu'il n'ait jamais été seul, sans faire exister quelque chose hors de lui ? C'est ce que j'examinerai plus amplement tout-à-l'heure ; & selon ma coutume qui est de tâcher de faire un pas au-delà de ceux qui m'ont précédé dans la discussion des matieres que j'ai entrepris de traiter, je ne m'arrêterai point à la possibilité. Je trancherai le mot en soutenant que Dieu a nécessairement créé de toute éternité.

## CHAPITRE XVIII.

*Le monde a-t-il pu être aussi ancien que Dieu ?*

Qu'on ne demande pas si le monde a pu être aussi ancien que Dieu. Ce seroit s'exprimer improprement. Il n'y a aucune sorte de parité entre la durée des créatures & l'existence de Dieu. L'antiquité du temps n'a rien de commun avec l'éternité, dans laquelle il n'y a ni passé ni futur, & conséquemment ni ancienneté ni nouveauté. L'antiquité se compte ou se mesure par les temps écoulés antérieurement ; & il n'y a point de temps dans l'éternité. L'éternité & le temps forment deux ordres de choses si disparates que ce n'est point établir une parité entre le Créateur & sa créature, de dire que celle-ci a pu exister dès l'éternité de son Auteur.

## CHAPITRE XIX.

*Est-il possible que Dieu & ses créatures aient toujours existé ensemble ?*

Bayle a senti l'équivoque du mot *éternité*, mais je ne sais s'il l'a suffisamment écartée. Voici comment il s'explique à ce sujet.

„ Il y a plus d'équivoques qu'on ne s'imagine dans
„ la controverse de l'éternité du monde. Tous les
„ Chrétiens demeurent d'accord qu'il n'y a que
„ Dieu qui ait toujours existé ; mais plusieurs sou-
„ tiennent qu'il a pu créer actuellement le monde
„ aussi-tôt qu'il a formé le décret de le produire,
„ d'où ils concluent que le monde a pu exister éter-
„ nellement, puisqu'il est indubitable que le décret
„ de le produire est éternel. Plusieurs soutiennent
„ aussi qu'il est impossible qu'une créature soit éter-
„ nelle. Chacun de ces deux partis est plus fort en
„ objections qu'en solutions. Cette dispute, que
„ l'on rend si longue & si difficile, se termineroit
„ bientôt, pourvu que de part & d'autre l'on s'ex-
„ pliquât nettement, & qu'on écartât les équivo-
„ ques d'éternité. Il faudroit poser ainsi la ques-
„ tion : *Est-il possible que Dieu & ses créatures aient*
„ *toujours existé ensemble ?* On ne prendroit pas si
„ hardiment la négative ; car le mot d'éternité du
„ monde, ce terme, dis-je, qui effarouche tant de
„ gens, ne frapperoit pas l'esprit. Pour écarter en-
„ core mieux la pierre d'achopement, il faudroit
„ dire qu'une certaine créature qui auroit toujours
„ co-existé avec Dieu ne seroit pas éternelle, & il
„ faudroit aussitôt en donner cette raison, c'est que

# SIXIEME PARTIE.

„ la durée des créatures eft fucceffive, & que l'é-
„ ternité eft une durée fimple qui exclut effentiel-
„ lement le paffé & l'avenir. Par cette différence
„ effentielle entre la durée de Dieu & celle des
„ créatures, on feroit tomber prefque toute la con-
„ teftation."

Cet expofé montre que je n'ai prefque rien dit encore fur la queftion de la poffibilité de l'éternité du monde, qui n'ait été penfé & dit, avant moi, par un célebre philofophe dont je ne fuis ici que l'écho. Il me femble feulement qu'il n'a pas affez développé fa penfée. Il a femé, c'eft à nous de recueillir. Il a entrevu la co-exiftence de la Nature avec fon Auteur, laquelle je tâcherai de porter jusques à l'évidence. Il n'a peut-être pas auffi pofé la queftion avec autant de jufteffe que le requiert une matiere fi délicate. Je defire d'y mettre un peu plus de précifion.

Eft-il poffible que Dieu & fes créatures aient toujours exifté enfemble? Cet énoncé ne rapproche-t-il pas un peu trop l'exiftence de Dieu de celle des créatures, en donnant à l'une & à l'autre une même mefure, celle du temps, exprimée par le mot *toujours*? Il n'y a de jours que dans le temps, & l'exiftence de Dieu eft au-deffus de l'ordre temporel, au-delà du temps.

On fuppofe auffi que cet autre mot *enfemble*, ne met aucune efpece de liaifon, ni d'union, entre Dieu & fes créatures, en vertu de quoi ils faffent un feul tout, un tout enfemble. Autrement on tomberoit dans l'efpece de fpinozifme la plus féduifante pour les philofophes. Il n'y a point de fentiment plus éloigné de cet écueil, que le mien. Loin de confondre la Nature avec fon Auteur, je les regarde comme deux incommenfurables qui n'ont point de proportion.

CHA.

## CHAPITRE XX.

*La Nature a-t-elle pu toujours co-exister avec son Auteur ?*

ON pourroit proposer ainsi la question, pourvu néanmoins que par cette co-existence on n'entendît pas établir une sorte de parallele, d'affinité, ni d'analogie, entre la maniere d'être de Dieu & la durée de la Nature.

La conjonction *avec* a peut-être une partie de l'inconvénient du mot *ensemble*. On ne sauroit mieux y remédier, qu'en disant que la Nature a pu toujours co-exister avec son Auteur, mais dans un ordre différent.

## CHAPITRE XXI.

*La Nature a pu toujours co-exister avec son Auteur, mais dans un ordre différent.*

DIEU ne pouvoit pas faire exister la Nature dans l'ordre de l'éternité, parce que l'existence de la Nature ne peut être éternelle. L'éternité est le propre de Dieu seul. Cela n'empêche pas que le Créateur n'ait pu de toute éternité, donner à la Nature une existence temporelle, la seule qui lui convient. Il a donc pu faire toujours co-exister la Nature avec lui, mais dans un ordre différent.

Ou la Nature a toujours pu co-exister avec son Auteur, ou elle ne l'a jamais pu. La puissance créatrice étoit complette de toute éternité : elle n'a rien acquis ni perdu. Cependant la Nature co-existe actuellement avec son Auteur; elle a donc pu toujours co-exister avec lui, ensorte que Dieu n'eût jamais existé sans elle.

CHA.

# SIXIEME PARTIE.

## CHAPITRE XXII.

*Examen du sentiment de ceux qui prétendent que Dieu n'a pu créer le monde qu'après une éternité. Contradiction étrange.*

J'AI travaillé en vain à comprendre le sentiment de ceux qui prétendent que le monde n'a pu être produit qu'après une éternité. Peut-être auront-ils la même peine à comprendre le mien. Dans le leur, Dieu a dû forcément attendre une éternité pour créer le monde. Dès lors, il n'a pas eu, pendant cette éternité, une puissance réelle de créer. Cette puissance étoit liée par la nécessité: elle ne pouvoit agir (*). Qu'est-ce qu'une puissance qui ne peut agir, une puissance actuelle, infinie, qui doit attendre une éternité, pour agir, une puissance obligée de rester oisive pendant toute une éternité? N'est-ce pas là abuser des termes, confondre toutes les idées, se jetter témérairement dans des contradictions insoutenables? C'est plus, c'est se jouer de la puissance de Dieu, de la lier & délier ainsi, pour l'accommoder à de vains systèmes.

## CHAPITRE XXIII.

*Nouvelle contradiction dans le même sentiment.*

*Eternité antérieure, Eternité postérieure.*

DANS cette même hypothèse, le temps est comme un point entre deux éternités, l'éternité anté-

---

(*) *Si ab æterno non potuisset mundum producere, sequitur quod debuit expectare per æternitatem ut mundum posset producere.*

Tome III.        C

rieure & l'éternité postérieure. Ainsi l'on divise l'éternité indivisible, en deux portions égales ou inégales, pour mettre entre elles la durée du monde.

---

## CHAPITRE XXIV.

*La même contradiction plus sensible & plus révoltante dans le système de l'éternité du monde.*

QUAND on fait le monde éternel, on divise son éternité en autant de parties qu'il y a de moindres momens dans sa durée. L'éternité alors n'est plus qu'une série de momens infinis en nombre, & infiniment petits en quantité : notion absolument fausse.

On divise encore l'éternité en deux grandes portions dont l'une sans commencement se termine au moment présent, & l'autre commence au moment présent pour ne point finir. La premiere, savoir l'éternité antérieure, infinie quant au nombre des temps écoulés, reçoit chaque jour de nouvelles additions, car le jour qui passe va se réunir à la somme des temps passés.

L'autre éternité qu'on dit commencer au moment présent, ne commence réellement jamais, puisque le moment présent est à peine écoulé qu'il fait partie de l'éternité précédente, & n'appartient à l'éternité suivante ou postérieure, que lorsqu'il n'est pas encore.

La subtile pénétration de S. Thomas, lui avoit persuadé que l'infini pouvoit n'être infini que d'un côté, & être fini de l'autre par lequel il étoit susceptible d'addition. Il ne trouvoit point de difficulté à admettre un temps éternel, infini quant à ce qui s'en étoit écoulé dans l'éternité antérieure, & fini quant au moment présent, le terme du passé, auquel se joignoient sans cesse d'autres momens. *Nam nihil prohibet infinito ex ea parte additionem fieri, qua sit finitum. Ex hoc autem quod ponitur tempus æternum, sequitur quod sit infinitum ex parte ante, sed finitum ex parte post: nam præsens est terminus præteriti* (\*).

J'ai beau y penser, je trouve également impossible & de diviser l'éternité, & d'ajouter à l'infini.

Un temps éternel est aussi pour moi une contradiction perpétuelle.

---

## CHAPITRE XXV.

*La Nature a toujours co-existé avec son Auteur.*

*Véritable sens des premiers mots de la Genese.*

IL est desagréable pour un Philosophe Chrétien de ne pouvoir suivre librement & publier avec candeur ce que lui inspire sa raison, sans qu'on lui objecte d'abord la Révélation. Je laisse au Lecteur impartial à juger si je suis en opposition avec ce que les Livres Saints nous apprennent de l'origine des choses.

„ Dieu étoit de toute éternité ; & le monde n'é-
„ toit point : parce que le monde ne pouvant être
„ ni de lui-même, ni éternel, il devoit être créé
„ dans le temps & tiré du néant. Ce fut donc après
„ une éternité, que le monde & rien du monde
„ n'étant encore ni pour la matiere ni pour la for-
„ me, le moment arriva, où l'esprit incréé, tout-
„ puissant, éternel, infini, manifesta au-dehors,
„ en créant cet Univers, l'étendue de son pouvoir
„ & la sagesse de ses conseils (†)."

---

(\*) *S. Thomæ Aquinat. Summa Catholicæ Fidei. Lib. II.*
(†) Histoire du Peuple de Dieu depuis son origine jusqu'à la naissance du Messie, tirée des seuls Livres Saints, &c.

Je cite cette paraphrase du premier verset de la Génese, préférablement à toute autre, parce qu'elle expose d'une maniere plus claire & plus affirmative l'opinion de ceux qui croient y appercevoir une éternité avant la création. Pour moi, j'y vois tout le contraire, même selon la version la plus communément reçue.

„ Au commencement Dieu créa le ciel & la
„ terre."

Je rapproche ces mots de ceux-ci :

„ Au commencement étoit le Verbe."

L'Apôtre S. Jean exprime ainsi l'éternité du Verbe. Cela est si incontestable & si sensible, que le Théologien qui a si mal entendu la doctrine du Législateur des Hébreux, sur l'origine des choses, a mieux rendu le texte de l'Apôtre en traduisant : „ De toute éternité étoit le Verbe (*)." Il eut été bien en peine de donner une raison satisfaisante des deux sens contraires qu'il donne à une même expression, lui faisant désigner ici l'éternité, & ailleurs un temps après l'éternité.

Au commencement étoit le Verbe, c'est-à-dire, le Verbe étoit de toute éternité. Je ne doute pas non plus que le début de Moïse ne signifie aussi, non pas que le monde est éternel puisqu'il ne peut l'être, mais que Dieu l'a créé de toute éternité, que Dieu n'a jamais été sans le monde, que l'activité de la cause n'a jamais resté oisive & sans opérer, que le monde a été dès que Dieu lui-même a été, que la création est aussi ancienne que Dieu est éternel, que l'éternité n'a point été avant le temps, que la Nature a toujours co-existé avec son Auteur, quoique dans un ordre tout-à-fait différent : Dieu de toute éternité, & la Nature de tout temps.

---

(*) Histoire du Peuple de Dieu, depuis la naissance du Messie jusqu'à la fin de la Synagogue, tirée des seuls Livres Saints, &c.

## CHAPITRE XXVI.

*Preuve tirée de la bonté de Dieu. Ce qu'on doit en penser.*

Ce que Dieu a fait est bon. Pourquoi auroit-il retardé d'une éternité entiere la production d'une chose bonne, à son propre jugement, s'il a pu la produire plutôt ?

Les Platoniciens tiroient avantage de la considération de la bonté de Dieu, pour prouver que le monde avoit toujours été. La bonté de Dieu, disoient-ils, est infinie, éternelle, immuable : elle est essentiellement communicative, car qu'est-ce que la bonté, sinon un penchant à faire du bien? Rien n'a donc pu retarder les effets de cette bonté : il a toujours dû exister un objet sur lequel elle répandît ses graces.

Les Platoniciens modernes ont ajouté à ce raisonnement. Ils ont dit que Dieu étant essentiellement & nécessairement bon, les communications de sa bonté étoient également nécessaires; que la fin de la création étoit le bien des créatures; qu'un Etre dont l'essence est de faire du bien, ne pouvoit résister à cette bienfaisance, & en suspendre les effets pendant une éternité.. ,, La bonté divine est par-
,, faite en tout point. Quand on dit que Dieu a
,, créé toutes choses pour sa bonté, on n'entend
,, pas que Dieu ait eu besoin des créatures, & que
,, leur existence ajoute au caractere de sa bonté.
,, Dieu a créé toutes choses pour sa bonté, parce
,, qu'il est de l'essence de cette bonté de se com-
,, muniquer autant qu'il est possible : c'est en cela
,, qu'elle éclate. Toutes choses participent aux
,, effets de la bonté divine, selon l'étendue de leur
,, être ; elles y participent d'autant plus qu'elles
,, existent plus longtemps, aussi il n'appartient qu'à

ns la Divinité d'exister toujours par la nature de son
,, être. Or la bonté de Dieu est infinie ; il lui est
,, donc essentiel de se communiquer à l'infini, elle
,, a dû se communiquer de toute éternité, & non
,, pas dans un certain temps, déterminé. Ainsi la
,, bonté divine semble demander qu'il ait existé
,, des créatures de toute éternité."

*Cum bonitas divina perfectissima sit, non hoc modo dicitur, quod omnia a Deo processerunt propter bonitatem ejus, ut ei aliquid ex creaturis accresceret : sed quia bonitatis est ut seipsam communicet prout possibile est, in quo bonitas manifestatur. Cum autem omnia bonitatem Dei participent in quantum habent esse, secundum quod diuturniora sunt magis bonitatem Dei participant, unde & esse perpetuum speciei dicitur divinum esse : bonitas autem divina infinita est ; ejus igitur est ut se in infinitum communicet, non aliquo determinato tempore tantum ; hoc igitur videtur ad divinam bonitatem pertinere, ut creaturæ aliquæ ab æterno fuerint*, (\*)

Il ne s'agit plus ni de l'éternité du monde, ni de sa co-éternité, mais seulement de sa co-existence avec Dieu, dans l'ordre temporel. Je suis bien éloigné de penser que la considération de la bonté divine ait la moindre force pour établir que les créatures ont toujours co-existé avec le Créateur.

D'abord, j'ai tout lieu de soupçonner qu'il y a de l'illusion dans l'idée qu'on se fait de la prétendue bonté de Dieu. Je m'en suis suffisamment expliqué. La bonté est une inclination à faire du bien : elle a pour premier élément la sensibilité de notre être. C'est une disposition de notre ame qui par le sentiment du plaisir & de la douleur qu'elle a éprouvé à la présence de certains objets, l'intéresse vivement au bien-être de ses semblables, la porte naturellement à leur procurer des sensations agréables, & lui donne une répugnance pareille à

---

(\*) *S. Thomæ Aq. Summa Catholicæ Fidei. Lib. II.*

les faire souffrir. La raison & le principe de cette inclination sont dans la constitution de notre être, dans ses rapports, ses devoirs, son imperfection même. Rien de tout cela n'est dans Dieu: Dieu aura-t-il la bonté, sans avoir les principes qui la constituent ? Rien de tout ce qui fait la bonté ne convient à Dieu. Une bonté divine seroit une qualité monstrueuse (*).

A ce faux principe de la bonté divine on en joint un autre, qui n'est pas plus vrai, concernant la fin de la création. On suppose donc, car on ne sauroit le prouver, on suppose que Dieu créant l'univers & dans cet univers des créatures intelligentes & capables de sentir la douleur & le plaisir, ce ne peut être que pour leur faire du bien, conformément à sa nature bienfaisante.

Cette fin ne regarde que les créatures sensibles, capables de plaisir : dès-lors elle est insuffisante pour rendre raison de l'ensemble de la création.

Ensuite, parmi les créatures sensibles, combien y en a-t-il qui gémissent sous le poids du malheur ? Si Dieu les a faites pour être heureuses, il a manqué le but qu'il s'étoit proposé.

Une troisieme considération plus décisive, c'est qu'il est au dessous de Dieu d'agir pour une fin (†). Qu'on fasse Dieu bon, juste, sage; il n'en sera pas plus légitime de rapporter la création à sa bonté, qu'à sa justice, à sa sagesse, ou à telle autre des perfections humaines qu'on lui donne dans un dégré dont leur essence les rend incapables. Encore moins sera-t-il permis de s'en servir à prouver l'antiquité du monde.

---

(*) Voyez la cinquieme Partie, Chap. LXVI.
(†) Voyez la même Chap. LXXI.

## CHAPITRE XXVII.

*Autre preuve tirée de la volonté de Dieu, également défectueuse.*

Écoutons encore le subtil Théologien que nous avons déja cité plus d'une fois. Il est fécond en argumens qui ne prouvent rien, parce qu'ils ont pour principe une fausse supposition.

„ Un Etre, qui agit par sa volonté, ne retarde
„ point l'exécution de ce qu'il se propose de faire,
„ à moins qu'il n'attende quelque préalable qui
„ n'est pas encore, & dont il a besoin pour agir:
„ tel qu'est dans l'agent, une complettion de puis-
„ sance, ou l'éloignement d'un obstacle qui en ar-
„ rête l'énergie; ou tel qu'est hors de l'agent, la
„ présence de quelque personne devant qui il doit
„ manifester sa force, ou bien une occasion plus fa-
„ vorable que le temps présent. Mais si la volonté
„ est complette, & la puissance égale, sans empê-
„ chement ni défaut quelconque, l'effet suit néces-
„ sairement. Ainsi un membre se meut au gré de
„ la volonté, s'il n'y a point d'obstacle de la part
„ de la puissance motrice, chargée d'exécuter ce
„ mouvement. Cet exemple prouve sensiblement
„ que quand on veut faire quelque chose & qu'on
„ ne le fait pas aussi-tôt, c'est pour une de ces
„ deux raisons: savoir, ou parce qu'on ne le veut
„ pas réellement & d'une volonté complette, ou
„ parce qu'on manque de puissance pour accomplir
„ ce qu'on veut. Du reste la volonté est complet-
„ te, lorsqu'on veut absolument, entiérement, in-
„ dépendamment. La volonté est incomplette,
„ lorsqu'on ne veut que conditionnellement à quel-
„ que chose qui n'est pas encore, ou dépendam-
„ ment de quelque obstacle qui arrête son effet.

# SIXIEME PARTIE.

,, Or il est certain que tout ce dont Dieu veut
,, à préfent l'exiftence, il a éternellement voulu
,, qu'il fût : car il ne peut furvenir de nouvelle dé-
,, termination dans la volonté de Dieu ; fa puif-
,, fance aufli n'a jamais été défectueufe ; jamais
,, aucun obftacle ne l'a empêchée d'opérer ; on ne
,, peut pas dire non plus que Dieu ait attendu quel-
,, que chofe pour produire le monde, puifque lui
,, feul eft incréé. Il paroît donc néceffaire que
,, Dieu ait créé le monde de toute éternité."

Je joins toujours le texte pour que l'on juge de la fidélité de ma traduction.

*Agens par voluntatem non retardat fuum propofitum exequi de aliquo faciendo, nifi propter aliquid in futurum expectatum quod nondum adeft : & hoc quandoque eft in ipfo agente, ficut cum expectatur perfectio virtutis ad agendum, aut fublatio alicujus impedientis virtutem ; quandoque vero extra agentem, ficut cum expectatur præfentia alicujus coram quo actio fiat ; vel faltem cum expectatur præfentia alicujus temporis oportuni quod nondum adeft. Si enim voluntas fit completa, ftatim potentia exequitur, nifi fit defectus in ipfa : ficut ad imperium voluntatis ftatim fequitur motus membri, nifi fit defectus potentiæ motricis exequentis motum : & per hoc patet quod cum aliquis vult aliquid facere, & non ftatim fiat, quod vel hoc fit propter defectum potentiæ qui expectatur removendus, vel quia voluntas non eft completa ad hoc faciendum. Dico autem complementum voluntatis effe, quando vult hoc abfolute facere omnibus modis. Voluntas autem incompleta eft, quando aliquis non vult facere hoc abfolute, fed exiftente aliqua conditione quæ nondum eft, vel nifi fubftracto impedimento quod adeft. Conftat autem quod quidquid Deus nunc vult quod fit, ab æterno voluit quod fit : non enim novus motus voluntatis ei advenire poteft, nec aliquis defectus vel impedimentum potentiæ ejus potuit adeffe, vel aliquid aliud expectari potuit ad univerfalis creaturæ productionem, cum nihil aliud fit increatum nifi ipfe folus ...*

*Necessarium igitur videtur, quod ab æterno creatura in esse produxerit* (\*)."

Réduisons cet argument. Nous en sentirons mieux le défaut.

Dieu a eu de toute éternité la volonté de créer le monde; la volonté de Dieu est efficace par elle-même : donc Dieu a créé le monde de toute éternité.

Je réponds simplement que Dieu n'a point eu de toute éternité la volonté de créer le monde, parce que Dieu n'a point de volonté, & n'en a jamais eu. Dire que Dieu veut, que Dieu a voulu, c'est lui supposer gratuitement une faculté de notre ame. Je l'ait dit : Vouloir, dans un Etre qui sent & qui pense, le seul capable de volonté, c'est préférer entre diverses manieres d'être celle qu'il juge la meilleure, soit qu'il s'agisse de se fixer entre deux biens en choisissant le plus grand, ou de se déterminer au moindre de deux maux, sous quelque aspect que ce soit. La volonté a nécessairement un objet : l'Etre ne veut point sans une raison de vouloir. L'objet de sa volonté est un état préférable à l'état actuel; & la raison de vouloir, le motif du mieux. Il ne sauroit se vouloir du mal. Ces premieres vérités nous conduisent à juger, sans beaucoup de peine, si un Etre fixé par la nécessité de sa nature à l'état le meilleur, qui non seulement n'en voit point de préférable au sien, mais qui n'ignore pas qu'il n'y en a point & qu'il ne sauroit y en avoir, peut avoir une volonté ou non. S'il en avoit une, elle seroit sans objet & sans motif. S'il pouvoit en avoir une, elle pourroit être sans objet & sans motif; cela répugne à ce que l'on connoît de la faculté de vouloir. Celui, pour qui il ne peut

---

(\*) *S. Thoma Aq. Summa Catholica Fidei, ibid.*

y avoir qu'une feule maniere d'être, celle qu'il a, ne peut choifir entre plufieurs, encore moins exécuter un choix impoffible (*).

## CHAPITRE XXVIII.

*L'effet doit co-exifter avec la caufe, auffi-tôt que la caufe, lorfqu'elle eft complette de fa nature, c'eft-à-dire lorfqu'elle a néceffairement dans foi tout ce qu'il lui faut pour produire fon effet.*

On ne conçoit pas ce qui pourroit arrêter l'énergie de la caufe dans une telle circonftance, ce qui pourroit fufpendre fon action, lorfqu'elle eft complette de fa nature, lorfqu'elle a néceffairement dans foi tout ce qu'il lui faut pour agir. Alors il exifte une raifon fuffifante de la production de l'effet; & il eft impoffible qu'il exifte une raifon fuffifante d'un effet quelconque, & que cet effet n'exifte pas. Car l'effence de la caufe eft de produire fon effet dès qu'il ne lui manque rien de ce dont elle a befoin pour cela. Si elle a toujours été complette, elle a du produire fon effet dès le commencement, dès qu'elle a été.

Le philofophe fe trouve donc obligé de choifir entre ces deux alternatives: ou il doit foutenir que Dieu n'eft pas une raifon éternelle fuffifante de l'exiftence du monde; ou convenir que le monde a exifté *dès que* Dieu lui-même a été, s'il eft permis de s'exprimer ainfi en parlant d'un Etre qui n'a point eu de commencement.

Dieu eft la caufe unique, caufe complette, éternellement & effentiellement complette, ayant dans foi, par la néceffité de fon être, tout ce qu'il faut

---

(*) Voyez la cinquieme Partie, Chap. LXXIX.

pour produire son effet qui est le monde. Il est donc impossible que Dieu soit sans que le monde existe; que Dieu ait été sans que le monde existât.

Nous ne connoissons point, dans l'ordre de la Nature, de cause complette & efficace par elle-même. Tout ce que nous appellons de ce nom, est un instrument mis en jeu par un autre instrument, lequel agit lui-même par l'impression d'un troisieme, qui est encore mis en action par un autre. De-là les causes de cet ordre ont besoin de certains préalables pour produire leurs effets, de sorte qu'il nous semble qu'elles existent avant eux. Il y a peut-être de l'illusion dans cette apparence. La cause n'est telle que quand elle est en état de produire son effet. Il est vrai que la causalité nous échappe : nous ne voyons pas cette énergie intérieure en vertu de quoi un phénomene se fait accompagner d'un autre. Peut-être aussi n'y a-t-il rien de tel dans la Nature. Au moins nous ne doutons pas que la cause ne produise son effet, dès qu'elle est en état de le faire: nous ne doutons pas que, dès qu'il y a causalité, l'effet ne co-existe aussi-tôt. Si le soleil, par exemple, avoit été fait subitement tel qu'il est, la lumiere qui en est l'effet seroit aussi ancienne que lui, & auroit toujours co-existé avec sa cause, le globe solaire, qui auroit eu dès le commencement tout ce qu'il falloit pour être lumineux, ou produire la lumiere.

Mais il est, hors de la Nature, une cause réellement & proprement dite, qui a dans soi le principe de son énergie, qui porte dans son essence complette, la raison prochaine, ultérieure, suffisante, de la production de son effet. Une cause essentiellement telle, nécessairement telle, éternellement telle, ne pouvoit pas être sans son effet.

# SIXIEME PARTIE.

## CHAPITRE XXIX.

*ieu eſt, Dieu a éternellement été la raiſon ſuffiſante de l'exiſtence de la Nature.*

*onc la Nature a exiſté dès que Dieu lui-même a été.*

*onc la Nature a toujours co-exiſté avec ſon Auteur.*

IEU eſt la raiſon ſuffiſante de l'exiſtence de la ature, & il l'a éternellement été, puiſque Dieu 'eſt que ce qu'il a éternellement été. Donc la ature a exiſté dès que Dieu lui-même a été; j'enends que Dieu n'a point été avant la Nature & ſans a Nature, quoiqu'il ſoit au deſſus de la Nature.

On ne m'accuſera pas de mettre une ſorte d'iſohroniſme entre l'exiſtence de Dieu & la durée de a Nature, ſur ce que je dis: La Nature a exiſté *dès que* Dieu lui-même a été. J'explique ſuffiſamment ma penſée pour ne laiſſer aucune équivoque. La maniere d'être de Dieu n'eſt point temporelle comme la durée de la Nature. Quoique la Nature ait exiſté dès que Dieu lui-même a été, il ne s'enſuit pas que l'exiſtence de l'un & celle de l'autre aient un élément commun, ni qu'elles ſoient parties d'un même point.

Le temps & l'éternité n'ont rien de commun. Seulement l'éternité n'a pas été avant le temps; en ce ſens, on peut avancer que le temps a été dès l'éternité, quoique hors de l'éternité: & non pas qu'il eſt éternel. Le ſens de ces expreſſions eſt très différent. La premiere ſignifie uniquement que dès l'éternité de la cauſe, ſon effet a exiſté hors d'elle dans un ordre temporel. La ſeconde feroit entendre que l'effet eſt co-éternel avec la cauſe, tandis qu'il ne lui appartient pas de partager avec elle, ni ſon éternité, ni aucun autre de ſes attributs divins.

## CHAPITRE XXX.

*Solution de quelques objections.*

M'OBJECTERA-T-ON que, felon moi, l'éternité n'ayant pas été avant le temps, le temps & l'éternité ont au moins cela de commun, qu'ils font aufſi anciens l'un que l'autre?

C'eſt une vaine chicane que j'ai déja prévenue. L'éternité n'eſt pas une ſuite de momens infinis en nombre, ni un temps infini, mais une exiſtence ſimple, immobile, où il n'y a ni ancien ni nouveau. On riſquera toujours de s'égarer dans de vaines ſubtilités, lorſqu'on voudra juger par comparaiſon de choſes hors de tout parallele.

Inſiſtera-t-on, en diſant que je fais le temps égal en durée à l'éternité puiſque celle-ci n'a pas été avant le temps?

Mais quelle égalité peut-il y avoir entre une durée temporelle, ſucceſſive, compoſée de momens diſtincts, & une exiſtence ſimple, immobile, indiviſible? Peut-il y avoir de l'égalité entre deux ordres de choſes qui different du tout au tout, qui n'ont ni rapport, ni proportion?

Le temps a été dès l'éternité. Ce n'eſt pas à dire que le temps correſpond à l'éternité, que l'éternité correſpond au temps. Comment ſe correſpondroient-ils? Ce ſont des incommenſurables, & bien plus incommenſurables encore que les quantités géométriques auxquelles on donne ce nom. Deux incommenſurables en géométrie ſont au moins deux quantités; au-lieu qu'en voulant mettre en paralelle le temps & l'éternité, on compare une quantité à ce qui n'eſt point quantité, à ce qui eſt hors de l'ordre des quantités. On auroit tort de ſe repréſenter le temps & l'éternité ſous l'image de deux

# SIXIEME PARTIE.

lignes paralleles qui, parties d'une même hauteur, se prolongent avec une égale proportion. Quand à ces deux lignes paralleles on en substitueroit deux autres incommensurables, la comparaison ne seroit pas encore admissible. Si l'on peut se figurer le temps & les momens qui le composent, comme une grande ligne formée de la répétition multipliée du premier point élémentaire, cette figure n'est pas applicable à l'éternité dont il n'y a ni type ni symbole dans la Nature.

Je fais remonter l'origine du monde jusqu'à l'éternité de Dieu, & je ne vois pas qu'on puisse la fixer en deçà sans lui ôter de sa durée réelle. Je m'ai garde aussi de faire entrer cette durée dans l'ordre de l'éternité.

La manie des abstractions confond les choses les plus disparates. L'éternité est l'existence éternelle de Dieu, & n'est rien hors de Dieu, non plus que le temps, ou la durée du monde, n'est rien hors du monde. En se tenant à ces notions précises & lumineuses, on concevra comment Dieu a été éternellement créateur, sans que pour cela le monde soit co-éternel avec son Auteur. Bien que Dieu ait éternellement donné l'existence au monde, il ne lui a pourtant pas donné une existence éternelle qui répugnoit à une essence créée.

On ne confondra plus ces expressions, *exister de toute éternité* (*ab æterno*), & *être éternel*. La premiere signifie simplement à l'égard du monde *exister dès l'éternité* même de Dieu, hors de cette éternité, ce qui n'est pas *être éternel*, comme tant de savans l'ont dit & entendu, ne distinguant pas assez l'existence de Dieu de la durée du monde, au moins dans la maniere dont ils s'énonçoient. Et si l'on considere combien d'erreurs en métaphysique ont eu pour cause l'abus des mots, on sentira combien il importe de s'exprimer avec l'exactitude la plus précise.

## CHAPITRE XXXI.

*Autre objection & réponses.*

### OBJECTION.

,, *Dieu est la cause suffisante de la production des créa-*
,, *tures: or cette cause suffisante de la production des*
,, *créatures est éternelle; il faut donc que les créatu-*
,, *res, qui sont l'effet de cette cause, soient éternelles*
,, *comme elle*" (\*).

### PREMIERE RÉPONSE.

DIEU est la cause suffisante de la production des créatures : or cette cause suffisante de la production des créatures est incréée ; il faut donc que les créatures qui sont l'effet de cette cause, soient incréées comme elle.

Cette réponse est sans réplique. Car l'éternel est l'incréé.

### SECONDE RÉPONSE.

La cause suffisante d'un effet quelconque n'existe point sans son effet. S'ensuit-il que l'effet doive avoir toutes les qualités, tous les attributs de sa cause ? Dans ce cas, l'effet seroit la cause même, & pourtant l'effet ne sauroit être que l'effet.

La

---

(\*) On pourroit croire que je fais moi-même ces objections. Il n'en est pourtant aucune qui ne m'ait été proposée de vive voix, ou qui ne soit tirée de quelque ouvrage connu. Celle-ci se trouve dans les Remarques du Marquis d'Argens sur Ocellus de Lucanie.

## SIXIEME PARTIE.

Le propre de la cause créatrice est de faire exister hors d'elle un autre ordre de choses, l'ordre temporel des créatures : car, pour l'ordre éternel, elle le remplit elle seule. Il répugne donc & à l'essence de la cause suffisante du monde, & à celle du monde, effet de cette cause suffisante, qu'il soit éternel comme elle.

Je ne m'arrêterai plus à répondre. Je prouverai directement ce que j'ai à dire, & en le prouvant j'établirai les principes propres à résoudre les difficultés qu'on pourroit m'objecter.

## CHAPITRE XXXII.

*Le Monde est un effet de la nature de Dieu.*

Le monde n'est point un effet de la bonté de Dieu. Dieu n'est pas bon. Quand il le seroit, l'ensemble des créatures ne pourroit être rapporté à sa bonté dans les principes de la raison, encore moins dans ceux de la religion, celle-ci nous faisant connoître des maux surnaturels, au-delà des misères naturelles.

La production des créatures n'est point un effet de la volonté de Dieu. Dieu n'est point un agent volontaire, ni libre. Dieu n'auroit pas pu se dispenser de créer le monde, ni en retarder la création, ni le faire d'une autre maniere. Une telle volonté, une telle liberté seroient des imperfections dans Dieu.

Mais la cause est essentiellement créatrice, & le monde est un effet de la nature de Dieu.

„ A parler à la rigueur, dit un célebre défenseur du caractere moral de la Divinité, Dieu n'a fait des créatures que pour agir conformément à sa „ Nature toute-parfaite, qui le demandoit ainsi. C'est-là le principe de toutes les actions de Dieu, „ car comme rien ne le peut contraindre d'agir

„ contre ſes attributs, rien auſſi ne peut l'empê-
„ cher de s'y conformer dans ſes actions. l'Ecri-
„ ture néanmoins nous repréſente quelquefois Dieu
„ agiſſant *pour ſa gloire*, non que ce ſoit ſon prin-
„ cipal but, que de s'attirer l'admiration & les
„ louanges des créatures (car c'eſt-là ce qu'on ap-
„ pelle la gloire de Dieu parmi les hommes), mais
„ parce qu'en allant à ſa fin, qui eſt d'agir comme
„ ſes perfections le demandent, il s'attire néceſſai-
„ rement l'admiration, & les louanges de tout ce
„ qu'il y a de créatures intelligentes qui font un
„ bon uſage de leur raiſon. Il impoſe même ce de-
„ voir aux hommes, comme tout-à-fait néceſſaire,
„ non qu'il ait beſoin de leur encens, ou que cela
„ puiſſe augmenter ſon bonheur; mais pour les
„ faire agir d'une maniere conforme aux lumieres
„ qu'il leur a données, & les rendre heureux par-
„ là; car ni un particulier, ni un peuple ne ſau-
„ roit être heureux, ſans rendre à Dieu les hon-
„ neurs qui lui ſont dus, comme on le montreroit,
„ ſi cela étoit néceſſaire. Ainſi agir pour ſa gloire,
„ & pour exercer ſa bonté ſont des fins qui ne ſe
„ contrediſent point l'une l'autre (\*)."

Mr. le Clerc développe ainſi la penſée de Cudworth qui avoit dit que la raiſon pour laquelle Dieu
avoit créé le monde, étoit uniquement pour communiquer les effets de ſa bonté à des créatures qui
en puſſent jouir; que c'étoit là proprement la gloire
de Dieu, & qu'en ce ſens Dieu avoit tout fait pour
ſa gloire, & tout par bonté (†).

Ainſi faire tout pour ſa gloire, & tout faire par
bonté, c'eſt une ſeule & même choſe, ſelon ces
deux ſavans Théologiens. Mais, ſuivant le premier,
dire que Dieu a fait des créatures pour ſa gloire,
ou par bonté pour les rendre heureuſes, c'eſt parler

---

(\*) Bibliotheque Choiſie par Jean le Clerc. Tome IX.
(†) La-même, & Syſtême Intellectuel de Cudworth, Chap. V.
Sect. IV.

## SIXIEME PARTIE.

improprement, parce qu'à la rigueur, Dieu n'a fait des créatures que pour agir conformément à sa nature toute-parfaite qui le demandoit ainsi, tel étant le principe de toutes les actions de Dieu. Mon dessein n'est pas de tirer avantage de ce passage unique, pour faire rendre témoignage au sentiment que je soutiens, par ceux qui en ont eu un tout opposé. L'autorité n'est ici, ni à craindre, ni à rechercher. La nature toute-parfaite de Dieu, selon le Clerc, Cudworth, & tant d'autres, est l'intelligence, la sagesse, la bonté, & les autres attributs dont ils chargent la Divinité; & moi, j'estime toutes ces qualités incompatibles avec la nature divine. Ils peuvent dire que Dieu n'a fait des créatures que pour agir conformément à sa nature toute-parfaite, & soutenir encore que Dieu en créant s'est proposé pour but la manifestation de ses attributs, de sa sagesse, de sa bonté, &c. ce qui est véritablement agir pour sa gloire. Pour moi, je serois très faché que l'on confondît ce sentiment avec le mien, sous prétexte d'une vaine équivoque qu'on voudroit y mettre, ou qu'on y mettroit sans le vouloir. Je ne présume pas de connoître assez la nature divine pour la détailler comme ils font. Dieu me paroît naturellement & essentiellement créant. Il est de l'essence de Dieu de créer. C'est en ce sens que je dis que le monde est un effet de la nature de Dieu, de sorte qu'il y a de la contradiction à supposer Dieu existant sans le monde.

On nous donne des idées bien basses de ce grand être. On nous le représente comme existant de toute éternité, seul, sans que le monde & rien du monde soit, ni pour la forme, ni pour la matiere: on lui fait concevoir le projet de faire un monde; mais il n'exécute ce projet qu'après une éternité. Il l'exécute enfin; & pourquoi? Ici l'on est fort embarrassé à lui trouver un motif digne de lui. C'est uniquement parce qu'il le veut, disent les uns. Cependant la volonté annonce toujours quelque man-

D 2

quement dans l'Etre où elle se trouve: la volonté tend à quelque chose, & elle ne tend qu'à ce qui manque à l'Etre qui veut: „ Une simple volonté „ sans aucun motif est une fiction non seulement „ contraire à l'essence de Dieu, mais encore chi- „ mérique, contradictoire, incompatible avec la dé- „ finition de la volonté (*)". Supposons que Dieu crée parce qu'il le veut; il ne le vouloit donc pas, avant qu'il créât, ou sa volonté étoit imparfaite, inefficace. Qu'est ce qui l'a complettée? Si la puissance & la volonté ne lui manquoient pas dans l'éternité antérieure, lorsqu'il existoit seul, qu'attendoit le monde pour exister? Car enfin, s'il ne manquoit rien du côté de Dieu pour faire exister le monde, le monde devoit être, ou il résistoit à l'être que Dieu vouloit lui donner. D'autres aiment mieux dire que Dieu a produit des créatures par un principe de bienfaisance. Et pourquoi ce principe a-t-il été une éternité sans opérer? Etoit-il moins fort alors, que lorsque Dieu créa? Pourquoi a-t-il eu un succès si incomplet? Une partie des créatures est misérable: est-ce un effet de la bonté infinie? Dieu a voulu manifester sa gloire & ses divines perfections. Homme, de quel front oses-tu imputer à Dieu ton orgueil & ta volonté? Quelle créature peut voir la gloire de Dieu, & comprendre ce qu'il est?... Dieu crée; il met la main à l'œuvre comme un vil artisan, & après avoir travaillé toute la semaine, il se repose le septieme jour.

Qui ne sent que ce tableau est pris des mœurs, des inclinations & des vaines conceptions de l'homme? Qu'il me soit permis de le dire, sans manquer de respect pour les savans & pieux personnages qui nous ont laissé, dans ces notions de la Divinité, des monumens immortels de la foiblesse de l'entendement humain.

---

(*) Leibnitz, Lettres au Dr. Clarke.

# SIXIEME PARTIE.

Dieu a créé le monde parce qu'il étoit de son essence de le créer. Un principe essentiellement actif, ne peut être dans l'inaction. Une cause essentiellement créatrice ne peut être sans créer, pas plus que d'être sans ce qui la constitue ce qu'elle est.

„ Dieu étant tout-parfait, on ne peut pas con-
„ cevoir qu'il ait jamais été sans agir: car l'excel-
„ lence de chaque Etre propre à agir, consiste en
„ son opération. Ainsi une nature parfaite doit être
„ non seulement propre à agir, mais doit agir de
„ nécessité, parce que cela est renfermé dans son
„ essence. Avoir le pouvoir de faire tout, & néan-
„ moins ne rien faire, seroit plutôt une possibilité
„ de perfection, qu'une perfection même. Si donc
„ nous voulons nous former une idée de Dieu aussi
„ étendue qu'il nous est possible, il faut que nous
„ regardions Dieu non seulement, comme un Etre
„ éternel, mais aussi comme un Etre qui agit de
„ toute éternité (*)."

Il n'y a que fort peu de choses à changer à ce texte pour avoir l'exposition précise de ce que je pense sur l'origine du monde.

Dès que l'on convient que la puissance créatrice est une appartenance de la Divinité, on ne peut pas concevoir que Dieu ait jamais été sans créer: car l'excellence d'un Etre capable de créer consiste dans l'exercice de cette puissance. Ainsi une nature créatrice doit créer de nécessité, parce que cela est renfermé dans son essence. Avoir la puissance de créer & ne pas créer, seroit plutôt une possibilité de perfection, qu'une perfection même. Si donc nous voulons ne pas déroger à ce que la raison nous permet de concevoir du principe créateur, il faut que nous regardions Dieu non seulement comme un Etre éternel, qui a éternellement la puissance

---

(*) Bibliotheque choisie, Tome I. page 235.

de créer, mais aussi comme un Etre qui crée de toute éternité, essentiellement & nécessairement.

Tout ce que Dieu est, il l'est par la nécessité de son être. Il n'y a rien d'accidentel ni de contingent dans Dieu. D'où lui seroit venue la vertu créatrice, s'il ne l'avoit pas par l'excellence ou la nécessité de son être ? Or, je vous le demande, qu'est-ce qu'un Etre essentiellement & nécessairement créateur, & qui ne crée pas ?

Dieu ne sauroit être essentiellement & nécessairement créateur, sans être essentiellement & nécessairement créant. Si Dieu ne crée pas par la nécessité de sa nature, l'acte de la puissance créatrice n'est pas de l'essence de Dieu, & s'il n'est pas de l'essence de Dieu, il est incompatible avec cette même essence. Dieu a existé complettement de toute éternité; & tout ce que son Etre ne renferme pas nécessairement, il l'exclut nécessairement. Il n'y a pas de milieu. On ne sauroit penser autrement d'un Etre nécessaire, immuable, un & simple, qui ne perd & n'acquiert rien. La nature nécessaire de Dieu est le principe de son existence & de celle qu'il produit hors de lui.

L'exercice de la puissance créatrice est-elle donc si nécessaire dans Dieu, qu'il n'ait pu le suspendre ? Autant vaudroit demander si Dieu a joui éternellement de la plénitude de son être ? Ou, si la plénitude de son être consiste dans l'exercice plein & entier de toutes ses puissances ? Ou, si Dieu peut à son gré étendre & resserrer son être ? Ces questions ne souffrent pas la moindre difficulté. Ceux qui ont de la peine à les résoudre, doivent s'en prendre à la malheureuse habitude qu'ils ont contractée de juger Dieu sur le plan de l'imbécillité humaine.

Nous supposons dans Dieu des puissances & des facultés, avec la volonté de les exercer, ou de ne les pas exercer, & de plus la liberté de les exercer à son choix, de telle ou de telle autre façon. Mais, si je ne me trompe, telle est la nature de l'Etre contingent qui n'exiſte pas par ſa propre vertu, dont l'exiſtence eſt ſucceſſive parce que les puiſſances de ſon corps, comme celles de ſon ame, ſe développent ſucceſſivement, & dont les facultés peuvent être modifiées, excitées ou empêchées, retardées ou hâtées dans leur action, ſuivant les raiſons & les accidens dont elles éprouvent l'influence. Il n'en eſt pas ainſi de Dieu, cet Etre qui exiſte par la néceſſité de ſa nature, dont tout l'être eſt néceſſaire, & en même temps un & ſimple. La néceſſité, l'unité, la ſimplicité de ſa nature n'admettent point une puiſſance ſéparée de ſon effet, une puiſſance qui n'agit pas. Rien n'eſt en puiſſance dans un Etre qui eſt éternellement tout ce qu'il peut être, qui exiſte éternellement ſelon toute la vertu de ſon eſſence.

Ces idées s'éloignent beaucoup des notions communes que l'on a données juſques-ici de l'Etre créateur. Elles ne ſont pas à la portée du vulgaire; il faut de l'attention, de la force & de la liberté d'eſprit pour en ſaiſir le vrai. J'eſpere au moins que les ſavans à qui je les propoſe, voudront bien les examiner.

## CHAPITRE XXXIII.

*La production des créatures étant un effet de la nature de Dieu, Dieu n'auroit pas exiſté ſelon toute l'étendue de ſa nature, s'il eût exiſté ſans créer.*

DIEU crée comme il exiſte, par ſa nature néceſſaire. Si par impoſſible, Dieu eût été ſans créer, il n'auroit pas été ſelon toute la plénitude de ſon eſſence. Il eut manqué quelque choſe à ſon être, ſavoir l'exercice ou l'acte de ſon pouvoir créateur.

Dès-lors cet effet de la cause est nécessaire par la nécessité même de la cause.

Le grand privilege de l'essence divine n'est pas seulement d'exister nécessairement, mais encore de faire exister nécessairement une autre Nature hors d'elle; vérité sublime qui, ce me semble, n'a pas été assez bien comprise jusques-ici. On a regardé la création comme un effet contingent, accidentel, & fort indifférent à l'essence du principe créateur, ce qui répugne dans les termes. Dans ce système chimérique, le monde auroit pu être éternellement possible, sans exister jamais, & la puissance créatrice, éternellement créatrice, sans jamais créer. Est-il donc possible que la raison suffisante de l'existence du monde soit, sans faire exister le monde ?

## CHAPITRE XXXIV.

*Dieu est nécessaire par son essence.*

*Le Monde est nécessaire par l'essence de Dieu.*

IL faut bien distinguer ces deux manieres d'exister nécessairement. La nature divine ne peut pas être sans donner l'existence au monde. Dieu est par la nécessité de sa nature, & le monde existe par la nécessité de la nature de l'Etre essentiellement créant. Dieu a dans sa nature nécessaire, la raison de son existence, & la raison de l'existence du monde. De sorte que le monde, nécessaire par Dieu, n'est pourtant pas nécessaire, comme Dieu, par une nécessité intrinseque, par la nécessité de sa propre nature, mais uniquement par la nécessité de la nature d'un autre. Voilà ce qui met une distance infinie entre lieu & le monde à cet égard, & d'où découlent toutes les autres différences.

L'Etre incréé a le principe de son existence dans [lui], dans la nécessité de son essence; au lieu que [l']Etre créé, bien que nécessairement créé parce qu'il est de l'essence d'un autre Etre de le créer, [est] insuffisant, par lui seul, pour exister: il existe dépendamment de l'Etre qui le fit produit.

## CHAPITRE XXXV.

*Si l'on peut dire que l'existence du Monde soit nécessaire à l'existence de Dieu?*

LES Platoniciens qui ont pensé que Dieu avoit eu besoin des créatures pour répandre sur elles les faveurs de sa bienfaisance, ont dû soutenir que l'existence du monde étoit nécessaire à l'existence de Dieu; le caractere bienfaisant de Dieu sans lequel il n'est pas, selon eux, exigeant un sujet pour en recevoir les influences; en faisant honneur à sa bonté, ils dégradoient la perfection de sa nature divine.

Je ne me rendrai pas complice de la même indiscrétion. Il est bien question de besoin. Quoique la cause complette & suffisante d'un effet ne puisse être sans produire cet effet, dira-t-on pour cela que la production de cet effet est nécessaire pour faire exister la cause, qu'elle a besoin de cet effet pour exister? Quel verbiage! C'est l'effet qui doit son existence à la cause. Quoique la cause soit nécessitée à produire son effet, cette nécessité ne vient pas de l'effet, elle est toute entiere dans la nature de la cause. L'existence de la cause est nécessaire à celle de l'effet, & non réciproquement, parce que l'effet dépend de la cause, & non la cause de l'effet.

D 5

L'essence divine n'exige rien. Je croirois m'e[x]
primer très improprement si je disois que la n[a]
ture de Dieu exigeoit qu'il créât, comme on [a]
avancé que sa volonté bienfaisante demandoit qu[i]
donnât l'être à des créatures sensibles pour le[s]
faire du bien. L'essence divine est & a été éte[r]
nellement complette, sans imperfection, sans ex[i]
gence quelconque. Il est de l'essence divine [de]
créer, comme il est de cette essence d'exister. [Si]
l'on dit, à cause de cela, que l'essence divi[ne]
exigeoit l'existence pour elle & pour les créatu[res]
qu'elle a produites, je ne m'y oppose pas, mais[je]
me garderai bien d'obscurcir ainsi, par des expre[s]
sions pour le moins incorrectes, des matieres d[e]
trop abstraites qui, pour être comprises, doive[nt]
être traitées avec clarté & précision.

## CHAPITRE XXXVI.

*L'existence du Monde ne complette point l'être de Die[u]*
*pas plus que la Nature créée ne complette la Nat[ure]*
*incréée.*

### A Monsieur N....

JE vous ai dit: ,, Le monde est un effet nécessa[ire]
de l'essence divine essentiellement créatrice. D[ieu]
n'auroit pas existé selon toute l'étendue de s[on]
être, si, par impossible, Dieu eût été sans crée[r.]
Alors quelque chose auroit manqué à son être, s[a]
voir l'exercice ou l'acte de sa vertu créatrice (*)[.]
Sur ces propositions, vous m'avez soupçonné [de]
favoriser le Spinozisme. Lisez les éclaircissem[ens]
contenus dans les deux Chapitres précédens, & vo[us]

_____

(*) Voyez ci-devant Chap. XXXIII.

e rendrez la justice qui m'est due, & que j'ai
droit d'attendre de votre amitié.

Non, mon ami, l'existence du monde ne complette point l'être de Dieu : la Nature créée ne
omplette point la Nature incréée. Il faudroit falsi-
er tout ce que j'ai dit pour en inférer aucune de
es deux conséquences.

### Première Proposition.

*'existence du Monde ne complette point l'être de Dieu.*

Puisqu'il est de l'essence de Dieu de créer, on
eut croire que l'exercice de la vertu créatrice,
acte par lequel Dieu crée, si c'en est un, complette
être ou la nature de Dieu, en ce sens que Dieu
'existeroit pas complettement s'il existoit sans
réer, ce qui ne signifie autre chose, sinon que cet
cte est de la nature de Dieu. Mais qu'il y a loin
e-là au système qui feroit entrer l'existence des
réatures dans l'être de Dieu pour le completter!

Si Dieu crée par la nécessité de son être, il crée
écessairement aussi hors de son être, lequel ne
eut recevoir ni augmentation, ni complément de
'existence des créatures, qui n'a aucune analogie
vec lui, & est d'un ordre infiniment distant de ce-
ui qu'il remplit. Je m'en suis expliqué nettement
 sans tergiversation.

On ne doit pas confondre l'acte simple qui fait
xister le monde, avec l'existence du monde. Cet
cte, s'il est permis de lui donner ce nom, est de
Dieu, de l'être de Dieu ; mais l'existence du monde
'en est pas. Elle en vient seulement, comme
'effet vient de la cause. Du reste elle forme un
out autre ordre de choses, & n'a aucune proportion
vec l'être de Dieu : elle ne sauroit donc lui être
propriée en qualité de complément.

## SECONDE PROPOSITION.

*La Nature créée ne complette point la Nature incré[ée.]*

Ce qu'on vient de lire de l'exiſtence du mond[e] par rapport à l'être de Dieu, s'applique de so[i-]même à la Nature créée conſidérée en oppoſiti[on] à la Nature incréée.

Il eſt eſſentiel à Dieu de créer: c'eſt-à-dire qu['il] eſt de l'eſſence divine de faire exiſter hors d'el[le] une autre Nature toute différente. Cela prouve, [si] l'on veut, que l'eſſence divine exiſteroit incom[-]plettement, pour ainſi dire, ſi elle ne déployoit p[as] ſa vertu créatrice, & ſi elle ne faiſoit pas exiſt[er] hors d'elle une autre Nature, qui eſt le mond[e.] Cela prouve auſſi que la Nature créée eſt incapab[le] de completter la Nature incréée & toute-parfaite puiſqu'il eſt de la Nature incréée que le monde ſo[it] hors d'elle & d'une eſſence toute différente.

C'eſt un axiôme parmi les Géometres qu'une quan[-]tité ne peut croître par l'addition de quantités d'u[n] ordre inférieur au ſien. L'infini ne croît point p[ar] des finis, & l'infini du ſecond ordre ne ſauro[it] croître non plus par un ou pluſieurs infinis du pre[-]mier ordre. L'axiôme a la même force en Méta[-]phyſique; de ſorte qu'il eſt métaphyſiquement géométriquement vrai que la Nature incréée n[e] reçoit ni accroiſſement, ni complément, de la Na[-]ture créée.

---

## CHAPITRE XXXVII.

*La production du Monde eſt un effet néceſſaire de l[a] Cauſe unique & ſuprême : de quelle eſpece eſt cet effet?*

IL faudroit connoître la nature de la cauſe, & com[-]prendre ce que c'eſt que la vertu créatrice, pou[r] ſavoir de quelle eſpece eſt ſon effet. L'homme ſa[ge]

# SIXIEME PARTIE. 61

entreprendra point de fonder les profondeurs de [l']essence divine : il lui suffit que l'acte ou l'effet [d]e la cause unique & suprême, tienne à sa nature, [p]our se soumettre à ignorer l'intrinseque de cet [ac]te ou effet.

Le monde n'est point une expansion de la sub[st]ance de Dieu, ni une émanation de son essence, [m]ais une production nécessaire de la nature de Dieu, [u]n Etre tout différent de Dieu que Dieu a produit, [q]u'il a créé, qu'il a fait exister. Et de quelle espece [e]st cette production ? qu'est-ce que cette création ? [c]omment un Etre peut-il en faire exister un [a]utre ?...

Je traite de l'origine de la Nature créée, de son [a]ntiquité, de sa durée ; & non de l'essence du prin[c]ipe créateur. Le monde n'a point de puissance telle [q]ue celle qui donne l'être : & il ne nous montre [p]oint d'effet qui ressemble à la création. Aussi je [p]ense que les mots, *production*, *création*, expriment [i]mparfaitement l'opération du principe qui donne [l]'existence : cette opération est ineffable aussi bien [q]u'incompréhensible.

Ce que nous connoissons de la Nature créée nous [s]uffit pour concevoir qu'elle n'a point dans elle la [r]aison suffisante de son existence. Cette raison suffi[s]ante de l'existence du monde est donc quelque [c]hose au-delà du monde : c'est tout ce que nous [d]écouvrons de l'Etre qui le fait exister, sans péné[t]rer l'intrinseque de la vertu par laquelle il le fait [e]xister.

Je l'avois dit dès le commencement de cet Ouvrage : Dieu ne nous est connu que comme cause, ou raison suffisante de l'existence des créatures. Au moins, mes lectures, mon attention à écouter les philosophes, mes illustres maîtres, & les méditations les plus assidues, ne m'en ont pas appris davantage.

## CHAPITRE XXXVIII.

*Où l'on rectifie ce qui a été dit dans les Chapitres IV & V touchant la Création.*

NE m'étant pas encore expliqué sur l'origine & l'antiquité de la Nature, je ne pouvois donner une notion plus claire de la création, qu'en la nommant une opération par laquelle la cause faisoit exister des choses qui n'existoient pas auparavant. C'est ainsi que j'en ai parlé dans les Chapitres IV & V de cette Partie (*). J'ai suivi en cela Locke & les autres philosophes qui en ont parlé le plus sensément. L'Auteur immortel de l'Essai concernant l'Entendement humain dit en parlant des différentes origines des choses ,, Lorsque la chose est tout-à-fait nou-
,, velle, de sorte que nulle de ses parties n'avoit
,, existé auparavant (comme lorsqu'une particule
,, nouvelle de matiere qui n'avoit eu auparavant
,, aucune existence, commence à paroître dans la
,, nature des choses) c'est ce que nous appellons
,, *Création* (†)".

Cependant, cette notion de la création est défectueuse en ce qu'elle suppose qu'il y a eu un temps, ou une éternité, un *auparavant* où rien de créé n'existoit : ce qui est contredit par les principes établis ci-dessus.

Pour parler avec une précision philosophique, il ne faut pas dire avec la mere des Macchabées, que Dieu a donné l'existence à des choses qui ne l'avoient point, comme je l'ai traduit, puisque le monde a toujours existé, dès l'éternité même de

---

(*) Voyez ci-devant pages 6--10.
(†) Essai Philosophique concernant l'Entendement Humain, Livre II. Chap. XXVI. §. 2.

jeu. La différence qu'il y a entre la Divinité, & la Nature du monde, quant à l'exiſtence,
ne conſiſte pas en ce que celle-ci ait été dans le
néant, privée de l'être, ou non-exiſtante, tandis
que Dieu exiſtoit ſeul de toute éternité, ce qui ne
pouvoit pas être; mais en ce que l'une eſt la cauſe
qui exiſte par elle-même, & l'autre l'effet qui n'exiſte que par la cauſe.

Du reſte, loin qu'il doive y avoir une priorité
d'exiſtence du côté de la cauſe, il eſt ſuffiſamment prouvé qu'une cauſe complette & ſuffiſante
ne ſauroit exiſter ſans produire ſon effet.

## CHAPITRE XXXIX.

*Il n'eſt point injurieux à la Majeſté Divine de dire qu'elle a produit néceſſairement le Monde, par l'excellence de ſa nature.*

„ DIEU n'a beſoin de quoi que ce ſoit, le Par-
„ fait infini ſe ſuffit à lui-même; oſeroit-on penſer
„ qu'il n'a été pleinement ſatisfait de lui-même,
„ qu'après avoir exercé ſa puiſſance à produire des
„ créatures? Sans elles, il eſt l'Infini, l'Eternel,
„ le Parfait, le Dieu Bienheureux: c'eſt par un
„ choix de ſa bonté toute libre, qu'il s'eſt déter-
„ miné lui-même à créer, plutôt qu'à ne créer pas.
„ Rien ne ſeroit plus injurieux à la majeſté de cet
„ Etre qui fait ce qu'il veut, que de dire qu'il a
„ créé forcément le monde.

„ Ce n'eſt pas aſſez de dire qu'il n'y a pas été
„ forcé, il faut ajouter qu'il l'a bien ainſi voulu,
„ par un choix parfaitement libre; ce n'eſt pas
„ aſſez que les Intelligences bienheureuſes ſe féli-
„ citent de tenir leur exiſtence du principe tout-
„ puiſſant qui ne pouvoit manquer de les produire,
„ & de les produire telles qu'elles ſont. Leur obli-

„ gation à lui rendre grace est d'une toute autr
„ force, leur reconnoissance est d'une toute autr
„ vivacité, & leur admiration pour sa bonté s'élev
„ à des mouvemens d'un tout autre dégré, quand
„ elles viennent à penser qu'il ne tenoit qu'à lu
„ de ne les point produire."

Ainsi parle l'homme qui mesure la gloire de Jehova à la petitesse de ses vûes. J'ai cru moi-même, pendant un temps, que Dieu avoit créé le monde par une volonté, par un choix parfaitement libre. Je le croyois sur la foi des Docteurs. J'ai compris depuis que les Docteurs étoient hommes & sujets à l'erreur, autant ou plus que nous autres qui examinons & doutons, sans dogmatiser. Une analyse exacte de ce qui constitue la volonté & la liberté m'a démontré que ces qualités toutes humaines ne pouvoient appartenir à la Divinité ; & qu'ainsi le monde n'étoit point un effet d'un choix parfaitement libre du Créateur. D'ailleurs Dieu n'étant soumis à aucun pouvoir, à aucun destin, n'a point créé *forcément* le monde. Il reste donc à conclure que Dieu a créé parce qu'il étoit de sa nature de créer, tout comme Dieu n'existe ni librement, ni forcément, mais parce qu'il est de sa nature d'exister.

„ Dieu n'a besoin de quoi que ce soit, le Par-
„ fait infini se suffit à lui-même."

D'accord : cela dit-il qu'il ne soit pas de la nature de Dieu de créer? Au contraire, si la puissance créatrice est une perfection, si l'exercice de cette puissance est quelque chose de grand, de parfait, de divin, ce dont on ne sauroit disconvenir, cette puissance ainsi que son acte doivent entrer dans l'essence divine, sans quoi elle ne seroit pas infiniment parfaite, il lui manqueroit une perfection infinie, celle de créer. Dieu donc, parce qu'il est le Parfait infini, doit être éternellement & essentiel-

# SIXIEME PARTIE. 65

iellement créant. Qu'eſt-ce que la puiſſance ſans 'acte? L'agent ne reçoit la complettion de ſon être ue par l'acte. Comment conçoit-on que le Parfait nfini ſe ſuffiſe à lui-même ſans créer, tandis qu'on ui ôte, pour-ainſi-dire, une portion de ſon être, equel ne conſiſte pas moins à donner l'exiſtence, u'à exiſter? Dieu ſe ſuffit à lui-même, Dieu ſe uffiſoit éternellement ; c'eſt qu'il exiſte & qu'il a ternellement exiſté dans toute la plénitude & ſelon oute la vertu de ſon être.

„ Oſeroit-on penſer qu'il n'a été pleinement
„ ſatisfait de lui-même, qu'après avoir exer-
„ cé ſa puiſſance à produire des créatures?"

Demandons plutôt ſi l'on oſe penſer que Dieu ût pleinement ſatisfait de lui-même, & qu'il ouît de la plénitude de ſon être, lorſque ſa vertu réatrice, puiſſance eſſentiellement active, demeu- oit dans l'inaction, comme on le ſuppoſe? Quelle ontrainte même, pour une Nature infiniment bon- e, de ne pas faire de bien, faute de ſujet qui le eçoive? Et quelle contradiction, que cette Nature, uppoſée infiniment bonne & libre de créer des Etres ur qui elle répande les effuſions de ſa bonté, ne les rée pourtant pas malgré, la volonté & le pouvoir u'elle en a?

Ne parlons ni de plaiſir, ni de ſatisfaction, ni de bonheur, lorſqu'il s'agit de la Divinité. Nous déraiſonnerons néceſſairement quand nous lui prê- terons des affections purement humaines ; ſous quel- que terme que nous les déguiſions, pour les lui faire convenir, elles n'en ſeront pas moins au-deſ- ſous d'elle. De ce que Dieu eſt le Parfait infini qui n'a beſoin de rien, qui ſe ſuffit à lui-même, on in- fere qu'il a du être pleinement ſatisfait de lui-mê- me, avant d'avoir exercé ſa puiſſance à produire des créatures. J'y vois ſeulement deux ou trois dif- ficultés dont une ſeule ſuffit pour anéantir de pa- reilles imaginations.

Tome III. E

La premiere difficulté est que Dieu n'éprouve point un sentiment de complaisance, & de satisfaction de soi-même, soit qu'il crée ou qu'il ne crée pas : Dieu ne caresse point son être. C'est une foiblesse de l'homme ; une vanité, une impudence dans un sot ; une justice que se rend l'homme de mérite, l'homme vertueux qui sent ce qu'il vaut. Tout cela est indigne de Dieu.

En second lieu, il faut que l'on ait une idée bien singuliere de la vertu créatrice pour se figurer qu'elle puisse être dans Dieu sans opérer, comme la faculté de parler est dans l'homme qui parle quand il veut, & qui garde le silence quand il lui plaît. Ne doit-il pas y avoir de la différence à cet égard, entre l'Etre nécessaire & l'Etre contingent ? L'Etre nécessaire agit aussi nécessairement qu'il. existe. La raison est qu'il ne peut être déterminé à agir, non plus qu'à exister, par quoi que ce soit, sinon par sa nature. Comme Dieu n'existeroit pas, s'il n'existoit par la nécessité de sa nature, de même il n'auroit jamais agi, s'il n'avoit agi par la nécessité de sa nature. On convient que Dieu est un Etre nécessaire ; mais on n'affirme cette nécessité que de son existence, & non de son opération, c'est-à-dire, de la création : en quoi il y a une inconséquence manifeste. L'Etre nécessaire est tel dans tout son être. On a beau distinguer & subtiliser, il n'est pas possible qu'il y ait quelque chose d'accidentel, de volontaire, ou de libre, dans une essence nécessaire. L'opération de Dieu est donc tout aussi nécessaire que son existence. Il n'y a pas de milieu : ou la création est un accident, ou elle est une nécessité. Eh ! qu'est-ce qu'un accident dans un Etre nécessaire ?

Troisiémement nous distinguons dans Dieu l'existence, la puissance, & l'exercice de cette puissance. Je ne saurois trop le répéter, cette distinction par laquelle nous considérons l'être de Dieu sous différens rapports, est plutôt proportionnée à la foiblesse de notre esprit, qu'à la Divinité ; & c'est en abuser

# SIXIEME PARTIE. 67

xcessivement, de distinguer tellement ces trois hoses en Dieu, que les deux premieres y soient écessaires, & la troisieme volontaire.

„ Sans les créatures, Dieu est l'Infini, l'Eter-
„ nel, le Parfait...."

Je le pense, je l'ai dit. Il y a deux ordres de hoses: l'ordre éternel rempli par l'incréé; & l'orre temporel pour les créatures. L'existence du onde n'ajoute rien à l'Etre de Dieu: la substance ivine n'est ni accrue, ni complettée, ni perfecionnée par celle du monde. Cela empêche-t-il que monde ne soit un effet nécessaire de la nature e Dieu, j'entends une production, une création, non pas une expansion, une émanation? Dans un Etre qui existe nécessairement, la vertu e donner l'existence doit agir nécessairement.

„ C'est par un choix de sa bonté toute libre,
„ qu'il s'est déterminé lui-même à créer,
„ plutôt qu'à ne créer pas."

Je m'imagine entendre affirmer d'un ton dogmatiue, que c'est par le choix libre de l'amour de son tre, que Dieu s'est déterminé lui-même à exister, lutôt qu'à n'exister pas. La parité est sensible: tre & produire son effet, c'est une même chose our la cause une, simple, suffisante & complette. elui qui existe nécessairement, n'a point la liberté e modifier son être, en l'appliquant à telle ou telle pération: car cet Etre est déterminément & inuablement tel par sa nature, selon toute son énerie, sans plus ni moins, sans altération, sans changement.

E 2

„ Rien ne feroit plus injurieux à la majefté d
„ cet Etre qui fait ce qu'il veut, que d
„ dire qu'il a créé forcément le monde."

Il nous convient bien de prétendre faire honneur à la Divinité! Nous a-t-elle fait juges de fa gloire? N'embraffons jamais un fentiment par ce feul mot qu'il nous femble glorieux à la majefté divine. Cette méthode peu philofophique eft trop plein d'incertitudes, & trop fervilement efclave des préjugés: elle reffemble trop à la pratique de ces peuples qui peignent leurs Dieux fous les traits de leur figure noire & hideufe. On peut cependant rejetter une opinion que l'on a lieu de croire injurieufe à la Divinité. Car, fi, incapables de nous élever jufqu'à Dieu, nous ne fommes pas en état de connoître ce qui convient à fon effence, nous avons pourtant affez de lumieres pour voir que telle qualité eft une appartenance de l'humanité, & dès-lors infiniment au deffous de Dieu. Sur ce principe, le Créateur n'a fait le monde ni librement, ni forcément. Il n'eft pas libre: il n'eft pas foumis non plus à un pouvoir fupérieur qui le force à agir. Son indépendance confifte à être également affranchi de toute contrainte, de toute liberté, de toute volonté. Seroit-il abfolument & parfaitement indépendant, s'il avoit une volonté, & que cette volonté fût foumife à l'influence de certains motifs quelconques, propres à la déterminer? Une telle fujettion feroit, fans contredit, une foibleffe. Une effence qui a befoin d'être déterminée à agir par des vues, une fin, ou des motifs, eft défectueufe comme celle qui a befoin d'être mue & forcée par un agent étranger. Auffi je vois autant d'imperfection & d'indignité à faire agir Dieu librement qu'à le faire agir forcément, & je tâche d'éviter l'un & l'autre écueil.

Que ceux qui affectent tant de zele pour l'honneur de la Divinité, prennent la peine de comparer leur fentiment au mien fous un point de vue qui

## SIXIEME PARTIE.

...ur semble si décisif. Selon moi, Dieu agit nécessairement, comme il existe nécessairement, par 'excellence de son être. Il a dans lui la raison suffisante de son action, comme il a dans lui la raison suffisante de son existence. Telle est la Nature de ...ieu qu'en existant elle fait exister hors d'elle une ...utre Nature. Que trouvent-ils là d'injurieux à la ...ajesté divine ? Au-lieu qu'en admettant l'existence ...écessaire de Dieu, après l'avoir laissé toute une ...ternité dans l'inaction, ils imaginent des motifs ...our le tirer de cette indolence; & quels motifs! ...'envie de se faire connoître, une affection pure...ent humaine, ou un caprice tel que celui d'agir ...ans autre raison que celle d'exercer sa volonté. ...oilà ce qu'ils appellent honorer la Divinité! La ...réation que j'attribue à l'excellence de la Nature ...ivine, comme un effet nécessaire, ils en font un ...cte indifférent à cette même Nature qu'elle a pu ...roduire, ou ne pas produire, qu'elle a pu modi...er, qu'elle a produit on ne sait trop pourquoi, ...ar ils varient sur le motif qu'ils lui supposent; & ...'est moi qui dégrade l'Etre suprême! Distinguant ...'acte par lequel Dieu crée le monde, du monde ...réé par cet acte, je reconnois le premier pour ...ternel & nécessaire comme Dieu, puisque c'est ...ieu même créant. Eux, pour ne pas déifier le ...onde, donnent à l'acte de Dieu tous, ou presque ...ous, les caracteres de l'imbécillité humaine : ils se ...gurent une Divinité primitivement oisive, qui passe ...e l'inaction à l'action par des vues d'ambition, ou ...ar un principe d'amour, ou peut-être par ennui & ...ar dégoût de la solitude; & c'est moi qui dégrade ...'Etre suprême! Si ces hommes, trop portés à res...errer l'orthodoxie dans la sphere de leurs pen...ées, ne m'ont pas jugé avant de me comprendre, ...'espere qu'ils conviendront à présent que mon ...entiment est de tous le moins au-dessous de la ...ivinité.

„ Ce n'eſt pas aſſez de dire qu'il n'a pas é[té]
„ forcé à créer, il faut ajouter qu'il l'a bi[en]
„ ainſi voulu, par un choix parfaitem[ent]
„ libre."

On a ſuffiſamment prouvé que Dieu n'a été, [ni]
libre, ni forcé, de créer : comme il n'a été, ni [li]-
bre, ni forcé d'exiſter. Il a créé, comme il exiſte
par l'excellence de ſa nature. Cela ſeul n'eſt poi[nt]
injurieux à Dieu.

„ Ce n'eſt pas aſſez que les intelligences bie[n]
„ heureuſes ſe félicitent de tenir leur exi[s]-
„ tence du principe tout-puiſſant qui ne po[u]-
„ voit manquer de les produire, & de le[s]
„ produire telles qu'elles ſont. Leur oblig[a]-
„ tion à lui rendre grace eſt d'une tou[te]
„ autre force, leur reconnoiſſance eſt d'u[ne]
„ toute autre vivacité, & leur admiratio[n]
„ pour ſa bonté s'éleve à des mouvem[ens]
„ d'un tout autre dégré, quand elles vie[n]-
„ nent à penſer qu'il ne tenoit qu'à lui de [ne]
„ les point produire."

Ce ſont-là de ces raiſonnemens indiſcrets qui [ne]
portent ſur rien de ſolide. Des convenances do[nt]
nous jugeons mal, ne ſont pas propres à ſervir [de]
principes philoſophiques pour rendre raiſon de l'o[ri]-
gine des choſes. Pourquoi les intelligences bienhe[u]-
reuſes auroient-elles moins d'obligation à un pri[n]-
cipe tout-puiſſant qui leur auroit donné l'exiſten[ce]
par la néceſſité, ou l'excellence, de ſa nature, q[ui]
n'auroit pu manquer de les produire, & de les produire telles qu'elles ſont, qu'à un Etre libre de l[es]
laiſſer à jamais au nombre des poſſibles?

Tâchons d'élever nos penſées au deſſus des affections humaines, lorſque nous parlons de Dieu.
Sans cette précaution, la Théologie naturelle n[e]
ſera qu'un ſyſtême de fauſſes ſuppoſitions & de co[n]-

séquences erronées. Nos obligations envers Dieu n'ont pas pour fondement les principes de nos devoirs envers nos semblables. Nous devons de la reconnoissance aux hommes qui nous veulent du bien, à proportion de l'affection qu'ils nous portent. Serions-nous assez simples pour nous imaginer que Dieu nous aime ainsi d'une volonté bienfaisante? Loin de le desirer, nous devons nous féliciter que la conduite de Dieu à notre égard ne soit point réglée par un sentiment aussi foible, aussi essentiellement défectueux que l'amour. J'en ai dit assez sur ce point (*). J'y renvoie le Lecteur : ce seroit ici un hors-d'œuvre.

## CHAPITRE XL.

*Examen de quelques notions de la Création.*

LA digression du chapitre précédent me ramene à l'examen de quelques autres notions concernant la création, qui me semblent avoir été adoptées aussi légérement que celles de la liberté & de la volonté prétendues de Dieu à l'égard de la production des choses. Il s'agit à présent de la maniere de cette production.

Nous venons de voir un savant distingué déduire la notion de la création de celle de la cause & de l'effet. La cause est ce qui fait qu'une autre chose est, & l'effet est ce qui tire son origine de quelque autre chose : la création est la production de l'effet par la cause (†).

---

(*) Partie V. Chap. LXV. & suiv.
(†) Ci-devant Chapitre XXXVIII. & l'Essai sur l'Entendement Humain, à l'endroit cité.

E 4

Le mot *création*, ou tel autre synonime, désigr quelque chose d'implicite différent de l'idée de la cause & de l'effet, savoir l'acte par lequel Dieu, qui est la cause, fait exister le monde son effet; sans que pour cela il présente à l'esprit l'idée de cet acte, lequel nous est inconnu & incompréhensible. Seulement en pensant à la création, & en prononçant ce mot, nous désignons soit pour nous ou pour les autres, l'opération de la vertu productrice & réellement efficiente, sans en concevoir la maniere. Loin que par la création nous concevions une certaine maniere d'agir que nous puissions expliquer, nous sommes sûrs au contraire que la création, quoi qu'elle soit, n'est point une action, les mots *agent*, *agir*, *action*, *opération*, n'ayant point de sens applicable à Dieu. Dans l'impossibilité d'exprimer l'incompréhensible qui est aussi l'indicible, nous nous servons de ces mots que nous dénaturons, pour leur faire désigner, & non exprimer, des choses inconnues. Cette ressource est nécessaire dans toutes les recherches qui passent la sphere de la Nature créée; & il n'y a d'équivoque que pour ceux qui, en parlant d'un Etre au-delà du monde, n'ont pas la force de se roidir contre l'instinct qui les ramene vers les choses du monde.

Faute de faire assez d'attention à l'incompréhensibilité de la maniere dont le monde a été produit par la cause, des philosophes du premier ordre nous en ont donné de fausses notions. La vertu efficiente a dégénéré, sous leur plume, en une force génératrice, expansive, communicative, qui n'a réellement rien fait.

Ceux même, qui se croyoient le plus éloignés de cet écueil, y ont imprudemment échoué. Locke qui convenoit que la cause créatrice faisoit exister son effet tout entier, n'a-t-il pas oublié ce principe incontestable, pour soutenir que l'Etre qui avoit créé des Etres pensans devoit être pensant lui-même, qu'il étoit impossible qu'un Etre non-pensant

# SIXIEME PARTIE.

de donner à un autre la faculté de penser (*).

Clarke disoit de même que l'intelligence ne pouvoit venir que d'un Etre intelligent. Selon eux, il ne pouvoit rien y avoir dans les Etres créés, qui ne fût dans l'Etre créateur. A ce compte, le Créateur ne produisoit pas totalement ses créatures, puisque les perfections qu'il leur donnoit étoient auparavant dans lui, de quelque façon qu'elles y fussent. Ce qu'on disoit des perfections du monde étoit également concluant pour sa substance. S'il falloit que le Créateur fût intelligent pour faire des créatures intelligentes, il devoit être matériel pour faire des créatures matérielles. N'est-il pas plus raisonnable de penser que si la matiere & l'intelligence sont des essences créées, Dieu les a fait exister totalement, qu'elles n'étoient point dans lui, qu'autrement il ne les auroit pas créées?

Leibnitz parle-t-il plus exactement de la création? Que signifie une substance primative, qui contenoit éminemment tout ce qui est contenu dans ses substances dérivatives (†)? L'univers est-il donc dérivé de Dieu, & non créé par lui?

Mallebranche nous répete sans cesse que toutes les créatures, même les plus matérielles & les plus terrestres, sont en Dieu, quoique d'une maniere spirituelle, & que nous ne pouvons comprendre (‡). Il ne les a donc pas créées totalement : seulement il a fait exister matériellement hors de lui, ce qui existoit & existe encore dans lui d'une maniere spirituelle. La création n'est donc plus qu'une représentation matérielle hors de Dieu, de ce qui existe spirituellement dans Dieu!

Locke, Leibnitz, Mallebranche, quels hommes! Pour l'honneur de l'humanité, oublions qu'ils se sont trompés.

---

(*) Même Essai, Livre IV. Chap. X.
(†) Principes de la Nature & de la Grace fondés en raison.
(‡) Recherche de la Vérité Livre III. de l'Esprit pur, Partie II. Chap. V.

E 5

Un célebre Docteur du Christianisme, le Doct Angélique nous assure que l'essence de Dieu co tient tout ce que les autres essences ont de perf tion, & que la nature de chaque chose consiste e ce par quoi elle participe à la nature divine (*. Dieu contient donc toutes les essences, & il les toujours contenues. Elles participent toutes de nature divine. Il ne les a point faites. Il les man feste hors de lui, & la création n'est rien de pl que cette manifestation.

L'ame humaine & l'esprit raisonnable, dit un a tre Docteur, végetent de la substance même d Dieu : *animam humanam & mentem rationalem veg tari ab ipsa substantia Dei* (†). Quelle notion de production des Etres, que celle qui nous la repré sente sous l'image de la végétation des plantes q s'élevent du sein de la terre où les semences ont été jettées!

Paul au milieu de l'Aréopage donnoit-il aux Athé niens une idée bien exacte de la création, en le disant que dans Dieu nous avions la vie, le mouve ment & l'être, que nous étions la *race* de Dieu comme l'avoient dit quelques-uns de leurs Poë tes (‡) ? La vertu créatrice n'est-elle que la forc génératrice ?

Combien de Théologiens, en traitant de la créa tion, ont soutenu qu'il n'y avoit rien dans l'effet qu ne fût dans la cause, même dans la cause efficient & totale ? Mais la cause est éternelle & incréée, tout ce qui est dans la cause est éternel & incré comme elle. Si donc il n'y a rien dans l'effet qu ne soit dans la cause, ce que contient l'effet es éternel & incréé comme ce qui est dans la cause, comme la cause même. Dès lors plus de création

---

(*) St. Thomas cité par Mallebranche.
(†) St. Augustin sur St. Jean.
(‡) Actes des Apôtres, Chap. XVII. vs. 28.

# SIXIEME PARTIE. 75

selon un grand nombre des Théologiens (\*), peutêtre selon le plus grand nombre.

C'est bien mal distinguer la cause de l'effet, de dire qu'il n'y a rien dans l'effet qui ne soit dans la cause efficiente & totale. Si l'effet est dans la cause, elle ne le produit pas, & l'effet n'est plus l'effet. Qui dit effet dit quelque chose hors de la cause, faite par la cause, & non pas quelque chose d'existant dans la cause avant d'être fait. Il est singulier que l'on s'écarte si légérement des premiers principes.

Il y en a qui ont porté l'excès jusques à soutenir opiniâtrément que l'entité, ou la réalité du corps, l'essence du corps, le corps en un mot, (l'essence du corps est ce qui constitue le corps) étoit dans Dieu (†). Cependant on ne les a pas accusés de Spinozisme, & je ne les en taxerai pas non plus, car ils ont dit que l'essence du corps étoit dans Dieu éminemment, ou d'une maniere plus excellente que dans le monde hors de Dieu. Mais il s'ensuit au moins que l'essence du corps, ou le corps, est dans Dieu & hors de Dieu, qu'il est Dieu en tant qu'il est dans la nature divine, qu'il n'est pas Dieu entant qu'il fait partie de la nature du monde. Ces idées bizarres doivent fonder une cosmogonie étrange.

Quiconque prendra la peine d'apprécier les systêmes théologiques sur l'origine des choses, trouvera qu'ils réduisent tous la puissance créatrice de Dieu au pouvoir de donner une forme à ce qui existoit déja éminemment dans lui: *éminemment c'est-à-dire on ne sait comment.* Suivant cette hypothese, le monde n'est que l'apparence, ou les formes, des essences incréées qui sont dans Dieu, & de la substance de Dieu. Selon des notions plus exactes, la

---

(\*) Voyez ce que j'en ai dit dans le Tome II. Chap. LXI.
(†) J. le Clerc, Bibliotheque ancienne & moderne.

cauſe créatrice doit faire exiſter totalement ſon effet; enſorte que rien de ſon effet n'ait exiſté dans la cauſe antérieurement à ſa production.

## CHAPITRE XLI.

### SUITE.

*Dieu n'eſt point l'archétype du Monde.*

NE s'élevera-t-on jamais au deſſus des idées de communication, d'émanation, de dérivation, lorſqu'il s'agit de création, de production totale? Dieu eſt la ſource des perfections du monde, comme créateur. Elles viennent de lui, puiſqu'il les a faites; & puiſqu'il les a faites, elles ne ſont pas dans lui: il n'a rien de ce qu'il a fait; il n'a rien fait de ce qui eſt en lui.

Si Dieu, en qualité de créateur, eſt l'archétype de l'intelligence du monde, il eſt, au même titre, l'archétype de ſa matérialité. Cette queſtion: *Si Dieu n'eſt pas intelligent, d'où vient l'intelligence?* ne mérite pas d'autre réponſe que cette autre queſtion: *Si Dieu n'eſt pas matériel, d'où vient la matiere?* Comme Dieu ne peut être l'archétype de l'intelligence du monde, ſans être intelligent de la même eſpece d'intelligence, il ne ſauroit être auſſi l'archétype de la matérialité du monde, ſans être matériel de la même eſpece de matérialité. Auſſi pluſieurs de ceux qui donnent de l'intelligence à Dieu, en font un Etre étendu & matériel (\*). Mais pour écarter tout ſoupçon injurieux à la Divinité, ils ajoutent que Dieu, Etre étendu, comme ſource de l'étendue, voulant la donner à la matiere ou au corps

---

(\*) Surtout l'Auteur du Nouveau Syſtême concernant la Nature des Etres ſpirituels.

[...]ossible, c'est-à-dire, faire un autre Etre étendu, [...] l'assortit à la fin pour laquelle il la destine: ré[...]onse futile qui signifie que Dieu en créant n'a fait [...]ue tirer une mauvaise copie de ses perfections, [...]uisqu'étant l'intelligence & l'étendue infiniment [...]rfaites, il en a restraint l'infinité & altéré la per[...]ction, pour les accommoder à la nature des créa[...]ures.

Cet assortiment, aussi mystérieux que l'intrinsèque [...]e la création, nous replonge dans de nouveaux [...]mbarras. Quelle force ont donc l'esprit & le corps [...]ossible pour porter Dieu à détériorer ses perfections afin de les leur adapter? Et, si ce qui est dans [...]ieu y est nécessairement tel par son essence im[...]uable, ce sont les attributs transcendans de Dieu [...]ui doivent élever les créatures jusques à eux & [...]n faire des Dieux pour leur être ensuite assortis. [...]ais l'un & l'autre est également chimérique. Ces [...]péculations portent à faux. La perfection de Dieu [...]e peut être communiquée & copiée; une perfection [...]écessairement & immuablement telle qu'elle est, [...]e peut être communiquée par portions, & impar[...]aitement copiée; Dieu ne peut tirer des images [...]ubstantielles de lui-même, faire des copies de son [...]être, faire des Dieux; & ce n'est point dans une telle représentation externe de l'essence divine que consiste la création.

## CHAPITRE XLII.

### Suite.

*[D]ieu n'a eu besoin ni d'idée, ni d'archétype, pour créer le Monde.*

[L]'ANTROPOMORPHISME infeste toutes les [n]otions que l'on a de Dieu & de son opération. [P]arce que l'homme ne peut rien faire sans connoissance, sans idée, sans modele, parce que dans les arts la main de l'homme a besoin de la direction d'un entendement, on se persuade qu'il est absolument nécessaire que Dieu ait dans lui-même les idées de tous les Etres qu'il crée, sans quoi il ne pourroit les créer. Or, poursuit-on, il n'y a point d'idées sans archétypes, Dieu n'a donc pu créer le monde sans archétype. Il s'ensuit encore que Dieu n'a pû créer le monde, non seulement sans archétype, mais aussi sans en être lui-même l'archétype. Les idées qui sont dans Dieu ne peuvent avoir pour archétype, que son essence divine ; & réellement Dieu n'a pu prendre que de lui-même, de son essence propre, l'idée de penser, d'agir, de sentir, d'être étendu, en un mot de tout ce que nous disons que Dieu a fait, & qu'il n'a pourtant que copié, ou calqué sur son essence.

J'ai assez clairement démontré que dans ce système, il n'y a point de création, le monde n'étant pas une production tout-à-fait nouvelle, mais une représentation imparfaite de l'être & des perfections de Dieu. J'ai fait sentir en même temps combien il répugne que l'univers ne soit qu'une image de l'essence divine son archétype; combien il répugne que Dieu soit tous les Etres, un assemblage monstrueux de toutes les essences, dont les formes ou apparences existent hors de lui.

Quant au principe sur lequel on l'appuie, je ne vois rien de plus gratuit. L'esprit, qui n'est pas créateur, ne sauroit travailler sans idée, sans modele, sans connoissance de ce qu'il veut faire ; à la bonne-heure. Mais sur quoi prétend-on que l'être qui donne l'existence ne puisse faire exister aucune chose sans en avoir préalablement l'idée dans lui-même ? Je conviendrai aisément qu'il n'y a point d'idées sans archétypes, à moins qu'on ne change le sens que tous les philosophes sans exception ont attaché au terme *idée*, qui jusques-ici n'a dénoté qu'image, notion ou représentation de quelquechose.

# SIXIEME PARTIE.

l n'y a point de repréfentant fans objet repréfenté. Qu'on ne dife pas que l'homme peut fe former, qu'à tout moment il fe forme arbitrairement de nouvelles idées de fa propre création ou de fa propre invention. Je conviens qu'il peut joindre & féparer fes idées, en faire de nouvelles en partie ; on conviendra aufli que ce n'eft qu'à l'occafion d'autres [idé]es qui en remontant jufqu'aux idées primitives, [s]e peuvent avoir pour caufe que des archétypes ['r]éels ; & c'eft de ces idées primitives dont il eft queftion ici : favoir, fi une idée primitive de [l']entendement peut y être fans quelque archéty[pe] dont elle foit la repréfentation, ou fans qu'el[le] ait été occafionnée médiatement ou immédiate[m]ent par quelque chofe de réellement exiftant. [L]'affirmative me paroît répugner à la faine raifon, [&] en ce point je fuis d'accord avec ceux qui veu[le]nt que Dieu n'ait pu avoir l'idée du monde, [fa]ns archétype (*), quoique j'en tire une conclu[fi]on oppofée.

Ils difent : Dieu a créé des Etres ; il n'auroit pu [le]s produire, fans en avoir dans lui les idées ; donc [D]ieu avoit dans lui les idées de tous les Etres [q]u'il a créés. Enfuite : Il n'y a point d'idées fans [ar]chétypes, il n'y a point de repréfentant fans ob[je]t repréfenté, réellement exiftant. J'ajoute : Dans [l']idée du monde, le monde eft l'objet repréfenté ; [d]onc Dieu n'a pu avoir l'idée du monde fans que le [m]onde ne fût déja réellement exiftant dans lui ; [d]onc Dieu n'a pu produire le monde, à moins que [le] monde n'exiftât réellement en Dieu. Ainfi ils [p]rouvent que Dieu a dans lui l'idée du monde, parce [q]ue Dieu a produit le monde ; & de ce que Dieu a [d]ans lui l'idée du monde, il réfulte, même felon eux, [q]ue Dieu ne l'a pas produit. Ils ont beau répéter [q]ue le monde étoit réellement dans Dieu, mais

---

(*) Le même favant.

éminemment, potentiellement, d'une maniere my̍-térieuſe, incompréhenſible. Cette exiſtence, tou[te] myſtérieuſe & toute incompréhenſible qu'on la ſu[p]poſe, étoit toujours réelle, & cela ſuffit pour qu[e] s'enſuive que Dieu n'a pas créé le monde, qu'il n[e] l'a pas fait totalement, comme une cauſe créatric[e] doit produire ſon effet.

Pourquoi s'aller jetter gratuitement dans des e[m]barras dont il n'eſt pas poſſible de ſe tirer? Quel[le] néceſſité que Dieu ait dans lui les idées des Etre[s] qu'il crée? Nous avons vu d'abord que l'idée eſt u[ne] repréſentation intellectuelle d'un objet quelconqu[e,] que l'idée eſt une appartenance d'une ſubſtance pe[n]ſante unie à un corps, un moyen de connoître pr[o]pre de l'homme, infiniment au deſſous de Dieu. [De] plus ne conçoit-on pas la vertu créatrice, comm[e] une cauſe ſuffiſante de l'effet qu'elle produit, q[ui] par conſéquent n'a pas beſoin d'un entendement po[ur] l'éclairer, la diriger, ou la completter, ni d'un a[r]chétype pour s'y conformer? Au contraire, pui[ſ]qu'elle fait exiſter ſon effet, il eſt de ſon eſſence [de] ne ſe modeler ſur rien, ni ſur une idée, ni ſur l'a[r]chétype d'une idée. Il me ſemble que cela eſt co[m]pris dans la notion toute imparfaite que nous avo[ns] de la cauſe efficiente, pourvu que nous ayons ſo[in] de la pas altérer par des préventions tirées de c[e] qui ſe paſſe dans nous.

Dieu exiſte ſans archétype. Il n'a pas eu beſo[in] d'archétype pour exiſter, parce qu'il exiſte néceſſai[re]ment, par lui-même. Dieu auſſi crée néceſſaire[ment, par ſa nature: je l'ai prouvé. Il eſt de ſo[n] eſſence de faire exiſter le monde, comme il eſt d[e] ſon eſſence d'exiſter. Un tel Etre étant la raiſo[n] ſuffiſante & néceſſaire de tout autre Etre, on n[e] peut pas concevoir qu'il ait eu plus beſoin d'u[n] archétype pour faire exiſter le monde, que pou[r] exiſter lui-même.

On veut à toute force que Dieu ait pris de lui-même, ou de ſa propre exiſtence, l'idée de l'exiſtence

# SIXIEME PARTIE.

ence des créatures, qu'il ait pris de ses propres perfections, les idées des perfections des créatures. Comment conçoit-on qu'une idée qui a pour archétype une existence éternelle, immuable, soit l'idée d'une existence temporelle, successive ? Comment les idées prises des perfections infinies de Dieu sont-elles des idées des perfections finies des créatures ? Comment une idée à qui l'on donne pour archétype l'incréé, est-elle l'idée du créé ? On pourroit faire une foule de questions semblables, à ceux qui prétendent que Dieu n'a pu créer le monde sans en avoir une idée. Au lieu de donner à Dieu une idée du monde, ils ne lui donnent véritablement qu'une idée de lui-même.

La maniere dont ils expliquent cette prétendue idée du monde, & l'origine qu'ils lui supposent, prouvent très bien contre eux que Dieu n'a pu avoir une idée du monde avant de l'avoir créé.

En effet, selon eux, Dieu ne peut rien produire sans en avoir une idée positive, & il ne peut avoir l'idée positive de quoi que ce soit qu'il ne la tire de quelque chose qui existe positivement. Or ce quelque chose positivement existant qui fait naître dans l'entendement divin une idée, image ou représentation, n'est & ne sauroit être que l'objet représenté par telle idée ; si donc cette idée est celle du monde, le monde doit exister positivement pour faire naître l'idée de lui-même dans l'entendement divin, ainsi qu'ils s'expriment. Mais le monde n'existe pas positivement avant la création ; donc Dieu n'en a pas eu l'idée avant de l'avoir créé, puisqu'il n'y avoit pas encore d'objet propre à la lui donner.

Que diront-ils pour éluder cette conclusion ? Au moins ils admettent que Dieu a donné la forme au monde, c'est même à la production de la seule forme du monde que quelques-uns réduisent la création (*); ainsi Dieu ne peut pas produire cette for-

---

(*) Le même dans le même ouvrage.

Tome III.          F

me-là même sans en avoir l'idée, ni avoir cett idée sans la tirer d'un type positivement existan Ils ne peuvent nier aussi que le type d'une tell idée ne soit la forme positive du monde, puisqu'elle est supposée représenter cette forme, qu'elle est appellée pour cela l'idée de la forme du monde. Ainsi, par leurs principes, Dieu n'a pu tirer l'idée positive de la forme du monde, que de la forme du monde positivement existante, ou du monde formellement existant: donc il n'a pu avoir l'idée du monde, avant de l'avoir fait exister.

Dieu a du avoir une idée de la forme du monde pour la produire. Dieu n'a pu avoir l'idée de la forme du monde avant de l'avoir produite. Comment accorder ces contraires, également vrais, selon eux?

Ils ont grand tort de mettre dans Dieu l'archétype de l'idée du monde. Il faut fermer volontairement les yeux pour ne pas voir que cet archétype qu'ils lui donnent, ne sauroit la faire naître dans l'entendement divin. Dieu tirera-t-il de son essence & de ses perfections des idées qui lui représentent des essences & des perfections tout-à-fait différentes des siennes? Dieu en se contemplant, peut-il voir autre chose que lui-même, s'il n'est que lui-même? Si Dieu voit dans son essence l'archétype du monde, il faut que son essence soit une collection de tous les Etres, un assemblage d'essences séparables, & de perfections susceptibles de degrés; il faut que Dieu soit un monde tel & aussi limité que le monde sensible, pour tirer de lui-même l'idée de ce monde; comme il est impossible qu'un Etre éternel nécessairement & exclusivement tel par sa nature, fournisse une image, une représentation, une idée d'un Etre qui n'a avec lui aucune sorte d'analogie, ni de proportion.

Quand on suppose que Dieu a existé seul, on se trouve fort en peine pour lui faire venir l'idée & la volonté de produire le monde. De-là tous ces vains systêmes imaginés pour expliquer ce qui n'est point

# SIXIEME PARTIE. 83

Cet embarras auroit du faire soupçonner la fausseté de la supposition. Mais il est plus aisé d'entasser des suppositions sur des suppositions, que d'examiner & de prouver. Quoique de tous les motifs imaginés aucun ne convienne à la dignité de Dieu, quoique ce soit une foiblesse, une imperfection d'agir par un motif & pour une fin, quoique la volonté soit une appartenance de l'ame humaine, il faut que Dieu veuille créer le monde, il faut qu'il se propose un but en le créant: on lui en donnera la volonté, en dépit de la raison ; & dut-on le faire sensible, vain, ambitieux, & capricieux, on ne le laissera pas manquer d'un motif dans une si grande entreprise. La volonté ne suffit pas. On ne desire point, on ne veut point ce qu'on ne connoît pas. Puisque Dieu ne peut produire le monde sans volonté, il ne peut de même le produire sans idée. Où prendra-t-il l'idée de ce qui n'est point? Rien n'est plus aisé à concevoir. Il prendra l'idée du monde dans son essence qui n'a rien de commun avec l'essence du monde, de sorte que son essence nécessairement telle, représentera à l'entendement divin une essence toute différente. Il n'y a pas la moindre difficulté à cela. On imagine aisément que la nature divine peut s'altérer, se resserrer, prendre des limites & des imperfections, jusqu'à se matérialiser, pour représenter la nature matérielle & imparfaite du monde ; ou bien que l'essence de Dieu, sans avoir rien de matériel ni de *mondain*, peut offrir une image, un modele, du monde matériel....

Ainsi le faux engendre le faux. Je n'ai pas encore parlé de la supposition la plus hardie. Rien ne coûte quand on a franchi le premier pas. En jugeant la volonté de créer, & l'idée du monde à créer, aussi nécessaires à la cause pour produire un tel effet, que la puissance même de créer, & ces trois choses suffisantes pour completter la cause, on devroit concevoir aussi qu'elle agit, qu'elle crée, dès qu'elle a tout ce qui eſt requis pour créer. Point du tout : on aime mieux pouſſer l'inconſé-quence juſqu'à l'excès. Par la plus bizarre des con-tradictions, après avoir fait mille fauſſes ſuppoſi-tions pour donner à Dieu ce qu'on juge lui être néceſſaire pour créer, on le ſuppoſe encore une éternité ſans créer. Mais s'il a de toute éternité la puiſſance & la volonté de créer, avec la connoiſ-ſance éternelle des créatures qu'il peut & veut pro-duire, comment ſuſpend-il la création, lorſque ſa puiſſance créatrice, éclairée par ſon entendement, eſt déterminée à créer par ſa volonté? Si, malgré tout cela, il ne crée pas, la connoiſſance, la puiſ-ſance & la volonté ne ſuffiſent donc pas à la cauſe pour produire ſon effet. On a donc perdu un temps précieux à eſſayer tous les moyens de faire entrer dans l'eſſence divine l'idée du monde, & la volonté de le créer, on a contredit les notions les plus certaines, on leur a préféré les ſpéculations les plus frivoles : tant de dépenſe d'imagination eſt en pure perte : on a eu beau ſuppoſer & déraiſonner, on n'a point trouvé la raiſon ſuffiſante de la création que l'on cherchoit. C'eſt qu'on l'a cherchée où elle n'étoit pas.

La vanité de ces recherches nous ramene à la vérité. La raiſon ſuffiſante de l'exiſtence du monde eſt dans l'eſſence de Dieu. Un Etre qui crée par la néceſſité de ſa nature, n'a beſoin ni de volonté pour ſe déterminer à produire ſon effet, ni d'en-tendement, de connoiſſance, ou d'idée, pour le di-riger dans la production de ſon effet, ni de mode-le à ſuivre dans la conſtitution des créatures qu'il produit.

## CHAPITRE XLIII.

### SUITE.

*Syſtême des idées archétypes en Dieu, & du monde idéal, imaginé par Platon. Deux vérités inconteſtables qui le détruiſent.*

Le ſyſtême des idées divines, j'entends les idées que l'on ſuppoſe en Dieu, & ſans leſquelles on prétend qu'il n'auroit pu rien créer, ſe diviſe en deux branches. Je viens d'en examiner une, celle qui conſiſte à admettre que Dieu forme lui-même ces idées, qu'il les tire de ſa propre eſſence, de ſorte que Dieu ne fait rien que ſur ces modeles qui lui ſont fournis par ſon eſſence, archétype univerſel de tous les Etres. Platon ſuppoſoit auſſi dans Dieu des idées d'après leſquelles il avoit fait le monde viſible; mais Dieu ne les avoit point produites, elles lui étoient innées, elles co-exiſtoient éternellement dans lui. Elles n'avoient point pour archétype l'eſſence ni les perfections divines; elles étoient au contraire originelles & archétypes elles-mêmes de tout ce qui exiſtoit par la volonté & la toute-puiſſance du premier Etre. C'étoit un monde idéal, éternel, immuable, incorruptible, renfermant toutes les eſſences, tous les exemplaires des choſes, co-exiſtant avec Dieu & dans Dieu, ſur le modele duquel il avoit fait le monde viſible. Celui-ci ne contenoit point de vrais Etres, ſelon Platon, ce nom ne pouvant convenir qu'à des idées ou eſſences éternelles & incorruptibles, & non à des choſes ſujettes à la génération & à la corruption.

Ceux qui ont étudié ce ſyſtême de Platon, ont reconnu que ce philoſophe ne regardoit point ces idées de Dieu, comme différentes de lui-même. C'étoit auſſi l'opinion de Mallebranche qui dit expreſſément que Dieu n'a pu produire le monde ſans connoiſſance & ſans idée, que ces idées que Dieu en a eues ne ſont point différentes de lui-même, & qu'ainſi toutes les créatures, même les plus matérielles & les plus terreſtres ſont en Dieu, quoique d'une maniere ſpirituelle & que nous ne pouvons comprendre (*). Elles y ſont idéalement & eſſentiellement, devoit dire Platon, & ce monde idéal & divin a réfléchi une image viſible de lui-même, le monde ſenſible, image qui n'a qu'une vérité de repréſentation, à peu près comme le parhélie formé des rayons du ſoleil réfléchis ſur un nuage.

Je prendrai la liberté de contredire Platon. Son monde idéal, loin d'être le ſeul réel, me paroît une belle chimere, inventée à plaiſir, ſans néceſſité. Des idées ne ſont point des modeles, des archétypes, mais uniquement des copies ou repréſentations intellectuelles des choſes. Ce philoſophe trompé par la ſubtilité de ſes ſpéculations, après s'être formé des images abſtraites des choſes, les transforma en exemplaires originaux, & oſa les placer dans Dieu. Il ſentit bien que ces abſtractions dépouillant les Etres ſenſibles de toutes leurs qualités & propriétés, les réduiſoient à rien; il en conclut qu'ils n'avoient rien de réel. Cette concluſion devoit tomber plutôt ſur ces images abſtraites, vrais preſtiges de l'imagination, que ſur les Etres qui en étoient l'objet. La prévention l'empêcha de voir que, malgré les vaines ſubtilités de ſon eſprit, les Etres viſibles reſtoient toujours ce qu'ils étoient en eux-mêmes, au lieu que les idées qu'il ſe figuroit comme leurs modeles, n'étoient que des opérations de ſon entendement, ſans aucune exiſtence réelle au-delà; que ces idées pouvoient avoir un fondement réel entant que copies des Etres

---

(*) Recherche de la vérité.

réels, si elles les représentoient individuellement avec leurs différences apperçues ; mais que si elles ne représentoient aucun Être comme il exiſte, elles ne représentoient rien du tout, étant alors de pures illusions ; qu'enfin, dans tous les cas, elles ne pouvoient avoir de réalité comme modeles éternels & divins, puiſque l'idée dans ſa véritable ſignification, eſt un moyen de connoître propre de l'entendement créé, une image intellectuelle qu'il ſe forme des choſes ſuivant la maniere dont il les connoît. Les hommes travaillent quelquefois d'après leurs idées qui leur ſervent alors de modeles préſens à leur eſprit ; mais ces idées ne ſont pas elles-mêmes des modeles originaux ; elles en tiennent lieu par voie de repréſentation, étant des copies d'autres objets ſur leſquels l'eſprit les a tirées.

Deux vérités inconteſtables concourent à anéantir l'hypotheſe des idées originelles & archétypes en Dieu. La premiere eſt qu'il ne ſauroit y avoir d'idée dans Dieu ; la ſeconde, qu'une idée eſt le contraire d'un original ou d'un archétype.

Au ſurplus les ſectateurs modernes de Platon, ont une notion abſolument fauſſe de la vertu créatrice, s'ils penſent qu'elle ne puiſſe rien produire ſans modele. Au contraire, la cauſe réellement productrice qui fait que les choſes ſoient, n'a beſoin d'aucun préalable pour agir. Elle eſt efficace par elle-même. Elle produit néceſſairement ſon effet, comme elle exiſte néceſſairement. Son effet eſt néceſſairement tel par l'eſſence de la cauſe, comme la cauſe eſt telle par la néceſſité de ſon être.

Ce qui les abuſe, c'eſt qu'ils ſuppoſent dans la cauſe une ſorte d'indifférence primitive à produire tel ou tel effet, à le produire de telle maniere ou d'une autre façon, à le produire plutôt ou plus tard. Dans cette ſuppoſition, il faut avoir recours à quelque choſe qui tire la cauſe de ſon indifférence ; ce quelque choſe eſt une volition ; cette volition doit être excitée par une idée antérieure. D'où viendra cette idée ? Ou Dieu la tirera de lui-même, ou elle fera dans lui indépendamment de lui. Cependant cette indifférence, cette volition, cette idée, tout ce fyftême font des fictions qui répugnent à l'effence de la caufe. Elle n'a pas plus befoin de fes apprêts pour créer, que pour exifter. L'exiftence de la caufe & fon effet font déterminés par la même néceffité. Nous concevons l'exiftence de Dieu, comme indépendante de fa volonté & de la connoiffance de lui-même, de forte que nous fommes bien éloignés de croire qu'il ait été néceffaire à Dieu de vouloir exifter, & d'avoir l'idée de lui-même, avant & pour qu'il exiftât. Ce feroit le comble de la contradiction. Il faut concevoir fon acte comme fon exiftence : Dieu n'a pas befoin de vouloir créer, ni de connoître les Etres auxquels il donne l'exiftence, avant & pour qu'il puiffe les créer, puifque l'acte de Dieu vient de la même néceffité que fon exiftence.

L'oubli de ce principe eft la fource des notions abufives, des faux raifonnemens, des fuppofitions gratuites, de toutes les erreurs dont fourmille cette partie de la métaphyfique qui traite de l'origine des chofes. Je ne faurois y revenir trop fouvent. De ce feul principe bien approfondi fe tirent toutes les connoiffances qu'il nous eft poffible d'acquérir fur l'objet fublime & important dont nous nous occupons.

# CHAPITRE XLIV.

## SUITE.

*Où l'on examine si l'hypothèse qui donne à Dieu une idée positive du monde qu'il devoit créer, rend la création moins inconcevable, comme l'ont prétendu quelques philosophes.*

„ IL est certain, dit un philosophe déja cité, que
„ notre entendement, sans une Révélation expres-
„ se, ne sauroit concevoir que Dieu ait pu donner
„ l'être à ce qui n'étoit absolument point. Mais
„ ce qu'il y a d'inconcevable dans cette hypothe-
„ se, le deviendroit encore davantage, quand on
„ attribueroit cette opération à Dieu, sans qu'il
„ en eût eu aucune idée positive... Au lieu que si
„ je dis que Dieu a tiré l'idée de l'étendue qu'il a
„ donnée aux créatures de l'idée de sa propre éten-
„ due, je rends une raison de l'hypothese de la
„ création *ex nihilo*, qui fait qu'elle est moins in-
„ concevable, quoiqu'elle ne soit pas prouvée pour
„ cela (*).„

Ainsi un esprit vif se complaît dans des spéculations brillantes & frivoles; tandis qu'il s'égare
trompé par une fausse lueur, il publie hautement
qu'il répand la lumiere dans les sombres régions de
l'incompréhensible. J'ai appris à me défier de ces
déclamations. Quand l'homme s'est formé de fausses idées des choses qui sont au dessus de lui pour
les rapprocher de sa portée, il croit bonnement
s'être mis à leur niveau, ou peu s'en faut.

---

(*) Essai d'un nouveau systême concernant la nature des Etres spi-
rituels, Tome IV. p. 104 & 105.

Certes, voilà une plaisante maniere de rendre Dieu moins inconcevable, de lui donner des pieds & des mains, des yeux & des oreilles, une volonté & un entendement, de l'amour & de la haine ! La vertu créatrice est aussi inconcevable que l'essence divine à quoi elle tient. Ceux qui prétendent la mettre à la portée de la raison, la falsifient ; & loin d'atteindre le but où ils tendent, ils s'en écartent étrangement.

„ Il est certain que notre entendement, sans
„ une Révélation expresse, ne sauroit con-
„ cevoir que Dieu ait pu donner l'être à ce
„ qui n'étoit absolument point."

1. On a du recueillir du Chapitre XXXVIII (*), que pour parler avec une précision philosophique, il ne falloit pas dire que Dieu avoit donné l'être à ce qui ne l'avoit absolument point, puisque le monde a toujours existé & qu'il n'y a point de priorité d'existence entre la cause & l'effet. La puissance de créer est simplement la vertu de donner l'être, sans que l'essence divine qui le donne existe avant le monde qui le reçoit.

2. Il est certain que notre entendement, même avec le secours d'une Révélation expresse, ne sauroit concevoir l'intrinseque de la puissance créatrice, l'énergie divine qui fait que les choses soient. La Révélation ne nous donne pas l'intelligence des choses incompréhensibles : elle ne change pas la nature de notre entendement. Elle énonce certaines vérités sans nous les faire comprendre. Autrement il n'y auroit rien de mystérieux dans ce qui nous a été révélé ; au-lieu que les sublimes vérités qui ne nous ont été notifiées que par la Révélation, sont des mysteres impénétrables. La Révélation

(*) Ci-devant page 62.

ous dit que Dieu est l'Auteur de toutes choses, ans nous faire concevoir comment il les a faites.

3. Qui est-ce qui a décidé que la raison ne ouvoit pas, sans la lumiere de la Révélation, arvenir à la découverte du dogme de la création, u production des choses par un Etre éternel, ncréé ?

„ Mais ce qu'il y a d'inconcevable dans cette
„ hypothese (le dogme de la création), le
„ deviendroit encore davantage, quand on
„ attribueroit cette opération à Dieu, sans
„ qu'il en eût eu aucune idée positive."

Ceux-là seuls répandent de nouvelles ombres sur 'essence & l'opération de Dieu, qui les défigurent & es rétrécissent, sous prétexte de les rendre moins nconcevables. Ils ajoutent la contradiction à l'incompréhensibilité. Ceux qui, suivant une route opofée, s'appliquent à faire sentir le vice des fausses otions que l'on se fait de Dieu & de son acte, à les dégager de tout ce qui ne convient point la dignité de ce grand Etre, ne sauroient encouir le même reproche. Il faut être bien injuste our les accuser durement d'obscurcir ces notions, irce qu'ils soutiennent que Dieu n'est pas un omme, & qu'il n'agit pas en homme.

„ Au-lieu que si je dis que Dieu a tiré l'idée
„ de l'étendue qu'il a donnée aux créatures,
„ de l'idée de sa propre étendue, je rends
„ une raison de l'hypothese de la création
„ *ex nihilo*, qui fait qu'elle est moins incon-
„ cevable, quoiqu'elle ne soit pas prouvée
„ pour cela."

1. La création *ex nihilo*, est la production d'un ffet qui n'existoit absolument point auparavant. lais, comme ajoute le même métaphysicien, ce qui

n'exifte abfolument point, n'eft pas poffible. Il dit formellement que ces deux expreffions *ce qui n'eft abfolument point*, & *ce qui n'eft point ni ne peut être*, font parfaitement fynonimes (\*): donc Dieu ne fauroit donner l'être à ce qui n'exifte abfolument point ; donc il n'y a point de création *ex nihilo*. Ainfi l'auteur entreprend d'éclaircir une hypothefe qu'il reconnoît lui-même pour une chimere, une impoffibilité. Voyons comment il s'en acquitte. Je raifonnerai dans fes fentimens, & j'emploierai fes propres termes.

2. Selon lui, on ne peut pas dire du poffible qu'il n'eft abfolument point, car comme poffible il exifte dans l'entendement divin, & Dieu en ayant l'idée, il eft certain que cette idée a une réalité, quelle qu'elle foit. Le poffible eft donc dans ce fens quelque chofe. S'il n'étoit pas quelque chofe, Dieu n'en auroit pas l'idée, fuivant cet axiome : Que Dieu ne peut pas avoir une idée pofitive de ce qui n'eft abfolument point (\*\*). Après cela, il faut convenir que le monde étoit quelque chofe avant la création, quoi qu'il fût, ne fût-ce qu'une idée. Il n'a donc pas été tiré du néant ; & la fuppofition d'une idée pofitive du monde en Dieu, avant qu'il foit créé, loin de rendre fa création *ex nihilo* moins incompréhenfible, la rend plutôt improbable.

3. Si Dieu a eu l'idée pofitive du monde & de fes perfections, & qu'il doive l'avoir tirée d'un Etre réellement exiftant, quel autre Etre a pu fournir cette idée que le monde même, puifque par la fuppofition, c'eft l'idée du monde, une copie, ou image intellectuelle du monde ? On prétend que Dieu a tiré cette idée de la contemplation de lui-même & de fes perfections divines : prétention vaine, s'il en fut jamais. La nature divine ne fauroit

---

(\*) Même Effai, même Tome, page 111.
(\*\*) Là-même.

## SIXIEME PARTIE. 93

ournir l'idée d'une nature toute différente avec laquelle elle n'a aucune sorte d'analogie. Une idée ui auroit pour archétype, ou pour original, la ature divine, feroit une idée de Dieu, & non pas ne idée du monde. Voilà comme tous les raifonemens de l'Auteur nous menent à conclurre contre ui que, fi Dieu a eu l'idée du monde & de fon étenue, avant que de les créer, le monde & fon étenue exiftoient avant la création. Une hypothefe ui détruit la création ne l'éclaircit pas.

On s'ôte jufqu'à la reffource de dire que Dieu vant que de créer le monde, le connoiffoit comme offible : ce qui feroit, après tout, une pauvre refource. Le purement poffible n'eft qu'un Etre de aifon, une chimere (c'eft toujours le même phiofophe qui parle); fi le poffible peut devenir un tre pofitif, une exiftence réelle, il a un *criterium*, ne marque, un indice qui peut aider à le faire oncevoir comme poffible, c'eft-à-dire, que l'idée e ce poffible a un archétype, & que cet archétype eft quelque chofe de réellement exiftant. Ce n'eft donc pas l'idée d'un purement poffible tirée d'un autre purement poffible. Ces idées de purement poffibles, tirées les unes des autres, n'aboutiroient qu'à des chimeres, & il n'appartient qu'à l'efprit humain, chimérique comme il eft fi fouvent, d'imaginer de pareils fantômes. Quand on dit que Dieu a eu l'idée du monde avant de le créer, il s'agit d'une idée qui n'a pu naître qu'à l'occafion d'une réalité exiftante (*). J'ai prouvé que cette réalité exiftante, qui occafionne une telle idée, ne fauroit être que l'objet même de l'idée, celui qu'elle repréfente, le monde réellement exiftant.

4. Faifons encore un pas. Voyons comme un abîme en appelle un autre. Cette propofition, *Dieu*

_____

(*) Là-même page 109.

*a tiré l'idée de l'étendue qu'il a donnée aux créatures l'idée de sa propre étendue*, conduit insensiblement cette autre, *Dieu a tiré l'étendue qu'il a donnée au créatures de sa propre étendue*. Ce n'est pas là, j crois, rendre la création moins inconcevable, c'e plutôt l'anéantir.

„ Un monde étendu, toutes sortes de créature
„ douées d'étendue réelle existent. Le monde
„ ces créatures doivent cette existence à Dieu le
„ Créateur. Il est certain que cet Etre suprêm
„ avoit une idée positive de cette étendue qu'il :
„ donnée à ces créatures, sans quoi comment a
„ roit-il pu la leur donner ? Et s'il en avoit u
„ idée positive, il ne peut l'avoir prise de ce q
„ n'étoit absolument point. Il l'a donc prise d'u
„ archétype qui existoit avant la formation d
„ cette étendue réelle qu'il a donnée à ces créa
„ tures; Dieu n'a donc pu tirer cette idée que d
„ sa propre étendue, puisqu'il n'y avoit que lu
„ qui existât avant la création de ces autres Etre
„ étendus....

„ Je crois que ce qui n'est absolument point e
„ aucun sens ne peut être en aucune manière, &
„ que c'est dans ce sens qu'on peut dire que Die
„ ne peut avoir une idée positive de ce qui n'e
„ absolument point (\*)...

„ Il en faut toujours revenir à cette question,
„ si l'étendue existante dans les créatures, ou celle
„ que l'on attribue à toutes en général est bonne
„ ou mauvaise, de quelque manière qu'elle soi:
„ sortie des mains du créateur. Elle ne peut être
„ mauvaise, puisque rien de mauvais ne peut éma
„ ner d'un Etre qui est la source de la perfection
„ Elle est donc bonne ; mais si elle est bonne,
„ quelle difficulté y a-t-il donc de l'attribuer à une
„ partie de ces créatures, & de leur attribuer e

---

(\*) Là-même page 100.

# SIXIEME PARTIE.

„ même temps l'indivisibilité & l'incorruptibilité
„ qui, loin d'être une qualité incompatible ou une
„ imperfection, ne peut être envisagée que comme
„ un surcroît de bonté ou de perfection dans cette
„ étendue ou dans la créature qui en est revêtue?
„ Et si cette étendue est bonne en elle-même, il
„ doit y avoir encore moins d'inconvénient de
„ l'attribuer à l'Etre suprême lui-même, puisqu'il
„ est la source de toutes les perfections possibles,
„ soit qu'elle se trouve formellement & réellement
„ en lui, ou éminemment & en puissance.

„ Je suppose toujours, & à ce que je crois avec
„ raison, que l'existence réelle fondée sur la non-
„ étendue absolue, est une idée contradictoire; que
„ c'est un feu sans chaleur. Sur ce principe, je
„ demande encore un coup, l'étendue réelle est-
„ elle un bien ou un mal? Est-elle une condition
„ *sinè quâ non*, & dans ce sens nécessaire de l'exis-
„ tence réelle, ou ne l'est-elle pas? Je crois qu'à
„ notre égard elle est le *criterium* le plus indubi-
„ table de l'existence des créatures à nous immé-
„ diatement connues. Je crois qu'à l'égard de la
„ création, c'étoit une condition *sinè quâ non*, le
„ fondement de l'existence, le moyen le plus con-
„ venable & le plus simple de lui donner l'exis-
„ tence. Ce que Dieu fait est le mieux de ce
„ qui se peut faire; il le fait par les moyens les
„ plus simples & les plus dignes de lui. Cette
„ étendue est donc un bien. Or, je vous deman-
„ de, comment Dieu peut-il donner un bien qui
„ ne soit pas formellement ou éminemment en
„ lui? Si par la possession éminente d'un bien,
„ vous entendez seulement l'idée d'un bien, sans
„ que ce bien soit réellement en Dieu; je vous de-
„ mande: comment concevez vous cette idée dans
„ l'Entendement divin; comment concevez-vous
„ ce qui l'a pu faire naître? Ne peut-on pas dire
„ que si Dieu a eu, comme il n'en faut pas douter,
„ l'idée de donner l'étendue réelle à la créature,

,, on en doit conclurre que l'archétype de cett
,, idée étoit sa propre étendue réelle ? Je cro:
,, qu'on doit admettre cette conséquence, d'autan
,, plus que cette étendue eft un bien, & que l'o
,, peut dire qu'en matiere de bien, Dieu ne peu
,, donner que ce qu'il poffede, de quelque manier
,, qu'on envifage cette poffeffion (*)... Je ne fau-
,, rois concevoir au moins comment on pourro:
,, attribuer à Dieu l'idée d'un bien dont il n'au-
,, roit pas pris le modele de lui-même, ou qui ne
,, feroit pas réellement en lui (**)."

En deux mots, pour rappeller le fyftême entier, Dieu n'a pu faire l'étendue fans en avoir l'idée; & n'a pu tirer cette idée que de fa propre étendue. Dieu, en matiere de bien, ne peut donner que ce qu'i poffede: l'étendue eft un bien; donc Dieu poffede l'étendue qu'il a donnée aux créatures, de quelque maniere qu'on envifage cette poffeffion; donc Dieu n'a pas réellement créé l'étendue, ce qu'il faut entendre de tout ce que Dieu a donné aux créatures, car tout ce qui vient de lui eft bon, & enfin des créatures elles-mêmes que nous difons qu'il a faites, quoiqu'il en ait pris le modele de lui-même, & qu'elles fuffent réellement dans lui : car elles font bonnes, & l'on ne fauroit concevoir de bien qui ne foit réellement dans Dieu. C'eft toujours la même conclufion, toujours également contraire à la création.

On prouve très bien, par la même façon de raifonner, que le monde exiftoit formellement dans Dieu, avant la création. Dieu a produit le monde foit pour la matiere foit pour la forme ; & pour faire l'une & l'autre, Dieu a du avoir l'idée de toutes les deux, & il n'a pu tirer ces idées que de la même fource, c'eft-à-dire, de lui-même. Or s'il
doit

---

(*) La même page 81.   (**) page 84.

# SIXIEME PARTIE.

it être étendu, pour tirer de lui-même l'idée
l'étendue du monde, il doit aussi avoir toutes
s modifications de l'étendue, pour tirer de lui les
ées de ces modifications. Ensuite, ces modes de
tendue sont bons comme l'étendue elle-même ;
-là si Dieu doit être étendu parce que l'étendue
bonne, il aura aussi les modifications de l'éten-
e parce qu'elles sont bonnes. En vain l'Auteur
roit-il que son principe ne regarde que le fonds
s Etres créés & non leur forme. Son principe
général, il embrasse tout le créé dans toutes
s appartenances, ou il n'est applicable à aucune
éature. Tel est ce double principe : Dieu ne peut
en faire que sur le modele de ses propres attri-
ts ou perfections ; Dieu, en matiere de bien, ne
eut donner que ce qu'il possede lui-même. D'où
conclus que Dieu n'a pu imaginer une forme hu-
aine que sur le modele de la sienne dont il en a
ré l'idée, & qu'il n'a pu la donner au roi des
imaux que parce qu'il la possede réellement lui-
ême : conséquence aussi légitime que celle de
Auteur, savoir que Dieu n'a pu tirer l'idée de
étendue des créatures que de la sienne, ni la leur
nner que parce qu'il est lui-même étendu.
Tout le fruit que l'on retirera de cette discussion,
'est de se convaincre de plus en plus combien il
a d'illusion dans les promesses téméraires de ceux
ui s'efforcent d'éclaircir des vérités incompréhen-
bles. Leurs vaines explications ne font que les
ettre dans un faux jour, & porter ainsi la confu-
on dans les esprits. Ils entassent chimeres sur chi-
eres. Au lieu de lever le sombre voile qui couvre
inconcevable, ils le doublent du voile encore plus
pais de la contradiction.

## CHAPITRE XLV.

### Suite.

*Objection victorieuse contre le systéme qui suppose dans Dieu une idée du monde avant qu'il le créât.*

JE ne saurois m'empêcher de rapporter ici une objection que l'on fait contre le systême qui suppose dans Dieu une idée du monde avant qu'il le créât: objection d'autant plus forte qu'elle est prise des plus saines notions de l'entendement, de la connoissance & de l'idée. Cudworth qui la rapporte (*) la met dans la bouche des disciples de Démocrite & d'Epicure. Ne nous laissons pas prévenir. Il peut sortir quelque chose de bon & de vrai, de la bouche de ces honnêtes payens, quelque soin que l'on prenne de les décrier.

### Objection.

,, Les disciples de Democrite & d'Epicure font
,, encore ici une difficulté tirée de la nature de la
,, connoissance & de l'entendement. C'est que si le
,, monde a été fait par un Dieu, ou par un Etre
,, intelligent qui a précédé le monde, & qui avoit
,, en lui-même une idée de ce qu'il faisoit, la con-
,, noissance a été & selon l'ordre de la nature & se-
,, lon celui du temps, avant les choses mêmes; au
,, lieu que les choses qui sont l'objet de la connois-
,, sance & de l'entendement, sont indubitablement,
,, selon l'ordre de la nature, avant la connoissance
,, qui n'est qu'un effet de leur contemplation. Or,

---

(*) Systême intellectuel, Chap. V. Sect. IV. Je me sers de l'analyse qu'en a donnée J. le Clerc dans sa Bibliotheque Choisie.

# SIXIEME PARTIE.

„ selon eux, il n'y a que des choses particulieres, ou des corps; d'où il s'ensuit que la connoissance a suivi leur existence, ou que le monde existoit, avant qu'il y eût aucune connoissance *du monde*."

L'objection tire toute sa force de ce principe incontestable, que les choses qui sont l'objet de la connoissance & de l'entendement, sont indubitablement, selon l'ordre de la Nature, avant la connoissance qui n'est qu'un effet de leur contemplation. Le monde doit exister avant que d'être contemplé ou connu par un entendement quelconque. L'idée du monde est une copie intellectuelle du monde; & une copie ne sauroit exister avant son original. Plus nous considérons ce que c'est que l'entendement, & la maniere dont se forme la connoissance ou l'idée, autant qu'il nous est permis de pénétrer cette opération secrete, nous sentons que la connoissance distincte des choses est postérieure à leur existence; qu'il faudroit dénaturer l'entendement, la connoissance & l'idée, pour en juger autrement. Il n'y a point de connoissance sans idée, point d'idée sans un objet qui porte une empreinte de lui-même dans l'entendement, de quelque maniere qu'il s'y peigne, & par quelque intermede que ce puisse être. Ces propositions sont desormais des axiomes qu'il n'est plus besoin de prouver.

Si Dieu ne peut rien faire sans en avoir l'idée, il faut qu'il ait l'idée de l'existence du monde, sans quoi il ne pourroit le faire exister. Qu'est-ce que l'idée de l'existence du monde, sinon l'idée du monde existant? Comment Dieu se représente-t-il le monde existant, s'il n'existe pas?

Dieu, avant la création, avoit l'idée de l'exisence du monde, comme possible, & non pas comme actuellement réalifée.... S'il est ainsi, l'existence du monde a du rester éternellement au nombre des possibles, & Dieu n'a pas pu la réaliser, puisqu'il n'a pu faire que ce dont il avoit l'idée, & qu'il n'avoit pas l'idée de la réalisation actuelle de l'exiſtence du monde. C'eſt une pénible entrepri[se] de vouloir accorder le vrai avec le faux. De qu[el] côté que l'on ſe tourne, on trouve un embarr[as] égal, une égale contradiction. D'après le beau pri[n]cipe dont on ne ſoupçonne pas même la fauſſeté [à] ſavoir, que la connoiſſance complette l'efficacité de [la] cauſe efficiente & totale ; que Dieu devoit avoir de[s] idées de ce qu'il alloit créer ; d'après ce principe dis-je, il faut ſoutenir, ou que le monde exiſto[it] avant qu'il exiſtât, ou que le monde n'a pu exiſt[er] quoiqu'il exiſte. En effet, ou Dieu, avant que d[e] faire exiſter le monde, avoit l'idée de l'exiſtenc[e] réelle & actuelle du monde, ou il ne l'avoit pa[s.] S'il l'avoit, le monde exiſtoit réellement & actuel[-]lement avant que Dieu le fit exiſter. Si Dieu n'a[-]voit pas l'idée de l'exiſtence réelle & actuelle d[u] monde, Dieu ne pouvoit pas le faire exiſter réelle[-]ment & actuellement, ne pouvant pas lui donne[r] une exiſtence dont il n'avoit pas l'idée. Voilà un[e] fâcheuſe alternative.

## CHAPITRE XLVI.

### Suite.

*Inſuffiſance des Réponſes que l'on a faites à l'Objectio[n] précédente.*

*Premiere Réponſe : examen de cette Réponſe.*

QUOIQUE je tienne l'objection précédente pour inſoluble, je dois à la vérité & à moi-même, d'examiner avec attention les réponſes que l'on [y] a faites. Voici comment Cudworth y répond par ſon interprete François.

# SIXIEME PARTIE.

## Première Réponse

### à l'Objection précédente.

„ Mais on a déja prévenu cette objection, en montrant que les corps particuliers ne font pas les feuls objets de nos connoiffances, & que notre ame renferme en elle-même les objets intelligibles qu'elle confidere, qu'ils font éternels, & que l'ame n'eft nullement l'empreinte ou l'image des chofes fenfibles. Nous avons prouvé qu'il y a une intelligence toute parfaite qui renferme & qui connoît en elle-même l'étendue de fa toute-puiffance, ou tout ce qui eft poffible. Ainfi la connoiffance eft plus ancienne que les chofes fenfibles, & l'intelligence a été avant le monde qu'elle a formé."

## Examen de cette Réponse.

1. Cette réponfe a deux parties. Quant à la preiere, il eft tout-à-fait hors de propos de réponre, comme fait Cudworth, que les corps particuers ne font pas les feuls objets de nos connoifances, que notre ame renferme en elle-même les bjets intelligibles qu'elle confidere, qu'ils font ternels, & que l'ame n'eft nullement l'empreinte u l'image des chofes fenfibles. Ce n'eft pas de quoi s'agit entre lui & ceux qu'il entreprend de réfuter. ls ne difent pas que l'ame foit l'empreinte ou l'iage des objets fenfibles : ils difent feulement qu'elen reçoit l'empreinte ou l'image intellectuelle, & ue cette image, qui en eft une copie, fuppofe 'exiftence de fon modele. Ils ne nient pas que notre me renferme en elle-même les objets intelligibles u'elle confidere, c'eft-à-dire, les idées ou images ntellectuelles des chofes qui lui font intimement réfentes ; ils nient feulement que l'ame puiffe

avoir de telles idées, sans des objets réellement existans qui les occasionnent. Ils ajoutent qu'il n'y a que des choses particulieres: ils entendent par là que rien n'existe en général, mais d'une maniere singuliere & individuelle : vérité indubitable, d'où il suit que les idées des choses doivent les représenter individuellement avec leurs particularités dans un entendement quelconque. Pour infirmer leur raisonnement, il faudroit prouver qu'il peut y avoir des idées abstraites, des idées sans archétypes, des idées qui ne représentent rien : ce qu'on ne prouvera jamais. Quand on le prouveroit, quel avantage en tireroit-on pour l'objet dont il est question ? De telles idées dans Dieu ne lui seroient pas d'un grand secours pour éclairer son opération, & le diriger dans la création des choses qu'il ne fait point exister d'une maniere abstraite, générale, vague, mais singuliérement & individuellement, chacune avec ses différences. C'est une telle idée du monde que Dieu auroit dû avoir, une idée qui le lui représentât réellement existant tel qu'il l'a fait exister : mais une pareille idée du monde le suppose déja réellement existant. Il ne suffiroit pas encore qu'il existât dans l'entendement divin un monde abstrait, intellectuel, insensible, éternel, incréé, pour que Dieu pût faire un monde sensible comme le nôtre, parce qu'un monde abstrait, insensible, incréé, existant dans l'entendement divin, n'est point l'idée d'un monde particulier, individuel, sensible & créé. Ce n'est pas que l'idée du monde matériel doive être matérielle comme lui ; elle doit pourtant le faire concevoir comme matériel, & une telle perception ne peut naître dans l'entendement qu'à l'occasion d'un monde matériel réellement existant, qui la lui imprime.

Les Etres particuliers & réellement existans sont les seuls objets des connoissances & des idées réelles de tout entendement. Rien n'est en général : les idées universelles abstraites sont des Etres de raifon. L'idée du purement possible est une chimere.

2. La seconde partie de la réponse du philosophe Anglois n'est pas plus satisfaisante. On assure, sans le prouver, qu'il y a une intelligence toute-parfaite qui renferme & qui connoît en elle-même l'étendue de sa toute-puissance, ou tout ce qui est possible; qu'ainsi la connoissance est plus ancienne que les choses sensibles.

Si je ne me trompe, la connoissance est fondée sur des idées, & les idées supposent l'action des objets sur l'entendement : la connoissance est le résultat de la contemplation des choses. Comment & où contempler des choses sensibles, lorsqu'on suppose qu'il n'y a encore rien de sensible ?

Dieu connoît tous les possibles par l'étendue de sa toute-puissance qui en est la mesure.... C'est éluder la difficulté, & rendre la dispute interminable en supposant ce qui est en question. Il n'y a dans Dieu ni intelligence, ni connoissance, ni idée.

D'ailleurs à quoi Dieu connoîtra-t-il l'étendue de sa toute-puissance avant de l'avoir exercée ? Qui est-ce qui lui en donnera l'idée ? Elle lui est innée... Il est vrai tout ce qui est dans Dieu lui est inné, c'est-à-dire, qu'il le tient de sa nature. C'est pourquoi Dieu n'a point d'idée, l'idée étant une image des choses que l'entendement ne trouve point dans lui, mais qu'il tire de leur contemplation.

Comment Dieu verra-t-il dans sa vertu créatrice, un effet qui n'y est pas ? La vertu créatrice est la puissance de faire exister son effet tout entier, ensorte que rien de cet effet n'ait existé auparavant dans elle, quand même elle eût existé sans son effet : ce qui la distingue de la force génératrice, laquelle contient le germe de son effet. Ceux qui veulent que la cause contienne éminemment son effet, en pourroient conclurre au plus que Dieu y a vu l'existence éminente du monde, & il s'agit ici d'une idée de l'existence formelle du monde, d'une idée des choses sensibles.

L'objection des disciples de Democrite & d'Epicure, puisqu'on la leur attribue, est fondée, comme on l'a vu, sur la nature de la connoissance & de l'entendement. L'on ne peut, ce me semble, supposer la connoissance plus ancienne que les choses qui en sont l'objet, c'est-à-dire, qui la font exister.

## CHAPITRE XLVII.

### Suite.

*Autre Réponse à la même Objection.*

*Examen de cette Réponse.*

UN Auteur, persuadé avec Cudworth, que Dieu devoit avoir des idées de ce qu'il faisoit, n'approuve pourtant pas la maniere dont ce philosophe explique cette connoissance des Etres sensibles avant qu'ils fussent.

Voici une marque distinctive du vrai & du faux, dans la question présente. Tous ceux qui répéteront l'objection citée contre le système d'un monde idéal dans Dieu avant l'existence du monde sensible, la proposeront tous de la même maniere, ou à peu près : ils s'accorderont tous sur le principe parce qu'il est vrai, c'est la pure notion de la connoissance & de l'entendement. Ceux au contraire qui voudront la réfuter, prenant leurs réponses, non dans un principe vrai, mais dans de fausses suppositions, dans des préjugés, dans des conceptions erronées, ne pourront point s'accorder. Ils manqueront d'un point de réunion ; répondant chacun selon son système particulier, ils se contrediront, ils se réfuteront mutuellement. En vain ils publie-

nt d'une voix unanime que leurs adverfaires ont
rt, l'inconfiftance des raifons qu'ils en donneront
ra une excellente preuve de la vérité qu'ils ne
ourront infirmer.

### Seconde Re'ponse.

„ En quoi ceux dont Mr. Cudworth combat le
, fentiment fe font trompés, c'eft 1. En ce qu'ils
, ont confondu la connoiffance divine avec la con-
, noiffance humaine, ou qu'ils ont appliqué à la
, nature divine ce qui ne convient qu'à la nôtre ;
, c'eft de nous qui n'exiftons qu'après la création
, du monde, & non de l'Etre qui exifte éternelle-
, ment, qu'on peut dire que la connoiffance fuit
, l'exiftence de ce que contient le monde.

„ Ils fe font trompés 2. En ce qu'ils ont fuppofé
, gratuitement la préexiftence des corps, de la
, matiere, ou du monde. Or, comme dans le fens
, de ces philofophes, ces corps, cette matiere,
, ou ce monde étoient infenfibles, on pouvoit leur
, demander d'où les Etres fenfibles & capables de
, connoiffance font venus. Il eft donc évident que
, des Etres capables de connoiffance co-exiftoient
„ tout au moins avec ce monde infenfible, ou qu'un
„ Etre doué de la connoiffance a préexifté à ce
„ monde & à ces Etres fenfibles que nous y con-
„ noiffons.

„ Mr. Cudworth devoit donc fe contenter de rap-
„ peller à ces philofophes les preuves qu'il avoit
„ déja données de la co-exiftence de Dieu avec la
„ matiere, ou la préexiftence de cet Etre fuprême
„ au monde. Ceux qui penfent comme ces philo-
„ fophes auroient été ou feroient fort embarraffés
, de répondre à ces preuves, & fur-tout quant à
, la premiere propofition. La préexiftence de Dieu
, prouvée, il ne pouvoit plus être queftion fi la
, connoiffance étoit antérieure ou non à l'exiftence
, des corps, puifqu'il eft évident que l'Etre qui a

,, produit ou créé ces corps, devoit avoir des idé
,, de ce qu'il alloit créer ; il ne reſtoit donc pl
,, que de demander comment cet Etre pouvoit avo
,, des idées de ce qui n'exiſtoit point encore."

Cudworth a répondu à cette demande, qu'il y
une intelligence toute-parfaite qui renferme & q
connoît en elle-même l'étendue de ſa toute-puiſ
ſance, ou tout ce qui eſt poſſible. Sur quoi on re
marque judicieuſement que cette façon de raiſonne
n'eſt qu'affirmer ſans prouver. Et que nous dit-o
pour réponſe plus précife ? Le voici :

Dieu ne pouvoit avoir l'idée de l'étendue d
monde avant qu'aucune étendue réelle exiſtât. Avan
l'exiſtence du monde, il ne pouvoit exiſter qu
l'étendue de Dieu ; & c'eſt de ſa propre étendu
que Dieu a tiré l'idée de celle du monde dont la
ſienne étoit l'archétype.

### Examen de cette Re'ponse.

Je remarquerai d'abord qu'il eſt aſſez ſingulier que
l'on préſume d'expliquer comment Dieu connoît,
avant de s'être aſſuré s'il connoît. Mais lequel eſt
le plus étrange, ou la confiance avec laquelle o
ſuppoſe des idées dans Dieu, ou la préſomption
avec laquelle on explique comment Dieu tire l'idée
du monde de la contemplation de lui-même, comme ſi le monde n'étoit qu'une copie de Dieu ? La
préexiſtence de Dieu prouvée, dit-on confidemment,
il ne peut plus être queſtion ſi la connoiſſance eſt
antérieure ou non à l'exiſtence des corps, puiſqu'il
eſt évident que l'Etre qui a produit ou créé ces
corps devoit avoir des idées de ce qu'il alloit créer.
Rien n'eſt moins évident. L'étude de l'origine des
choſes ne ſeroit pas auſſi pénible qu'elle l'eſt, s'il
étoit permis de paſſer auſſi légérement ſur les premieres queſtions les plus déciſives, & de bâtir témérairement ſur de faux ſuppoſés. La préexiſtence
de Dieu au monde, & la néceſſité où l'on prétend

SIXIEME PARTIE. 107

ue Dieu étoit d'avoir une idée du monde pour le
réer, ne sont point des données en métaphysique;
lles ne doivent pas l'être; j'espere qu'elles ne le
ront plus pour ceux qui se donneront la peine de
eser les doutes que j'ai pris la liberté de proposer
r ces points dignes de la plus sérieuse attention.
Non: les philosophes qui jugent, par la nature
e la connoissance & de l'entendement, que l'idée
es choses sensibles doit être postérieure à l'exis-
nce de ces choses qui l'occasionnent, ne confon-
ent point la connoissance divine avec la connois-
nce humaine. Non: ils n'appliquent point à la
ature divine ce qui ne convient qu'à la nôtre.
in de se rendre coupables d'une pareille téméri-
é, ils prouvent très bien que la connoissance
l'entendement sont des entités incompatibles
vec l'essence divine, puisque ce sont des appar-
enances de la nature humaine. Qui sont ceux qui
onfondent Dieu & l'homme? Les savans qui don-
ent à Dieu de l'entendement, de la connoissan-
e, des idées.

Quand Dieu auroit vu dans lui, par la contempla-
ion de son être, les créatures qu'il devoit produi-
e, cette vue n'auroit rien de commun avec l'idée
i avec la connoissance fondée sur des idées. On ne
conçoit que deux sortes d'idées, les unes qui sont
données à l'ame par les objets extérieurs, & les autres qu'elle forme d'après celles qui lui sont venues
par les sens. S'il n'y a point de telles idées dans
Dieu, il n'y en a point du tout.

## CHAPITRE XLVIII.

### Suite.

*Nouvelle variation de l'hypothèse qui suppose en Dieu l'idée positive du monde possible & non encore existant.*

Nous avons vu les philosophes qui soutiennent que Dieu n'a pu rien créer sans en avoir une idée positive, concevoir cette idée chacun à sa manière. Les uns la disent un archétype, un exemplaire éternel des choses, qui se trouve dans Dieu indépendamment de lui, qui par conséquent lui est naturel, & fait comme partie de son essence. C'est dommage que cette belle imagination répugne à la nature de l'idée qui par elle-même est une copie, & non un original.

D'autres veulent que Dieu forme cette idée en se contemplant lui même, ensorte que sa propre substance lui représente celle du monde, & ses divines perfections les perfections sensibles du monde. Il en résulte que Dieu est l'archétype du monde, & le monde une image de Dieu; que Dieu est un monde idéal, & le monde un Dieu sensible.

Parmi ceux-ci il y en a qui expliquent autrement la maniere dont l'idée du monde possible se forme dans l'entendement divin. Ces derniers ne pensent pas que la substance divine soit le modele de tous les Etres possibles, & que Dieu les connoisse ainsi dans leur archétype avant leur existence sensible. Ils aiment mieux croire que Dieu est une intelligence toute-puissante qui contemple de toute éternité tous les possibles dans l'étendue de sa toute-puissance. Ils contredisent, il est vrai, les notions les plus saines de l'intelligence & de la puissance créatrice ; de l'intelligence qui ne peut connoître aucune vertu que par ses effets, & autant qu'elle

est

# SIXIEME PARTIE.

...ſt affectée de ſes effets : de la puiſſance créatrice ...ui eſt une force néceſſairement agiſſante en tant ...ue complette de ſa nature ; ſi elle n'étoit pas com-...lette de ſa nature, elle reſteroit néceſſairement ...ncomplette & oiſive, rien n'étant capable de la ...ompletter.

L'intelligence & la toute-puiſſance divines ſont ...ites éternelles, & par conſéquent l'intelligence tire ...ternellement de la toute-puiſſance la connoiſſance ...u'elle a des Etres qui ne ſont pas encore. De mê-...ne, ſelon Platon & les Platoniſtes, l'idée archétype ...u monde qui eſt dans Dieu, ſans qu'il la produiſe, ...ſt éternellement dans lui. Nous allons voir un autre ...hiloſophe dire que Dieu n'a point eu de toute éter-...ité l'idée des poſſibles.

Mallebranche, après nous avoir dit que Dieu ...'avoit pu produire le monde ſans connoiſſance & ...ans idée, a ajouté que ces idées que Dieu en avoit ...eues n'étoient point différentes de lui-même. Un ...utre va ſoutenir le contraire avec tout autant de ...fondement. On ne finiroit point s'il falloit rappor-...ter toutes les variations de cette hypotheſe pré-...caire.

„ Comme Dieu exiſte autrement que nous n'exiſ-
„ tons, fait-on dire au célebre Grew, & qu'il agit
„ autrement que nous n'agiſſons ; il faut auſſi tom-
„ ber d'accord qu'il penſe autrement que nous ne
„ penſons, & que nous ne pouvons pas nous en
„ former une idée complette. Comme nous agiſ-
„ ſons lorſque nous penſons, quoique d'une ma-
„ niere conforme à notre nature ; Dieu auſſi en
„ penſant agit toujours conformément à ſes perfec-
„ tions. Ainſi autant qu'un Etre exiſtant par lui-
„ même eſt élevé au-deſſus d'un Etre dépendant,
„ autant l'opération de ſes penſées ſurpaſſe celle
„ des nôtres. Dieu donc, en penſant, agit d'une
„ maniere toute-puiſſante & éternelle."

J'en ai tiré une concluſion toute oppoſée, ſavoir que le mot *penſer* n'étoit point applicable à Dieu, que Dieu ne penſoit point. C'eſt une choſe décidée il ſeroit ſuperflu d'y revenir. Pourſuivons.

„ Dieu étant ſeul éternel, il n'a pu penſer de
„ toute éternité qu'à lui-même, & en penſant à
„ lui-même, il faut néceſſairement qu'il en ait une
„ idée exacte ; c'eſt-à-dire qu'en y penſant il doit
„ produire des images ſubſtantielles de ſa nature;
„ & par conſéquent ces images doivent avoir une
„ exiſtence néceſſaire & éternelle comme Dieu; car
„ autrement ce ne ſeroient pas des images exactes
„ de ſes perfections, & ſes opérations ne ſeroient
„ pas infinies & éternelles, & auſſi parfaites qu'el-
„ les le doivent être.

„ Comme il y a une diſtinction réelle entre ſon
„ entendement & ſa volonté, quoique cette diſtinc-
„ tion ſoit incompréhenſible ; ainſi leurs images ci
„ doivent être réellement diſtinctes, & non ſeule-
„ ment diſtinctes entre elles, mais encore de Dieu
„ lui-même, parce que rien n'eſt l'image de ſoi-
„ même. Quoiqu'elles aient une exiſtence diſtinc-
„ te, elles ne ſauroient être ſéparées de Dieu;
„ comme les idées que nous formons de notre
„ eſprit, n'en exiſtent pas ſéparément, mais qu'el-
„ les co-exiſtent avec lui.

„ Comme Dieu a une idée des perfections de ſa
„ propre nature, il faut auſſi qu'il ait des idées de
„ tous les Etres poſſibles, c'eſt-à-dire une idée
„ complette de l'Univers.

„ Mais parce que rien ne peut être éternel, que
„ ce qui eſt infini, il eſt impoſſible que Dieu penſe
„ à l'Univers, ou à quelque autre choſe que ce ſoit,
„ comme éternelle. C'eſt pourquoi on ne peut pas
„ dire que Dieu ait penſé éternellement à le faire
„ exiſter; & par conſéquent l'Univers, ni quelque
„ autre choſe que ce ſoit, ne peut être, comme
„ les images de ſes perfections, conſidéré comme
„ étant la même choſe que lui."

Dieu n'a pas penſé éternellement à faire exiſter le monde. Dieu n'a pu néanmoins le faire exiſter

# SIXIEME PARTIE.

ans y penser, & il a du avoir une idée complette de l'Univers pour le créer; quand & comment cette pensée, ou idée, lui est-elle donc venue? On ne dira pas qu'il l'a tirée de la contemplation de lui-même, car on convient qu'il a pensé éternellement lui-même, & ainsi il auroit du penser éternellement au monde. On ne répondra pas non plus qu'il a vu la possibilité du monde dans l'étendue de sa puissance créatrice, autrement il auroit eu éternellement l'idée du monde, & la pensée de le faire exister, comme il a connu éternellement sa vertu productrice.

Si Dieu encore n'a pas eu éternellement la pensée de créer le monde, il l'a donc acquise, de quelque façon que ce soit, & il est survenu dans l'entendement divin quelque chose qui n'y étoit pas auparavant, une connoissance nouvelle & acquise. On voit ici le progrès de l'antropomorphisme spirituel.

## CHAPITRE XLIX.

### SUITE.

#### PREMIER COROLLAIRE.

*Créer n'est pas faire quelque chose sur un modele, ou d'après une idée.*

On ne conçoit pas, dit-on, que Dieu puisse produire des Etres dont il n'a pas l'idée. Si l'on faisoit attention que l'idée du monde en suppose l'existence, on concevroit que Dieu ne peut pas avoir l'idée des Etres qu'il produit. Dieu existe sans archétype, & il crée de même sans modeles intellectuels des Etres qu'il crée. Il a dans la nécessité de sa nature la raison suffisante de son existence, comme je l'ai dit ; & cet Etre néceſſaire eſt de m me la raiſon ſuffiſante & néceſſaire de l'exiſtenc des Etres qu'il fait, ſans que ces Etres aient pré exiſté à leur création, même en idée. Une tell préexiſtence me ſemble répugner & à l'Etre qu crée, & à la Nature qui eſt créée. La cauſe qui crée, produit totalement ſon effet, ſans qu'il ait été antérieurement ſous aucune ſorte de rapport. Autrement elle ne créeroit pas ; elle imiteroit, elle exécuteroit.

Incapable de pénétrer l'intrinſeque de la vertu créatrice, il faut craindre de la repréſenter ſous des notions qui la détruiſent au-lieu de la faire concevoir. Il répugne à la vertu qui fait des Etres de ſe modéler ſur quelque choſe dans une production qui n'eſt rien moins qu'imitative.

## CHAPITRE L.

### Suite.

### Second Corollaire.

*Le purement poſſible eſt impoſſible.*

Toutes les fauſſes notions de la création que nous venons d'examiner, ſans doute avec trop de détail pour leur importance, ſuppoſent qu'il y a eu un temps, ou plutôt une éternité, où rien de la ſubſtance du monde n'exiſtoit encore, étant alors purement poſſible. Cette vaine ſuppoſition ſe trouve détruite par les preuves que j'ai données de la co-exiſtence néceſſaire de l'effet avec la cauſe. Je crois pouvoir ajouter à ces preuves, & montrer ici directement que le purement poſſible eſt impoſſible.

S'il y avoit eu un temps auquel rien n'eût exiſté, rien n'auroit pu exiſter, & rien n'exiſteroit : l'ab-

# SIXIÈME PARTIE. 113

[exist]nce absolue de tout Etre supposée, rien n'est possible, l'existence est une chimere: le pur néant ne eut rien produire; aussi dès qu'il existe quelque cho[se], nous sommes forcés de reconnoître une existence nécessaire par elle-même, un Etre éternel, [q]ui n'a point été fait, qui a dans son essence néces[sa]ire la raison de son existence.

Je me sers de la même démonstration à prouver [q]ue, s'il y avoit eu un temps auquel rien de la sub[st]ance du monde n'eût existé, il étoit impossible que [le] monde existât jamais. Dans l'hypothese de la [n]égation absolue des créatures, lorsqu'elles étoient [p]urement possibles, comme on dit, elles n'avoient [p]oint de raison suffisante de leur existence, autrement [e]lles eussent existé; rien n'est plus évident. Si elles [n']avoient point alors de raison suffisante de leur exis[t]ence, il étoit impossible qu'elles en eussent jamais [u]ne, & conséquemment qu'elles existassent jamais. [D]'où auroit pu venir dans la suite la raison suffi[s]ante de leur existence? Du néant? Le néant ne auroit rien produire. De Dieu? Dieu est supposé [e]xister sans avoir dans soi la raison suffisante de l'exis[t]ence du monde, & cependant cet Etre nécessaire [e]xiste éternellement d'une maniere complette, avec [t]oute la force qu'il peut avoir, tel qu'il peut ja[m]ais être. Ce principe n'est pas contestable.

On voit combien il y a de contradictions à dire que Dieu a la puissance de créer, mais qu'il ne [l']exerce pas.

1. Si Dieu a une puissance vraiment créatrice, sans l'exercer, il n'existe pas complettement: un Etre n'existe complettement que dans l'exercice plein & entier de toutes ses facultés. Et ce que l'on conçoit de plus grand dans Dieu, après le privilege d'exister par l'excellence de son essence, est celui de donner l'être à une autre Nature.

2. En second lieu, la vertu de faire des Etres tient intimement à l'essence de l'Etre nécessaire. L'Etre essentiellement Créateur ne peut pas plus se dispen-

fer de créer que fe difpenfer d'exifter. L'Etre actif par fon effence, peut-il exifter dans l'inaction ?

3. Si Dieu a exifté fans créer, la création eft un acte accidentel dans lui, qu'il a pu produire, ou ne pas produire. Mais c'eft une très grande imperfection dans un agent, de n'être pas déterminé par la néceffité de fa nature.

4. La création fuppofée une chofe accidentelle, on ne peut plus en rendre raifon. Toutes celles que l'on en a données jufques-ici ne font que des conjectures tirées de la maniere d'agir propre des hommes, qui fe détruifent les unes les autres, & qu'on n'a jamais pu établir fur des principes folides. Je regarde cette hypothefe comme une fource féconde de l'antropomorphifme qui a corrompu la Théologie moderne, & qu'il eft fi difficile aujourd'hui de purger de cette foule de notions purement humaines qu'on n'idolâtre fans doute que parce qu'elles rapprochent Dieu de l'homme.

5. La vertu créatrice eft la vertu de donner l'être. N'y a-t-il pas de la contradiction à fuppofer qu'une telle vertu, quoique complette par elle-même, ne faffe rien exifter?

## CHAPITRE LI.

*On ne doit pas nier la Création fous prétexte que la maniere en eft incompréhenfible.*

RIEN ne rend la création plus incompréhenfible, fi l'incompréhenfible eft fufceptible de plus, que l'hypothefe d'une éternité pendant laquelle il n'a exifté abfolument rien de créé. Je crois même avoir démontré que la création eût été impoffible dans cette fuppofition. Que la création foit une opération éternelle d'une caufe éternelle, cela n'en rend pas la maniere concevable, j'en conviens. L'intrinseque de la création est un de ces points myſtérieux qu'il faut ſe réſoudre à ignorer, avouant de bonne-foi & ſupportant ſans chagrin ſon ignorance, plutôt que de ſe repaître de vaines illuſions, & de tromper les autres en ſe trompant ſoi-même. Une démangeaiſon dangereuſe, & quelquefois irréſiſtible, de tout expliquer a probablement accrédité ſi long-temps de fauſſes notions de la vertu créatrice. En falſifiant la Divinité & ſes opérations on ſe met plus à même de les expliquer. Mais par malheur on n'explique que les conceptions de ſon eſprit, & l'on eſt bien éloigné de découvrir la maniere dont Dieu agit; au lieu qu'en ſe tenant dans les bornes d'une juſte réſerve on eſt moins expoſé à errer. En reconnoiſſant l'incompréhenſibilité de ce qui eſt réellement au-deſſus de la raiſon, on ne riſque point de ſe repoſer confidamment ſur le ſein de l'erreur, comme ceux qui veulent ſavoir ce qu'ils ignorent malgré eux; on en eſt encore plus propre à reconnoître la vérité, dès qu'elle ſe préſente, ſur les objets qui ſont à la portée de l'eſprit humain.

Du reſte, quoique nous ne concevions pas comment les choſes ont été produites par la cauſe, nous ſommes pourtant ſûrs que quelque choſe a été faite, comme nous croyons avec certitude que quelque autre choſe n'a point été faite, quoique nous ne comprenions pas ce que c'eſt qu'exiſter par la néceſſité de ſon eſſence. L'exiſtence de l'effet comme tel eſt ſenſible, ai-je dit dès le commencement de cette Partie de mon Livre (*). Nous ſentons que nous ne ſommes pas des Etres éternels & incréés. Nous ſentons que notre exiſtence eſt ſucceſſive, variable, dépendante; au lieu que l'Etre qui n'a pas été fait n'exiſte point ſucceſſivement & en détail, mais totalement & tout enſemble ſi l'on peut ainſi parler: il ne ſouffre point de changement,

---

(*) Chapitre II. page 2.

puisqu'il est nécessairement ce qu'il est, par sa pr
pre excellence: il ne dépend point. Nous sentons
que le peu de connoissance & de puissance que nous
avons, ne s'étend pas à toutes les choses passées &
à venir; que nos pensées ne sont pour-ainsi-dire
que d'hier, & que nous ne savons pas ce que le
jour de demain doit mettre en évidence; que nous
ne saurions rappeller le passé, ni rendre présent ce
qui est encore à venir (\*): au lieu que l'existence
de l'Etre incréé est simple & toute homogene, on
n'y distingue point un passé, un présent, ni un
avenir (†).

Locke dit quelque part: ,, Peut-être que si nous
,, voulions nous éloigner un peu des idées commu-
,, nes, donner l'essor à notre esprit, & nous enga-
,, ger dans l'examen le plus profond que nous pour-
,, rions faire de la nature des choses, nous pour-
,, rions en venir jusqu'à concevoir, quoique d'une
,, maniere imparfaite, comment la matiere peut
,, d'abord avoir été produite, & avoir commencé
,, d'exister par le pouvoir de ce premier Etre éter-
,, nel; mais on verroit en même temps que de don-
,, ner l'être à un esprit, c'est un effet de cette puis-
,, sance éternelle & infinie, beaucoup plus mal-aisé
,, à comprendre." Comme Locke n'a pas jugé à
propos de s'expliquer plus ouvertement, il est à
croire que ces paroles jettées presque au hazard, ne
signifient rien d'important, & qu'il jugeoit lui-même
la prétendue maniere d'expliquer la création de la
matiere, qu'il avoit en vue, trop *imparfaite*, comme il dit, pour mériter qu'il s'y arrêtât. Nous ap-
prenons d'ailleurs par une note du traducteur de son
Essai où se trouve ce passage, qu'il étoit le résultat
d'une conversation que Locke avoit eue avec le
Chevalier Newton & le Comte de Pembrocke, dans

---

(\*) Essai concernant l'Entendement humain, Livre II, Chap. XV,
(†) Voyez ci-devant Chapitre XII,

quelle Newton avoit proposé une espece d'idée
forme à ce sujet, très éloignée de contribuer à
ous faire concevoir la création de la matiere (*).
Telle est donc la foiblesse de notre esprit, qu'il
nore également & comment un Etre existe sans
oir été fait, & comment un autre Etre a été fait
ar l'Etre incréé. Cependant il n'est pas raisonnable
 nier qu'il existe un Etre nécessaire par lui-même,
arce que nous ne saurions concevoir ce que c'est
u'exister nécessairement par l'excellence de sa na-
re. Nous aurions tort aussi de rejetter la création,
rce qu'elle nous est incompréhensible. Est-il étran-
e que nous ne concevions pas les opérations de
ieu, nous qui ne concevons pas les opérations de
otre ame? Il y a mille effets dans la Nature, qui
operent sous nos yeux, & que nous ne refusons
as de croire, quoique nous ne puissions pas rendre
ison de la maniere dont ils sont produits. Après
la, l'orgueil seul, & un orgueil insoutenable, peut
ous inspirer la pensée de réduire tout aux bornes
troites de notre intelligence, de n'admettre pour
ossible que ce que nous comprenons, & d'affirmer
u'une chose n'a pu être dès que nous n'imaginons
as comment elle a été. Mesurer la puissance de Dieu
 la force de notre conception, ce seroit rétrécir
mérairement l'être de Dieu, par le dépit que nous
urions de ne pouvoir étendre le nôtre au-delà de
s bornes naturelles.

---

(*) Voyez une note qui est vers la fin du Chapitre X. du Livre IV.
e la Traduction Françoise de l'Essai concernant l'Entendement Hu-
hain.

## CHAPITRE LII.

*Si l'existence du monde a eu un commencement?*

IL reste encore quelque chose à ajouter aux recherches précédentes concernant l'origine & l'antiquité de la Nature.

Dieu, qui n'a point été fait, a fait le monde; mais il l'a fait de toute éternité. Le monde fait de toute éternité n'est pourtant pas éternel, parce que l'effet n'entre point dans l'ordre de la cause. L'effet n'entre point dans l'ordre de la cause, parce qu'il est impossible que ce qui a été fait soit d'une essence analogue à celle de l'Etre qui n'a pas été fait.

Après avoir fait remonter l'antiquité du monde jusqu'à l'éternité de Dieu, il semble contradictoire de dire que l'existence du monde ait eu un commencement. Comment ce qui a commencé d'exister auroit-il toujours co-existé avec l'Etre dont l'existence n'a point eu de commencement? D'un autre côté, il y a aussi une contradiction apparente à soutenir que le monde a été fait, & que son existence n'a point commencé. Etre fait & commencer d'exister semblent n'être qu'une seule & même chose. J'ai dit que l'acte par lequel Dieu avoit créé le monde étoit éternel comme Dieu; en tant qu'éternel il n'a point eu de commencement. Ne s'ensuit-il pas que l'existence du monde, produit de cet acte, n'a point eu non plus de commencement?

La difficulté est grande, je l'avoue. Cependant, puisqu'elle se présente naturellement à la suite des principes que j'ai suivis jusques-ici, il y auroit de la mauvaise foi à la passer sous silence, & de l'indiscrétion à la négliger. Suivons les principes qui l'ont fait naître; peut-être nous en donneront-ils la solution. Ne nous en flattons pourtant pas avant l'examen. Du reſte, je n'ai pas promis de tout expliquer.

Il s'agit de ſavoir ſi, dans l'exiſtence antérieure du monde, il y a eu un premier moment, un moment qui n'ait pas été précédé d'un autre.

Je n'ai point de peine à me déclarer pour la négative. Puiſque la cauſe n'eſt point antérieure à l'effet, il faut ou que l'une & l'autre aient commencé d'exiſter enſemble, ou que la durée de l'effet n'ait point eu de commencement, ſi l'exiſtence de la cauſe n'en a point eu. On peut accorder hardiment à la durée de l'effet tout ce qui ne l'égale point à l'éternité de la cauſe. Certainement, l'éternité n'eſt pas une ſuite de temps inépuiſable; & certainement auſſi, le temps qui co-exiſte à l'éternité doit être tel qu'aucune ſouſtraction de momens ne puiſſe conduire à un moment au-delà duquel il n'y en ait point d'autre. Car ſi l'on parvenoit à un premier moment, on n'épuiſeroit pas ſeulement la durée antérieure du monde créé, on remonteroit au commencement même de l'éternité : cependant l'éternité n'a point de premier terme, elle n'en a point du tout.

On ſe rappellera ici ce que j'ai dit plus haut de l'éternité & du temps. L'éternité eſt l'exiſtence de Dieu : le temps eſt la durée du monde. Dieu exiſte totalement, complettement, tout entier pour-ainſi-dire; au lieu que le monde n'exiſte qu'en détail, & progreſſivement. Delà vient qu'il n'y a point de ſucceſſion dans l'éternité, au lieu que le temps eſt une durée eſſentiellement ſucceſſive. Dieu exiſtant immuablement conſtitue l'immobile éternité : le monde exiſtant d'une maniere toujours variable conſtitue la mobilité du temps. L'éternité & le temps ne ſont donc que des relations, ou propriétés, l'une de Dieu & l'autre du monde. L'éternité eſt la permanence invariable de l'Etre un & ſimple qui reſte éternellement le même : le temps eſt l'ordre de la ſucceſſion des créatures, ou, ſi l'on veut, l'ordre de la ſucceſſion des formes du monde qui en change ſans cesse. L'uniformité de l'éternité empêche qu'elle puisse être conçue en plusieurs portions. Mais le temps peut l'être: le passé n'est pas le présent, le présent n'est pas l'avenir.

De plus l'existence du monde est une suite nécessaire de celle de Dieu qui n'a pu être sans faire exister le monde. C'est-à-dire qu'il est aussi impossible que le monde ait commencé d'exister, qu'il répugne que Dieu lui-même ait eu un commencement. Si le monde a commencé d'exister, il n'existoit pas auparavant, & l'on sera toujours fondé à demander pourquoi il n'existoit pas encore lorsque la raison suffisante de son existence étoit déja, savoir l'Etre éternel. On ne sauroit assigner un premier moment à l'existence des créatures, sans que la même question ne revienne toujours: Pourquoi ce moment n'a-t-il pas été précédé d'un autre, puisqu'il pouvoit l'être, puisqu'il le devoit? Question aussi insoluble que raisonnable. Ce qui a commencé doit avoir été une fois tout nouveau. Que l'on recule tant que l'on voudra l'antiquité du monde, s'il n'a pas été créé de toute éternité, au premier instant de son existence c'étoit une production nouvelle. Pourquoi ne commençoit-il qu'alors, lorsqu'il pouvoit, lorsqu'il devoit co-exister à un Etre éternel?

Cette question est suivie d'une autre, également raisonnable & insoluble, qui fait sentir de plus en plus combien il répugne que l'existence du monde ait eu un commencement. Le monde est toujours venu trop tard, s'il n'est venu qu'après une portion de l'éternité, & ce retardement est une étrange contradiction. Il n'y a point de raison pourquoi l'existence des créatures ait été appliquée, pour-ainsi-dire, à telle portion de l'éternité, plutôt qu'à la portion précédente où Dieu seul existoit. Disons mieux: cette distinction de plusieurs portions dans l'éternité est vaine & abusive: on en a vu la raison tout-à-l'heure. L'éternité uniforme exige, ou que Dieu crée éternellement, ou qu'il ne crée point du

out. Son immutabilité est incompatible avec ce
assage de l'inaction à l'action. Dans l'hypothese de
a nouveauté du monde, on n'est donc pas seulement
ondé à demander pourquoi cet effet d'une cause
ternelle vient si tard, mais encore pourquoi il est
roduit, ou comment il peut être produit, puis-
ue la cause qu'on suppose agir à l'instant présent,
pu s'en dispenser pendant toute une éternité.
L'état le meilleur & le plus parfait de la cause est
ans contredit celui où l'on conçoit qu'elle a été
"abord par la nécessité de son existence : c'est l'état
ropre de sa nature, le seul qui lui conviénne : elle
'en peut pas sortir, elle ne peut le changer, parce
u'il est nécessairement fixé & déterminé par son
ssence. On rend donc l'existence du monde impos-
ble en supposant qu'elle a eu un commencement.
vant ce commencement, on conçoit Dieu dans un
tat d'inaction, dans l'état d'un Être non créant,
'où il n'est pas possible de le faire sortir, puisque
'il y est réellement, il s'y trouve établi par la né-
essité de son essence immuable.

On n'avoit pas sans-doute prévu ces conséquences
orsque l'on a décidé si légérement que le monde
'avoit que quelques mille ans d'existence. On ne
es élude pas non plus en reculant sa naissance de
lusieurs millions d'années. La difficulté revient tou-
ours avec la même force dès qu'on lui donne un
remier moment d'existence avant lequel il n'étoit
as. Ou le monde est un effet impossible, ou il a
oujours co-existé avec sa cause éternelle. Con-
luons que la durée du monde n'a point eu de
ommencement non plus que l'existence de sa
ause.

Etre fait & commencer d'exister peuvent bien être
ne seule & même chose par rapport aux phénome-
es de la Nature. Lorsqu'il s'agit de l'effet que pro-
uit un Etre éternel par la vertu de son essence, c'est
out autre chose; on ne sauroit fixer la production
un pareil effet à un premier temps avant lequel il

n'étoit pas encore produit, fans donner un commencement à l'éternité de la caufe. Si un Etre éternel produit un Etre temporel, l'origine de celui-ci va fe perdre dans l'éternité de celui qui l'a fait.

La feule confidération qui pourroit empêcher les efprits prévenus de convenir avec moi que la durée du monde n'a point eu de commencement, non plus que l'exiftence de Dieu, ce feroit la crainte d'égaler la créature à fon Auteur quant à la durée : crainte abfolument vaine qu'il faut tâcher de diffiper.

## CHAPITRE LIII.

*Le monde n'eft pas éternel, quoique fa durée n'ait point eu de commencement.*

NE nous laiffons pas rebuter par la féchereffe des recherches où nous engage la fublime queftion de l'origine des chofes. C'eft beaucoup de pénétrer dans des fentiers fi difficiles, fans prétendre nous y faire accompagner des Graces.

La fimple négation de commencement, qui eft l'abfence d'une contradiction abfurde tant pour l'éternité que pour le temps, ne met aucune égalité entre l'exiftence de Dieu & la durée du monde. Un efpace de temps borné au moment préfent, mais qui n'a point eu de commencement, n'eft pas l'éternité. Si quelques-uns ont confondu un Etre éternel avec un Etre fans commencement, ils n'ont pas prouvé que la négation de commencement conftituât l'éternité.

L'éternité n'a pas commencé. S'enfuit-il que tout ce qui n'a pas commencé foit éternel ? Un livre n'eft pas un arbre. Faut-il pour cela que tout ce qui n'eft pas un arbre foit un livre ? On devroit avoir plus d'égard à la valeur des prémiffes, lorfqu'on en veut tirer une conféquence jufte & vraie.

# SIXIEME PARTIE.

Dès que l'on est forcé d'admettre un temps co-existant avec l'éternité, on ne peut s'empêcher de convenir que le commencement du temps seroit aussi le terme de l'éternité. D'ailleurs, il reste toujours entre l'ordre éternel & l'ordre temporel toute la disparité, toute la disproportion possible. Dieu conserve toujours sa supériorité, & le monde sa dépendance: quelle plus grande dépendance y a-t-il que de devoir l'existence à un autre ? L'éternité reste toujours immobile, invariable, uniforme, toujours semblable à elle-même, sans passé, sans avenir ; au lieu que le temps est une durée essentiellement variable & successive, qui passe incessamment : tous les momens passés en ont été futurs & présens ; & il n'y a point de distinction de momens dans l'éternité. Voilà ce qui met une différence réelle & infinie entre ces deux ordres de choses, quoique ni l'un ni l'autre n'ait eu de commencement.

Mais, leur différence ne seroit-elle pas plus grande si l'un étoit sans commencement, & que l'autre eût commencé ? ...

Mais, ne voit-on pas que l'on parle d'une différence chimérique & contradictoire, puisqu'il est démontré que l'effet nécessaire d'une cause sans commencement, doit aussi n'en point avoir. Je le répete: l'absence d'une contradiction ne fait point rentrer l'ordre temporel dans l'ordre de l'éternité. Ainsi le monde n'est pas éternel, quoique sa durée n'ait point eu de premier moment.

## CHAPITRE LIV.

*D'un espace de temps, composé de parties successives, quoique sans premier terme.*

EN voulant éviter une contradiction, je dois craindre de tomber dans une autre. ,, Comment ,, un espace de temps, supposé sans commence- ,, ment, peut-il être composé de parties succes- ,, sives ? S'il n'a point de premier moment, il n'en ,, a point aussi de second, ni de troisieme, ni de ,, centieme, ni de millieme, &c. En un mot il n'a ,, aucun moment auquel on puisse appliquer conve- ,, nablement quelque terme que ce soit de la suite ,, des nombres. Il n'a donc pas plusieurs momens; ,, & cette prétendue succession de parties dans un ,, espace de temps qui n'a point de commencement, ,, est une supposition vaine & chimérique...."

Je conviens sans peine que dans un espace de temps qui n'a point de premier moment, il n'y en a point aussi de second, ni de troisieme, ni de centieme, ni de millieme, qu'en un mot il n'y en a aucun à qui l'on puisse appliquer convenablement quelque terme que ce soit de la suite des nombres, si l'on veut en commencer le calcul de leur origine. Qu'est ce que cela fait à la succession des momens qui composent un tel espace de temps? Ne peut-il y en avoir plusieurs, sans qu'il y en ait un premier?

Je vous donne une portion de matiere quelconque, & vous prie de la diviser. Pouvez-vous, à force de division, parvenir à une premiere particule élémentaire, dont la répétition autant de fois multipliée qu'il est nécessaire, forme la masse totale? Vous ne le pouvez. Ce qui reste, après quelque division que ce soit, est toujours une grandeur inépuisable. Vous aurez beau en ôter autant de parties qu'il vous plaira, vous ne parviendrez jamais à une
par-

particule qui n'en admette encore d'autres au-delà, & à quelque terme de division que vous soyez parvenu, vous ne pourrez jamais dire, Il n'y en a plus qu'un, deux, trois, cent, mille, ou tel autre nombre pris à volonté : ce qui est mathématiquement démontré. En concluez-vous qu'une telle portion de matiere n'a pas plusieurs parties, qu'elle n'est pas composée d'une continuité d'élémens matériels mis les uns auprès des autres ?

De même, en partant du moment présent, retranchez au temps écoulé des années, des siecles, des millions de siecles, le reste sera toujours une durée inépuisable. Vous ne parviendrez jamais à une premiere année, à un premier siecle, ni à un premier million de siecles : il n'y en a point de premier. A quel terme que vous mene toute la force de votre imagination, vous ne serez jamais en état de dire combien il en reste au-delà. Cette impossibilité de remonter à un temps qui n'ait pas été précédé d'un autre ne détruit en aucune façon la succession des siecles, des années, des mois & des moindres portions du temps.

Nous n'avons qu'à considérer la suite naturelle des nombres pour nous convaincre qu'il peut y avoir une suite de quantités qui manque d'un terme fixe & déterminé, au-delà duquel on ne puisse plus remonter. La grandeur numérique forme une suite de nombres dont il n'y en a aucun, pour grand qu'il soit, au-delà duquel on ne puisse porter encore la progression. La raison la plus simple qu'on en donne, c'est que tout nombre est composé de l'unité plus ou moins de fois répétée; &, quelque multipliée qu'en soit la répétition, elle peut toujours l'être davantage. Nous avons donc une suite d'unités successives, toujours susceptible d'augmentation, sans un terme qui exclue toute progression ultérieure.

Tel est l'espace de temps écoulé depuis l'origine du monde jusqu'au moment présent. C'est une suite de momens successifs, tous antérieurs les uns aux autres, laquelle nous pouvons augmenter à volonté, en remontant dans le passé, sans rencontrer un moment au-delà duquel Dieu n'en ait pas fait exister un autre & d'autres encore.

C'est peut-être trop s'arrêter à l'examen d'un paralogisme.

---

## CHAPITRE LV.

„ *Comment supputer les temps de la durée du monde,*
„ *si elle n'a point eu de commencement ?* ”

### RÉPONSE.

On ne peut pas sommer la suite des nombres: autrement, on ne peut pas déterminer combien cette suite a de termes, parce qu'elle n'en a point au-delà duquel il n'y en ait toujours d'autres assignables. On ne sauroit non plus sommer la quantité des temps écoulés depuis l'origine du monde, c'est-à-dire, assigner le nombre précis de momens contenus dans sa durée antérieure, par la raison qu'elle n'a point de premier moment, quelque étendue qu'on lui donne. Il n'est pas possible de déterminer de combien d'années, de siecles, ou de millions de siecles le monde se trouve âgé à cette heure. En ce sens, on ne peut pas supputer, au juste & d'une maniere complette, les temps de sa durée. Si on le pouvoit, on supposeroit le non-être au-delà des temps calculés, ce qui répugne à ce que nous avons prouvé de la co-existence nécessaire du monde avec l'Etre éternel.

Néanmoins comme l'espace du temps passé s'est successivement écoulé, il est facilement conçu en plusieurs portions. S'il n'a pas de premier moment, au moins il en a un moment donné, celui où nous vivons; comme ce terme du passé nous échappe sans cesse, pour le fixer en quelque sorte, on lui donne une certaine étendue, celle d'un mois, d'une année, ou de tel autre cycle. En partant de ce terme nous remontons l'échelle des générations antérieures, d'année en année, de siecle en siecle, jusqu'au temps le plus éloigné, dont la mémoire se soit conservée, ce qui forme la plus haute antiquité assignable, & cette antiquité doit nécessairement varier selon les traditions des différens peuples, soit orales, soit écrites, vraies ou fabuleuses. Tout l'antécédent, couvert des ombres de l'oubli, ou par l'effet de quelque révolution physique qui a effacé jusqu'à la trace des événemens précédens, ou par les ravages de l'ignorance qui en a laissé perdre le souvenir, ou manque d'Etres qui pussent les connoître & en garder la mémoire, est négligé, ou mentionné seulement comme un espace de temps indéterminé. Ainsi la chronologie suppute, non pas tout le temps de la durée du monde, mais seulement la portion de ce temps la plus voisine de nous, qu'elle peut remplir de générations & de faits dont elle suppose la réalité constatée. La plus reculée de ces époques est le *commencement* dans le langage des chronologies dites universelles.

## CHAPITRE LVI.

*Si une durée sans commencement est une durée infinie.*

Il est prudent d'écarter toute sorte de dispute sur l'infini. L'infini est pour nous l'incompréhensible. Non seulement nous ne pouvons nous en former d'image sensible, mais nous tâcherions en vain d'en avoir une idée intelligible. Il n'y a aucune sensation, aucun nombre, aucune grandeur, qui puissent nous faire imaginer l'infini; & l'entendement humain borné par essence ne sauroit le comprendre. N'allons point nous égarer dans les ténebres de l'infinité.

Je conçois la durée antérieure du monde, je veux dire ce qui s'en est écoulé jusqu'au moment présent, telle qu'en y retranchant sans cesse toute portion de temps que l'on voudra, ces souftractions, quelque multipliées qu'elles soient, laisseront toujours cette durée inépuisable. Ce n'est pas-là l'infini. L'infini n'est pas susceptible d'augmentations ni de diminutions. On n'en peut rien retrancher sans l'anéantir.

Rien n'empêche qu'on ne conçoive le monde plus ou moins ancien qu'il n'est à cette heure. Il l'étoit moins hier qu'aujourd'hui, & demain il le sera davantage. Toute grandeur qui croit par des finis n'est point infinie.

Loin que la durée du monde soit infinie, n'est-elle pas toujours bornée à l'instant présent? Croit-on que l'infini soit une grandeur bornée d'un côté & inépuisable de l'autre ? Cette notion n'est pas recevable. Une durée infinie n'est pas celle dont on peut toujours retrancher des portions quelconques sans parvenir à un premier terme qui ne soit pas précédé d'un autre. Par cela seul qu'on peut la diminuer, elle n'est pas infinie.

On prétendra peut-être que la durée du monde, telle que je la conçois, n'est réellement susceptible, ni d'augmentation, ni de diminution. Je suppose sa portion antérieure inépuisable. Si cela est, dira-t-on, quelque quantité que l'on en retranche on ne sera pas plus près de son commencement qu'avant la souftraction ; & de même quelque quantité qu'on y ajoute, on ne sera pas plus éloigné de son commencement qu'avant l'addition : elle restera donc toujours la même dans l'un & l'autre cas : or si elle reste toujours la même, elle n'est réellement susceptible, ni d'augmentation, ni de diminution ; elle est infinie.

Je ne sais si l'on propose sérieusement cette diffi-

## SIXIEME PARTIE.

culté. Il faut le suppoſer pour y répondre. En ajoutant à la durée du monde on ne s'éloigne point de ſon commencement, de même qu'on ne s'en approche point à force d'en retrancher des millions d'années. D'où vient cela? De ce que cette durée n'a point de commencement. Il n'eſt pas ſurprenant ſans-doute qu'on ne s'éloigne, ni ne s'approche, d'un terme qui n'eſt point. S'enſuit-il que cette durée reſte toujours la même après toute ſouſtraction & toute addition, qu'elle ne diminue point par les retranchemens que l'on y fait, qu'elle n'augmente point par les additions? Pour démontrer qu'elle eſt toujours la même, ſans augmentation ou diminution, il faudroit prouver qu'on n'y peut rien ajouter, qu'on n'en peut rien retrancher. Mais prétendre qu'on en retranche ſans la diminuer, qu'on y ajoute ſans l'augmenter, voilà le merveilleux, voilà le contradictoire.

Pour que la durée du monde puiſſe croître, il n'eſt point du tout néceſſaire qu'elle ait eu un commencement, un premier terme fixe au delà duquel il n'y en ait point d'autre. Il ſuffit qu'elle ſoit compoſée de momens, ou de portions de temps qui ſe ſuccedent dans un certain ordre imperturbable. Dans une telle ſucceſſion, de quelque point que l'on parte pour calculer une certaine quantité de la durée du monde, il eſt viſible que les portions ſucceſſives ajouteront à la ſuite des précédentes, quoique cette ſuite n'ait point de premier terme. Or l'infini exclut toute capacité de croître.

## CHAPITRE LVII.

*Systême de ceux qui admettent l'Infini actuel numérique.*

*Extrait des Elémens de la Géometrie de l'Infini, par Mr. de Fontenelle.*

JE préfere un peu de diffusion à une méthode plus concise qui pourroit laisser quelque doute dans les esprits sur la différence qu'il y a entre une durée infinie & une durée sans commencement. J'exposerai d'abord le systême de ceux qui admettent l'infini actuel numérique; ou plutôt j'en emprunterai l'exposition de l'illustre Auteur de la *Géometrie de l'infini*, qui me semble s'être laissé séduire par une métaphysique plus subtile que solide, plus éblouissante que vraie. Il est tombé dans des contradictions d'une espece si séduisante qu'un habile métaphysicien qui a entrepris de le réfuter en a admis une partie pour combattre l'autre (*). Après avoir prouvé que la suite naturelle des nombres ne contient point une infinité de nombres, qu'elle n'est point infinie, quoiqu'elle n'ait point de dernier terme, c'est-à-dire, un terme qui exclue toute progression ultérieure, il en résultera qu'une durée qui n'a point de moment au-delà duquel il n'y en ait encore d'autres, en un mot une durée sans commencement, ne contient pas pour cela une infinité de momens, & qu'elle n'est pas infinie.

J'insiste d'autant plus que j'ai lieu de craindre que l'on n'entre pas aisément dans ma pensée. On s'est accoutumé, je ne sais sur quel principe, à regarder comme infinie une suite de quantités sans pre-

---

(*) Voyez le *Recueil de Dissertations sur quelques Principes de Philosophie & de Religion*, par le R. P. Gerdil Barnabite. Je donnerai incessamment des preuves de ce que j'avance ici.

# SIXIEME PARTIE.

mier terme qui ne soit pas précédé d'un autre, ou sans dernier terme qui n'en admette pas d'ultérieur. Cette habitude a même pris assez d'empire sur certains esprits, pour leur persuader qu'une telle suite de grandeurs pouvoit n'être infinie que d'un côté, & finie de l'autre (*).

# EXTRAIT

*des Elémens de la Géometrie de l'Infini.*

## PARTIE I. SECTION II.

,, *De la Grandeur infiniment grande.*

,, *Ce que c'est que l'Infini.*

,, 82. Ce qui par son essence est susceptible de
,, plus & de moins, ne perd rien de son essence en
,, recevant ce plus ou ce moins dont il étoit sus-
,, ceptible. Or la grandeur est par son essence sus-
,, ceptible de plus & de moins. Donc elle ne perd
,, rien de son essence en recevant ce plus ou ce
,, moins, donc elle est encore grandeur, donc en-
,, core également susceptible de plus & de moins,
,, donc elle en est toujours susceptible; donc elle
,, l'est sans fin, ou à l'infini.

,, Examinons la grandeur entant que susceptible
,, d'augmentation.

,, 83. Puisque la grandeur est susceptible d'aug-
,, mentation sans fin, on la peut concevoir ou sup-
,, poser augmentée une infinité de fois, c'est-à-
,, dire, qu'elle sera devenue infinie. Et en effet, il
,, est impossible que la grandeur susceptible d'aug-
,, mentation sans fin soit dans le même cas que si
,, elle n'en étoit pas susceptible sans fin. Or si elle

---

(*) Ci-devant Chapitre XXIV.

„ ne l'étoit pas, elle demeureroit toujours finie;
„ donc étant fusceptible d'augmentation fans fin,
„ elle peut ne demeurer pas toujours finie, ou,
„ ce qui eſt la même choſe, devenir infinie.

„ 84. Pour mieux concevoir l'infini, je confidere
„ la fuite naturelle des nombres, dont l'origine
„ eſt 0, ou 1.

„ Chaque terme croît toujours d'une unité, & je
„ vois que cette augmentation eſt fans fin, & que
„ quelque grand que ſoit le nombre où je ferai ar-
„ rivé, je n'en fuis pas plus proche de la fin de la
„ fuite, ce qui eſt un caractere qui ne peut conve-
„ nir à une fuite dont le nombre des termes feroit
„ fini. Donc la fuite naturelle a un nombre de
„ termes infini.

„ En vain diroit-on que le nombre des termes qui
„ la compoſent eſt toujours actuellement fini; mais
„ que je le puis toujours augmenter. Il eſt bien vrai
„ que le nombre des termes que je puis actuelle-
„ ment parcourir ou arranger felon leur ordre, eſt
„ toujours fini; mais le nombre des termes dont la
„ fuite eſt compoſée en elle-même, eſt autre choſe.
„ Les termes dont elle eſt compoſée en elle-même,
„ exiſtent tous également, & ſi je la conçois pouſ-
„ fée feulement jufqu'à 100, je ne donne pas à ces
„ 100 termes une exiſtence dont ſoient privés tous
„ ceux qui font par delà. Donc tous les termes de
„ la fuite, quoiqu'ils ne puiſſent pas être tous em-
„ braſſés ou confidérés enſemble par mon eſprit,
„ font également réels. Or le nombre en eſt infini,
„ comme on vient de le prouver, donc un nombre
„ infini exiſte auſſi réellement que les nombres finis.

„ 85. Dans la fuite naturelle chaque terme eſt
„ égal au nombre des termes qui font depuis 1 juf-
„ qu'à lui incluſivement. Donc puifque le nombre
„ de tous ſes termes eſt infini (84.), elle a un der-
„ nier terme qui eſt ce même infini.

„ On l'exprime par ce caractere ∞.

„ Il ne faut point que le mot de *dernier term*

# SIXIEME PARTIE.

„ effraie en cette matière. C'est un dernier terme
„ fini que la suite naturelle n'a point : mais n'en
„ avoir point de dernier fini, ou en avoir un der-
„ nier infini, c'est la même chose ; car ce qui fait
„ qu'elle n'a point un dernier terme fini, c'est que
„ quand elle a un dernier terme fini quelconque,
„ son cours n'est ni ne peut être terminé, puis-
„ qu'elle n'a encore qu'un nombre fini de termes ;
„ mais quand elle a un terme infini, elle a un nom-
„ bre infini de termes, & l'on peut concevoir son
„ cours comme terminé.

„ 86. $\infty$ est un nombre inexprimable, car il s'en
„ faut bien que ce caractère $\infty$ nous en donne une
„ idée claire. Mais en même temps $\infty$ est en quel-
„ que sorte un nombre déterminé, ou distingué de
„ tout autre, puisqu'il l'est non seulement de tout
„ nombre fini, mais en cas qu'il y ait d'autres in-
„ finis possibles, de tout infini qui ne seroit pas le
„ dernier terme de la suite naturelle, ou seroit le
„ dernier d'une autre suite infinie. Ainsi $\infty$ sera
„ toujours pris ici pour un infini fixe & constant,
„ dernier terme de la suite naturelle.

„ Il est inconcevable comment la suite naturelle
„ passe du fini à l'infini, c'est-à-dire, comment
„ après avoir eu des termes finis, elle vient à en
„ avoir un infini. Cependant cela doit être, ou bien
„ il faut absolument abandonner toute idée de l'in-
„ fini, & n'en prononcer jamais le nom, ce qui
„ feroit périr la plus grande & la plus noble partie
„ des Mathématiques. Je suppose donc que c'est-là
„ un fait certain, quoiqu'incompréhensible, & je
„ prends la grandeur qui doit être infinie, non com-
„ me étant dans ce passage obscur du fini à l'in-
„ fini, mais comme l'ayant franchi entiérement, &
„ ayant passé par les dégrés nécessaires, quels qu'ils
„ soient, si ce n'est que je puisse quelquefois en-
„ trevoir quelque lumiere sur la nature de ces
„ dégrés,

," *Comment l'Infini peut être augmenté ou diminué.*

„ 87. L'idée naturelle de la grandeur infinie eſt,
„ qu'elle ne puiſſe être plus grande ou augmentée,
„ & en effet $\infty$ dernier terme de la ſuite naturelle
„ étant 1 qui a reçu des augmentations ſans fin, il
„ n'en peut recevoir davantage. D'un autre côté la
„ grandeur infinie étant toujours grandeur, en doit
„ conſerver l'eſſence & être ſuſceptible d'augmen-
„ tation, & même ſans fin (82). Ces deux idées ſi
„ contraires en apparence, ſe concilient parfaite-
„ ment, & on le va voir en les examinant toutes
„ deux l'une après l'autre.

„ $\infty$ ne peut être augmenté par les grandeurs
„ qui l'avoient augmenté juſques-là, car il a reçu
„ d'elles tout ce qu'il pouvoit recevoir d'augmenta-
„ tion. Donc $\infty + 1$ n'eſt que $\infty$, ou $\infty + 1 = \infty$.

„ 88. Et ſi 1 n'augmente pas $\infty$, $1 + 1$, ou 2,
„ ou 3, &c. ne l'augmente pas non plus. Donc en
„ général *a* étant un nombre fini, $\infty + a = \infty$.

„ 89. Et ſi *a* n'augmente pas $\infty$, il ne le dimi-
„ nue pas non plus quand il en eſt retranché. Donc
„ $\infty \pm a = \infty$.

„ 90. Mais par la raiſon des contraires, & encore
„ plus par la nature même de la choſe, je puis dire
„ $\infty + \infty$, ou $2\infty$, ou $3\infty$, &c. Car il faut
„ que l'infini, puiſqu'il eſt grandeur, ſoit capable
„ d'augmentation, & je vois qu'il le ſera ſans fin,
„ puiſqu'il pourra être multiplié par tous les nom-
„ bres naturels de la ſuite, dont le nombre eſt in-
„ fini. Voilà donc les deux idées de l'article 87.
„ conciliées.

„ 91. On voit par-là que $\infty$ qui eſt 1 devenu in-
„ fini par une augmentation ſans fin, ou une gran-
„ deur finie qui eſt ſortie de l'ordre du fini, & a
„ paſſé dans celui de l'infini, ne peut plus être aug-
„ mentée par tout ce qui eſt de l'ordre du fini
„ dont elle n'eſt plus, mais ſeulement par ce qui
„ eſt de l'ordre de l'infini dont elle a commencé

# SIXIEME PARTIE. 135

„ d'être, & il est clair qu'il en ira de la diminution
„ comme de l'augmentation.

„ 92. $a \pm o = a$, comme $\infty \pm a = \infty$, & par
„ conséquent $a$, quoique grandeur, est aussi peu
„ grandeur par rapport à $\infty$, que o par rapport à $a$.
„ Donc aucune grandeur finie n'est grandeur par
„ rapport à l'infini, & toute grandeur qui l'est par
„ rapport à l'infini, ne peut être qu'infinie."

Nous n'avons pas absolument besoin de l'examen
[d]e ces deux articles pour le présent; mais, comme
[il]s auront leur application dans la suite lorsqu'il s'a-
[g]ira de savoir si le monde a des bornes ou non, j'ai
[c]ru devoir les joindre ici.
Le profond géometre prétend donc que l'infini
[ex]iste de la même existence que le fini; qu'ils ont
[l']un & l'autre les mêmes propriétés; que l'on opere
[su]r l'infini comme sur le fini; que l'infini croît, se
[q]uarre & se cube comme le fini. Delà on tire ces
[c]onséquences: que le fini croît par des nombres fi-
[n]is, & l'infini par des nombres infinis du même or-
[d]re; que, comme on pousse le fini jusques à l'infi-
[n]i, en suivant la progression arithmétique des nom-
[b]res, ainsi en admettant 2 infinis, 3 infinis, 4 infi-
[n]is, &c. on parvient à l'infini de l'infini, ce qui est
infini du second ordre; que ce nouvel infini en re-
[c]evant des augmentations par les infinis de son or-
[d]re seulement, s'éleve à l'infini du troisieme ordre;
[e]nfin que par une semblable opération les ordres
[d]'infinis croissent jusqu'à l'ordre infinitieme, comme
[d]ans la suite naturelle des nombres le fini passe au
[p]remier ordre de l'infini

## CHAPITRE LVIII.

### Suite.

*L'on fait voir contre les partisans de l'Infini Géométrique,*

I. *Que la Grandeur n'est pas susceptible de l'infinité;*

II. *Qu'on ne peut la supposer augmentée une infinité de fois, c'est-à-dire, devenue infinie.*

III. *Que la suite naturelle ou Arithmétique jugée propre à faire concevoir l'infini actuel numérique, est justement ce qui en démontre l'impossibilité;*

IV. *Qu'elle n'a point un nombre infini de termes;*

V. *Que le nombre de ses termes ne peut être épuisé comme il le seroit par l'infini;*

VI. *Qu'elle n'a point de dernier terme fini, ni de dernier terme infini;*

VII. *Qu'elle ne pourroit avoir un dernier terme infini, sans en avoir un dernier fini.*

VIII. *Qu'un nombre infini répugne.*

IX. *Que le passage du fini à l'infini, ou le changement du fini en infini, est impossible.*

X. *Qu'une grandeur infinie ne seroit plus grandeur*

XI. *Que le prétendu dernier terme de la suite naturelle des nombres n'est pas plus infini que chacun des précédens.*

XII. *Que l'Infini Géométrique n'est pas un vrai infini. C'est un fini caché, ou indéterminé; & les Géometres en croyant opérer sur l'infini n'opérent que sur le fini.*

XIII

# SIXIEME PARTIE.

XIII. *Que le fini n'étant pas grandeur par rapport à l'infini, celui-ci ne peut résulter d'un assemblage de finis, en quelque nombre qu'ils soient.*

OYONS si les fondemens du système exposé ans le Chapitre précédent, sont aussi solides que le stême est séduisant pour les esprits qui aiment à élever au-dessus du vulgaire.

I. *La grandeur n'est pas susceptible de l'infinité.*

„ 82. Ce qui par son essence est susceptible de
„ plus & de moins, ne perd rien de son
„ essence en recevant ce plus ou ce moins
„ dont il est susceptible. Or la grandeur est
„ par son essence susceptible de plus & de
„ moins. Donc elle ne perd rien de son es-
„ sence en recevant ce plus ou ce moins,
„ donc elle est encore grandeur, donc enco-
„ re également susceptible de plus & de
„ moins, donc elle en est toujours suscepti-
„ ble; donc elle l'est sans fin, ou à l'infini."

Il est de la derniere importance, dans l'apprécia- ion des principes, de ne leur donner ni plus ni oins que leur juste valeur.

Ce qui par son essence est susceptible de plus & e moins, ne perd rien sans-doute de son essence n recevant ce plus ou ce moins dont il est suscep- ible. Son essence étant d'être susceptible de plus de moins, il ne peut jamais devenir ni si grand i si petit, qu'il ne puisse plus croître ni décroî- re de la même maniere qu'avant son accroisse- ent ou sa diminution. La grandeur est toujours usceptible de plus & de moins: elle l'est sans n, ou à l'infini. C'est-à-dire que, quelque gran- e ou petite qu'elle soit, elle conserve toujours a capacité essentielle de croître ou de diminuer omme auparavant dans son état originel, avant d'avoir été augmentée ou diminuée. La capacité de croître & de décroître fans fin, ou à l'infini, emporte avec foi l'exclufion totale d'une fin d'accroiffement ou de diminution, d'un dernier terme au-delà duquel il n'y en ait point d'autre poffible de la même efpece. Or il eft évident que la grandeur, pour conferver cette capacité effentielle de croître ou de décroître par des augmentations, ou des diminutions femblables à celles qui l'ont portée à un degré quelconque de grandeur ou de petiteffe, doit toujours être finie. Si elle ne l'étoit plus, par quel bout pourroit-elle être augmentée? Comment donneroit-elle prife à une diminution ultérieure?

La capacité effentielle de croître ou de décroître, toujours, fans fin, ou à l'infini, eft la néceffité intrinfeque de refter toujours fini, dans quelque hypothefe que ce foit. C'eft ce qu'on ne doit jamais perdre de vue lorfqu'on parle de grandeur, foit en Géometre, foit en Métaphyficien.

II. *On ne peut fuppofer la grandeur augmentée une infinité de fois, c'eft-à-dire, devenue infinie.*

„ Examinons la grandeur entant que fufcepti-
„ ble d'augmentation.

„ 83. Puifque la grandeur eft fufceptible d'aug-
„ mentation fans fin, on la peut concevoir
„ ou fuppofer augmentée une infinité de
„ fois, c'eft-à-dire, qu'elle fera devenue in-
„ finie. Et en effet, il eft impoffible que la
„ grandeur fufceptible d'augmentation fans
„ fin, foit dans le même cas que fi elle n'en
„ étoit pas fufceptible fans fin. Or fi elle ne
„ l'étoit pas, elle demeureroit toujours finie;
„ donc étant fufceptible d'augmentation fans
„ fin, elle peut ne demeurer pas toujours
„ finie, ou, ce qui eft la même chofe, de-
„ venir infinie."

# SIXIEME PARTIE. 139

L'amour, un amour aveugle pour un syſtême que l'on a inventé, peut ſeul admettre pour vraies des aſſertions ſi contradictoires. L'infini exclut la capacité de croître, car il a par ſon eſſence tout ce dont il eſt ſuſceptible; & il n'a point reçu la complettion de ſon être par des accroiſſemens ſucceſſifs qui répugnent à ſa nature.

Puiſque la grandeur eſt eſſentiellement ſuſceptible d'augmentation ſans fin, on ne peut pas la concevoir ou ſuppoſer parvenue à la fin de ſon augmentation; & elle y ſeroit parvenue ſi elle étoit augmentée une infinité de fois, c'eſt-à-dire, devenue infinie. Dans cet état elle auroit reçu toute l'augmentation dont elle eſt ſuſceptible, ou ce qui revient au même, elle ſeroit au dernier terme de ſon accroiſſement. Et en effet, il eſt impoſſible que la grandeur ſuſceptible d'augmentation ſans fin, ſoit dans le même état que ſi elle n'en étoit pas ſuſceptible ſans fin. Si elle ne l'étoit pas, elle pourroit recevoir tout ſon accroiſſement; donc, étant ſuſceptible d'augmentation ſans fin, elle ne peut être tellement accrue qu'elle ait reçu toute l'augmentation dont elle eſt ſuſceptible : donc elle ne peut jamais parvenir à l'état d'infinité qui exclut tout accroiſſement ultérieur : donc elle doit toujours reſter finie.

On a raiſon de vouloir mettre de la différence entre une grandeur qui ne peut croître que juſques-à un certain point, & une grandeur ſuſceptible d'augmentation ſans fin. Mais on abuſe étrangement de cette raiſon en mettant cette différence dans la capacité de devenir infinie pour la grandeur ſuſceptible d'augmentation ſans fin, & la néceſſité de reſter finie pour l'autre. La premiere ne ſauroit changer d'eſſence, non plus que la ſeconde. Toutes les deux ont des grandeurs, & comme telles, elles ſeront toujours finies. Seulement l'une a des bornes fixes, l'autre en a qui peuvent toujours être reculées.

Une grandeur fusceptible d'augmentation sans fin, demeure toujours tellement finie qu'elle peut toujours croître : elle est nécessairement bornée, quoiqu'elle n'ait point de bornes nécessaires. Une grandeur qui ne seroit pas susceptible d'augmentation sans fin, demeureroit toujours tellement finie qu'elle ne pourroit pas croître au-delà d'un certain dégré d'augmentation. Elle auroit des bornes nécessaires qu'elle ne pourroit passer. On peut concevoir ou supposer celle-ci augmentée autant de fois qu'elle en est susceptible, & la considérer comme ayant reçu sa complettion, ou son dernier degré d'accroissement ; au lieu que l'autre n'ayant point de dernier degré d'augmentation, on ne peut ni concevoir ni supposer qu'elle ait reçu sa complettion, puisqu'il est de sa nature de n'être jamais si grande qu'elle ne puisse plus croître. Telle est leur vraie & unique différence. Je ne vois rien en cela de fort recherché. Comment un esprit aussi pénétrant que celui de Fontenelle a-t-il pu s'y méprendre ?

Au faux raisonnement par où débute la Géométrie de l'infini, il faut substituer, ce principe qui anéantit toute la théorie : La grandeur est susceptible d'augmentation sans fin, ou à l'infini : ce qui est susceptible d'augmentation sans fin ne peut parvenir à la fin de son augmentation ; donc la grandeur ne peut parvenir à la fin de son augmentation, ou recevoir tout son accroissement : donc quelques augmentations qu'elle ait reçues, elle reste nécessairement finie, puisqu'elle peut encore croître : donc il y a de la contradiction à la supposer infinie.

On ne peut concevoir ou supposer la grandeur augmentée autant de fois qu'elle en est susceptible, dès qu'on la dit susceptible d'une augmentation sans fin. Car ce seroit supposer sa capacité de croître comblée en même temps que l'on met pour principe qu'elle ne peut pas l'être.

# SIXIEME PARTIE.

Si cependant la grandeur étoit susceptible d'une augmentation infinie, ou, d'être augmentée une infinité de fois, il n'y auroit pas de contradiction à la supposer infiniment augmentée. Mais elle est seulement susceptible d'augmentation sans fin, ou à l'infini ; c'est-à-dire qu'elle ne peut cesser d'être susceptible d'augmentation. Il y a tant de différence entre être susceptible d'augmentation sans fin, & pouvoir être augmenté une infinité de fois, ou devenir infini, que l'un exclut l'autre : car l'infini exclut la capacité de croître, & la capacité de croître exclut l'idée ou la supposition d'infini.

III. *La suite naturelle des nombres, que l'on juge si propre à faire concevoir l'infini actuel, est justement ce qui en démontre l'impossibilité.*

„ 84. Pour mieux concevoir l'infini, je consi-
„ dere la suite naturelle des nombres dont
„ l'origine est 0, ou 1."

Tout ce que le géometre métaphysicien dit de la suite naturelle des nombres prouve qu'elle est inépuisable. Si elle est inépuisable, elle ne peut être portée jusqu'à l'infini, car alors elle seroit épuisée. Ainsi chacun de ses raisonnemens va se tourner contre lui.

IV. *La suite naturelle des nombres n'a point un nombre infini de termes.*

„ Chaque terme croît toujours d'une unité, &
„ je vois que cette augmentation est sans fin,
„ & que quelque grand que soit le nombre où
„ je serai arrivé, je n'en suis pas plus pro-
„ che de la fin de la suite, ce qui est un ca-
„ ractere qui ne peut convenir à une suite
„ dont le nombre des termes seroit fini.
„ Donc la suite naturelle a un nombre de
„ termes infini."

*Tome III.* K

Ce qu'on allegue pour démontrer que la fuite naturelle a un nombre infini de termes, prouve directement le contraire.

Chaque terme croît toujours d'une unité : cette augmentation eft fans fin : elle n'a point de bornes qui arrêtent la progreffion, & l'empêchent d'aller plus loin : quelque grand que foit le nombre où l'on fe fuppofe arrivé, on n'en eft pas plus proche de la fin de la fuite. Ce font-là autant de caracteres d'une fuite dont le nombre des termes eft fini. En effet, s'il étoit infini, on ne pourroit plus y ajouter : l'augmentation feroit à fa fin; la progreffion complette ne pourroit point aller au de-là : on feroit arrivé au dernier terme de la fuite, & ce dernier terme, quel qu'il fût, lui ôteroit la capacité d'en acquérir d'autres ultérieurs.

On fe laiffe féduire par une miférable équivoque. La propriété de pouvoir être toujours augmenté ne convient pas à une fuite dont le nombre des termes feroit borné, fixé, déterminé. On fent au contraire, non feulement qu'elle convient à une fuite dont le nombre des termes eft fini, mais encore que ce nombre doit être fini pour avoir la propriété de croître. Quelle addition pourroit recevoir un nombre infini ? Il contient tous les nombres poffibles.

Il faut diftinguer deux manieres d'être fini : l'une d'être tellement fini qu'après un certain accroiffement on n'en foit plus fufceptible, ce qui eft pour une fuite, ou progreffion, avoir un certain nombre de termes borné, fixé, déterminé. Le caractere d'une telle fuite eft de pouvoir parvenir à fa fin, & d'en approcher d'autant plus qu'elle a plus de termes, jufqu'à ce qu'elle ait atteint le dernier. L'autre maniere d'être fini confifte à l'être toujours & à pouvoir toujours croître. Une telle fuite n'a point de terme qui ne puiffe être encore fuivi d'un autre, elle n'en a donc pas un nombre infini.

# SIXIEME PARTIE.

Chaque terme de la suite naturelle croît d'une unité sur celui qui le précede. Donc la suite entiere contient un bien plus grand nombre d'unités que de termes: en effet, une suite de quatre termes 1, 2, 3, 4. contient dix unités. Donc un nombre infini de termes contiendroit encore un plus grand nombre d'unités. Le moyen de sauver la contradiction?

Que sur chaque terme de la suite des nombres,
1, 4, 9,
on mette leur quarré, en cette maniere 1, 2, 3, 16.
4, 5, 6, 7, 8, 9, 10, 11, 12, 13, 14, 15, 16.
On voit que le terme de même nom est bien plus près de l'origine dans la suite des quarrés que dans la suite naturelle. Cependant elles ont toutes les deux un égal nombre de termes: elles commencent toutes les deux par 1, & finissent l'une par l'infini, & l'autre par le quarré de l'infini, dans les principes du système de l'infini. D'où il me semble naître deux nouvelles contradictions.

D'abord, puisque chaque terme de même nom est prodigieusement plus près de l'origine dans la suite des quarrés, que dans celle des nombres simples, on arrive bien plutôt à l'infini dans la premiere, que dans la seconde. Dès qu'on y est arrivé, tous les termes ultérieurs sont infinis, & ne correspondent pourtant qu'à des finis de la suite naturelle dont ils sont les quarrés. Ainsi il y a un nombre très grand de finis dans la suite naturelle, dont le quarré est infini. Le quarré d'un nombre est ce nombre multiplié par lui-même. Un nombre fini multiplié par lui-même peut-il devenir infini par cette seule multiplication? Voilà ce qui a effrayé l'Auteur même du système. En nous faisant part de sa frayeur, il a la sincérité de nous dire ce qui l'a rassuré, ce qui l'a engagé à passer outre. Nous examinerons ces raisons: nous n'y verrons rien que de vague.

Il résulte en second lieu que la suite des quarrés contient un certain nombre de termes finis, & un plus grand nombre de termes infinis ; que le premier terme infini n'a qu'un nombre fini d'unités plus que le précédent qui est le dernier terme fini, comme si deux nombres finis formoient un infini. Rien ne montre mieux ce que sont les prétendus infinis des géometres.

V. *Le nombre des termes de la suite naturelle ne peut être épuisé, comme il le seroit par l'infini.*

„ En vain diroit-on que le nombre des termes
„ qui composent la suite naturelle est toujours
„ actuellement fini ; mais que je le puis tou-
„ jours augmenter. Il est bien vrai que le
„ nombre des termes que je puis actuelle-
„ ment parcourir ou arranger selon leur or-
„ dre, est toujours fini ; mais le nombre des
„ termes dont la suite est composée en elle-
„ même est autre chose. Les nombres dont
„ elle est composée en elle-même, existent
„ tous également, & si je la conçois pous-
„ sée seulement jusqu'à 100, je ne donne pas
„ à ces 100 termes une existence dont soient
„ privés tous ceux qui sont par de-là. Donc
„ tous les termes de la suite, quoiqu'ils ne
„ puissent pas être tous embrassés ou considé-
„ rés ensemble par mon esprit, sont égale-
„ ment réels. Or le nombre en est infini,
„ comme on vient de le prouver, donc un
„ nombre infini existe aussi réellement que les
„ nombres finis."

L'esprit ne pouvant embrasser ou considérer qu'un nombre fini des termes de la suite naturelle, il n'en existe jamais qu'un nombre fini. Les termes qui ne sont pas nombrés, n'ont pas plus d'existence actuelle que les temps futurs à venir qui ne font pas encore venus. Il est essentiel à la suite naturelle de n'avoir pas tous ses termes nombrés, c'est-à-dire, d'avoir toujours d'autres termes au-delà des termes nombrés; desorte que quand on lui en supposeroit une infinité, on ne pourroit pas encore admettre cette infinité de termes actuellement existante. Mais il s'en faut beaucoup que la suite naturelle contienne un nombre infini de termes. Ceux qui le disent ne conçoivent pas bien ce que c'est que ce nombre. Ce mot désigne une quantité qui peut être augmentée, doublée, triplée, &c. (car ces propriétés sont essentielles au nombre) & qui dès lors n'est pas infinie. Un nombre infini répugne donc dans les termes. La suite naturelle est inépuisable, ce qui caractérise le fini; l'infini, par là-même qu'il est infini, est tout aussi grand qu'il puisse être : il n'a rien à recevoir. Il est en quelque sorte épuisé, en ce sens qu'il n'a rien de possible à acquérir au-delà de ce qu'il contient.

I. *La suite naturelle n'a point de dernier terme fini, ni de dernier terme infini.*

„ 85. Dans la suite naturelle, chaque terme est
„ égal au nombre des termes qui sont depuis
„ 1 jusqu'à lui inclusivement. Donc puisque
„ le nombre de tous ses termes est infini,
„ elle en a un dernier qui est ce même in-
„ fini.
„ On l'exprime par ce caractère $\infty$."

Dans la suite naturelle, chaque terme est égal au nombre des termes qui sont depuis 1 jusqu'à lui inclusivement : donc la suite naturelle n'a point de dernier terme infini. Le terme qui précede ce dernier n'est pas infini, puisque la suite n'est pas encore supposée avoir un nombre infini de termes. Mais le dernier terme n'est que le nombre des termes précédens plus un terme. Or un nombre fini plus 1 ne fait pas l'infini. Donc la fuite naturelle n'a point de dernier terme infini. On a vu plus haut que chaque terme de la fuite ne furpaffe le précédent que de l'unité (84). Il eſt évident que l'unité ajoutée à un nombre fini n'a pas la vertu de le transformer en infini. Par le même article 84, chaque terme a beau s'éloigner de l'origine, ou premier terme 1, il n'en approche pas plus pour cela de l'extrêmité de la fuite ou de l'infini, parce qu'il n'ajoute que l'unité à u nombre fini ; quel terme pourra donc devenir infini?

Il paroîtra ſurprenant que les mathématiques qu mettent ordinairement tant de préciſion dans l'eſprit aient eu ici un effet tout contraire fur un des plu beaux génies dont la France ſe glorifie.

VII. *La fuite naturelle des nombres ne fauroit avoi un dernier terme infini, fans en avoir un dernier fini.*

„ Il ne faut point que le mot de *dernier terme*
„ effraie en cette matiere. C'eſt un dernier
„ terme fini que la fuite naturelle n'a point:
„ mais n'en avoir point de dernier fini, ou
„ en avoir un dernier infini, c'eſt la même
„ choſe ; car, ce qui fait qu'elle n'a point de
„ dernier terme fini, c'eſt que quand elle a
„ un dernier terme fini quelconque, fon cours
„ n'eſt ni ne peut être terminé, puifqu'elle n'a
„ encore qu'un nombre fini de termes; mais
„ quand elle a un terme infini, elle a un
„ nombre infini de termes, & l'on peut concevoir ſon cours comme terminé."

Le mot de *dernier terme* eſt révoltant, & avec raiſon, lorſqu'il s'agit d'une fuite inépuiſable. Il y a un milieu entre n'avoir point de dernier terme fini, & en avoir un dernier infini : c'eſt de n'en avoir point du tout de dernier, ni fini, ni infini. On me pardonnera la ſimplicité de cette réponſe en faveur

# SIXIEME PARTIE.

de la simplicité plus grande avec laquelle on en méconnoît la vérité. Ce qui fait que la suite naturelle n'a point de dernier terme fini, c'est que quand elle n'est poussée que jusques à un certain nombre de termes, elle peut encore être prolongée, son cours n'étant pas terminé. Ce qui fait qu'elle n'a point de dernier terme infini, c'est qu'étant interminable, on ne peut pas concevoir ni supposer son cours terminé, comme il le seroit, si elle parvenoit à un terme infini.

C'est un dernier terme fini que la suite naturelle n'a point : mais n'en avoir point de dernier fini, ou en avoir un dernier infini, c'est la même chose! ... Et comment la suite naturelle peut-elle avoir un terme infini sans en avoir un dernier fini? Celui qui précede le premier terme infini, n'est-il pas le dernier fini?

VIII. *Un nombre infini répugne.*

„ 86. ∞ est un nombre inexprimable, car il
„ s'en faut bien que ce caractere ∞ nous en
„ donne une idée claire. Mais en même
„ temps ∞ est en quelque sorte un nombre
„ déterminé, ou distingué de tout autre,
„ puisqu'il l'est non seulement de tout nom-
„ bre fini, mais en cas qu'il y ait d'autres in-
„ finis possibles, de tout infini qui ne seroit
„ pas le dernier terme de la suite naturelle,
„ ou seroit le dernier terme d'une autre suite
„ infinie. Ainsi ∞ sera toujours pris ici pour
„ un infini fixe & constant, dernier terme de
„ la suite naturelle."

Prenant les paralogismes précédens pour autant de démonstrations on tient l'existence de l'infini actuel numérique suffisamment constatée, & l'on part desormais de ce principe, que la suite naturelle a un nombre infini de termes, que ce nombre infini est aussi réel qu'aucun des termes finis de la même suite, qu'il est le dernier terme de la suite naturelle, & partant infini déterminé, fixe, & constant. Voilà le fondement de toute la Géométrie de l'infini: voilà le principe générateur de tous les infinis géométriques. Par malheur, ce principe est une fausse position.

IX. *Le passage du fini à l'infini, ou le changement du fini en infini est impossible.*

,, Il est inconcevable comment la suite naturelle
,, passe du fini à l'infini, c'est-à-dire, com-
,, ment après avoir eu des termes finis, elle
,, vient à en avoir un infini. Cependant cela
,, doit être, ou bien il faut absolument aban-
,, donner toute idée de l'infini, & n'en pro-
,, noncer jamais le nom, ce qui feroit périr
,, la plus grande & la plus belle partie des
,, Mathématiques. Je suppose donc que cela
,, est un fait certain, quoique incompréhensi-
,, ble, & je prends la grandeur qui doit être
,, infinie, non comme étant dans ce passage
,, obscur du fini à l'infini, mais comme l'ayant
,, franchi entièrement, & ayant passé par les
,, dégrés nécessaires, quels qu'ils soient, si
,, ce n'est que je puisse quelquefois entrevoir
,, quelque lumiere sur la nature de ces dé-
,, grés."

Il n'est pas seulement inconcevable, il est impossible que le fini devienne infini. Le passage de l'un à l'autre n'est pas seulement obscur, incompréhensible, il est chimérique. Dans l'alternative, il vaut mieux sacrifier la plus grande & la plus belle partie des mathématiques à la vérité, que sacrifier la vérité à de brillantes chimeres. Au moins, c'est mon sentiment, & j'agis ici à l'égard des mathématiques, comme j'ai fait ailleurs en théologie. J'ai renoncé

# SIXIEME PARTIE.

aux spéculations théologiques sur les attributions morales de la Divinité, plutôt que d'admettre une sagesse infinie, une bonté infinie, & d'autres pareils infinis moraux, dont je sentois la contradiction. L'amour de quelque science que ce soit ne doit pas nous dominer jusqu'à nous faire recevoir les systêmes séduisans qu'elle peut nous offrir, au mépris de la sublime vérité qui seule a droit de maîtriser toutes les sciences & tous les esprits.

Suivons le cours de la progression arithmétique, nous verrons que le changement du fini en infini ne peut y avoir lieu, ni à l'origine, ni à quelque hauteur que ce soit. On dit que l'on prend la grandeur infinie, non comme étant dans le passage obscur du fini à l'infini, mais comme l'ayant franchi entièrement, & ayant passé par tous les degrés nécessaires. Vaine illusion! Il ne suffit pas de supposer le fini devenu infini, & d'opérer ensuite comme s'il l'étoit réellement devenu. Il faut le montrer dans le moment de sa transformation, & passant par les prétendus dégrés de son changement. Mais conclurre que la métamorphose doit se faire, parce qu'on la suppose faite contre toute vraisemblance, rien n'est plus téméraire. Mr. de Fontenelle a trop compté sur l'ascendant de son génie.

Le cours de la suite naturelle est partout uniforme: chaque terme croît seulement d'une unité sur celui qui le précede: chaque terme est égal au nombre des termes qui sont depuis 1 jusqu'à lui inclusivement: chaque terme en un mot a précisément les mêmes propriétés, sans plus ni moins. Ce principe universellement reconnu, même des partisans de la Géométrie de l'infini, suffit pour démontrer l'impossibilité du changement du fini en infini, & l'impossibilité du passage où ce changement est supposé se faire. Par ce principe, dès qu'il y a un terme de la suite naturelle incapable de devenir infini, ils en sont tous également incapables. Or les termes 1, 2, 3, 4, & tous les finis fixes ne sont pas susceptibles de l'infinité ; au contraire, ils sont tous aussi éloignés de l'infinité que le premier terme. Donc la suite naturelle n'a aucun terme propre à être infini. Tous les intervalles de la suite naturelle sont égaux, & le passage du fini à l'infini ne peut se faire que dans un de ces intervalles ; donc s'il y a un seul de ces intervalles où le passage du fini à l'infini soit démontré impossible, il sera démontré impossible dans tous les autres intervalles. Or ce passage est impossible dans le progrès de 1 à 2, de 2 à 3, &c. parce que dans ce progrès chaque terme ne croît que de l'unité & que cette augmentation n'est rien pour arriver à l'infini ; 2 est un fini fixe comme 1, & également incapable de l'infinité. Donc le passage du fini à l'infini est impossible dans chaque intervalle & conséquemment dans tout le cours de la suite naturelle.

„ Le passage du fini à l'infini a une grande lati-
„ tude, ou se fait dans un long intervalle, pendant
„ lequel les nombres perdent peu à peu la condi-
„ tion de finis, pour acquérir peu à peu celle d'in-
„ finis (*). ”

Toujours des assertions sans preuves ! Quelque cours que l'on donne à la suite naturelle, quelque long intervalle que l'on mette entre un terme quelconque & le premier, ce terme n'est pourtant que l'unité qui à chaque progrès, à chaque pas, a crû de l'unité seulement. Si donc, dans ce long intervalle, le nombre perd peu à peu la condition du fini, pour acquérir celle d'infini, cette acquisition doit se faire, par les accroissemens qu'il y reçoit, par l'augmentation multipliée de l'unité, le seul changement qui arrive au nombre dans cet intervalle : or le nombre, en croissant de l'unité, ne perd rien de sa condition de fini, & n'acquiert rien de la condition de l'infini. Il ne perd rien de sa con-

---

(*) Journal des Savans, année 1728.

dition de fini, deux ou trois unités étant un nombre aussi fini que la premiere, puisque ce n'est que la premiere répétée deux ou trois fois. Il n'acquiert rien de la condition de l'infini, parce que la seule augmentation qu'il reçoit n'est point une partie de l'infini, lequel d'ailleurs ne s'acquiert point par parties.

Donc, dans la suite naturelle, le nombre n'a aucun mouvement vers l'infini : donc le passage du fini à l'infini y est impossible : donc le changement du fini en infini est une impossibilité.

Je sais que la supposition de ce changement, toute vaine qu'elle est, produit les spéculations les plus sublimes, les théories les plus brillantes, les formules les plus élégantes, les solutions les plus ingénieuses. Je rends justice au génie qui les en tira. Je les admire. J'admire encore davantage comment il put s'amuser à entasser ces brillantes chimeres. Dans les ouvrages de goût & de littérature, on pardonne des défauts qui amenent de grandes beautés. Trop souvent les chefs-d'œuvres s'achetent au prix des fautes, & les fautes disparoissent absorbées par l'éclat des beautés qu'elles produisent. Dans les ouvrages de goût, on cherche à toucher, à émouvoir, à frapper; & en genre de sentiment les beautés ont toujours leur effet, de quelque maniere qu'elles soient amenées. Dans les sciences exactes, les plus belles théories couvrent mal un faux principe. Ici le vrai est le but principal, & le faux ne mene point au vrai.

X. *Une grandeur infinie ne seroit plus grandeur.*

„ 87. L'idée naturelle de la grandeur infinie est,
„ qu'elle ne puisse être plus grande ou aug-
„ mentée, & en effet $\infty$ dernier terme de
„ la suite naturelle étant 1 qui a reçu des
„ augmentations sans fin, il n'en peut rece-
„ voir davantage. D'un autre côté la gran-

,, deur infinie étant toujours grandeur, en
,, doit conferver l'effence, & être fufcepti-
,, ble d'augmentation & même fans fin (82).
,, Ces deux idées fi contraires en apparen-
,, ce, fe concilient parfaitement, & on le
,, va voir en les examinant toutes deux l'une
,, après l'autre."

Avant de paffer à cet examen, obfervons que puifque l'idée naturelle de la grandeur infinie eft, qu'elle ne puiffe plus croître, la fuppofition d'une augmentation ultérieure eft contraire à fon idée naturelle, ou à fa nature. D'où il réfulte que l'effence de la grandeur s'oppofe à ce qu'elle devienne infinie. Une grandeur infinie ne feroit plus grandeur.

Auffi j'aurai occafion de montrer que l'infini géométrique n'eft point un vrai infini, mais un nombre imaginaire, fini, défigné par un figne arbitraire, fur lequel on opere comme fur les nombres déterminés en le joignant à ces nombres.

XI. *Le prétendu dernier terme de la fuite naturelle des nombres n'eft pas plus infini que chacun des précédens.*

,, $\infty$ ne peut être augmenté par les grandeurs
,, qui l'avoient augmenté jufques-là, car il
,, a reçu d'elles tout ce qu'il en pouvoit re-
,, cevoir d'augmentation. Donc $\infty + 1$ n'eft
,, que $\infty$, ou $\infty + 1 = \infty$.

,, 88. Et fi 1 n'augmente pas $\infty$, $1 + 1$, ou
,, 2, ou 3, &c. ne l'augmente pas non plus.
,, Donc en général $a$ étant un nombre fini,
,, $\infty + a = \infty$.

,, 89. Et fi $a$ n'augmente pas $\infty$, il ne le di-
,, minue pas non plus quand il en eft retran-
,, ché. Donc $\infty \pm a = \infty$."

# SIXIEME PARTIE. 153

Recapitulons en peu de mots. La fuite naturelle des nombres commence par 1 & va jufqu'à l'infini. Ainfi le premier terme eft 1 & le dernier terme eft ∞. Chaque terme ne croit que d'une unité fur le précédent: donc le dernier terme eft devenu infini par l'addition de l'unité, car il n'a cru que de l'unité fur le précédent. Il n'y a pas moyen d'éluder cette conféquence.

Maintenant, puifque l'infini plus 1 n'eft que l'infini, & que l'infini moins 1 eft encore l'infini; l'avant-dernier terme eft infini lui-même, puis qu'il eft le dernier terme, ou l'infini, moins 1. Il en faudra dire autant de l'antépénultieme & de tous les autres en defcendant jufqu'au premier inclufivement, car tous font le dernier terme, ou l'infini, moins 1, moins 2, moins 3, moins 4, &c. Or ∞ — 1, —2, —3, &c. = ∞. Il fuit que 1, 2, 3, 4, &c. & tous les termes de la fuite naturelle font des infinis, bien que par leur nature ils foient des finis fixes reconnus pour tels.

Si le pénultieme & tous les précédens ne font pas infinis, le dernier ne l'eft pas non plus. ∞ + 1 = ∞; ∞ + $a$ = ∞ (87 & 88.). ∞ — 1 = ∞; ∞ — $a$ = ∞. Donc 1 & tout autre nombre fini $a$ ne font rien pour l'infini: donc $a$ + 1 n'eft pas l'infini. Or le pénultieme terme étant $a$, le dernier n'eft que $a$ + 1, donc ce dernier terme n'eft pas infini.

XII. *L'Infini Géométrique n'eft pas un vrai infini. C'eft un fini caché, ou indéterminé; & les Géometres en croyant opérer fur l'infini, n'operent que fur le fini.*

,, 90. Mais par la raifon des contraires, & en-
,, core plus par la nature même de la chofe,
,, je puis dire ∞ + ∞, ou 2 ∞, 3 ∞, &c.
,, Car il faut que l'infini, puifqu'il eft gran-
,, deur, foit capable d'augmentation, & je
,, vois qu'il le fera fans fin, puifqu'il pourra
,, être multiplié par tous les nombres naturels

„ de la suite, dont le nombre est infini. Voi-
„ là donc les deux idées de l'article 87 con-
„ ciliées."

La conciliation résulte de ce que la grandeur infinie, susceptible de plus comme grandeur, & incapable de croître comme infinie, ne peut réellement être augmentée par les nombres finis, quoiqu'elle puisse croître par des infinis du même ordre. Ainsi on croit pouvoir dire un infini, deux infinis, trois infinis, &c. ou $1\infty$, $2\infty$, $3\infty$, $4\infty$, &c. dont le dernier terme est une infinité d'infinis, ou l'infini du second ordre, $\infty \times \infty = \infty^2$. Celui-ci commence encore une nouvelle suite qui est $1\infty^2$, $2\infty^2$, &c. $\infty \times \infty^2 = \infty^3$. &c.

Nous touchons au point où l'illusion devenue extrême en est plus apparente. La suite $1\infty$, $2\infty$, $3\infty$, $4\infty$, &c. n'est évidemment que la suite naturelle dont chacun des termes est suivi du signe $\infty$ qui par cette association en contracte toutes les propriétés. En vérité, suffit-il de joindre ce signe aux nombres 2, 3, 4, &c. pour faire exister deux infinis, trois infinis, quatre infinis? Suffit-il de transformer ce signe en nombre premier pour lui faire commencer une suite d'infinis & en multiplier les ordres jusqu'à l'infinitieme?

Lorsque les géometres s'imaginent opérer sur $\infty$, ils n'operent réellement que sur les nombres qui précedent ce signe, exprimés ou sous-entendus; que l'on dise $\infty + \infty = 2\infty$, ou $1\infty + 1\infty = 2\infty$, c'est toujours la même chose, & cette opération n'est vraie que parce qu'elle se réduit à celle-ci, $1 + 1 = 2$. De même, à la fin de cette premiere suite d'infinis, $\infty \times \infty = \infty^2$, parce que $\infty \times \infty = \infty^{1+1} = \infty^2$. De même encore à la fin de la seconde suite des infinis, celle des infinis du second ordre, $\infty \times \infty^2 = \infty^3$, parce que $\infty \times \infty^2$

# SIXIEME PARTIE. 155

$\infty^1 + \infty^2 = \infty^3$. Partout l'illusion se décele, & depuis $\infty$ jusqu'à $\infty^\infty$ en croyant opérer sur des infinis, on n'opere que sur les nombres finis adjoints au signe $\infty$, exprimés ou sous-entendus. Après cela il n'est pas étonnant que les géometres se flattent de diviser & multiplier l'infini, de le quarrer, de le cuber, &c.; puisque réellement ils ne divisent & ne multiplient, ils ne quarrent & ne cubent que des nombres finis affectés d'un signe arbitraire que l'on suppose désigner l'infini.

En voici un nouvel exemple aussi frappant que les précédens. Si deux infinis de différens ordres sont multipliés l'un par l'autre, le produit est d'un ordre dont l'exposant est la somme des exposans des ordres des deux infinis. Ainsi $\infty^2 \times \infty^3 = \infty^5$. Qui ne voit que dans cette multiplication on ne fait que sommer les exposans finis des ordres des deux infinis? Car $\infty^2 \times \infty^3 = \infty^{2+3} = \infty^5$. Si deux infinis de différens ordres sont divisés l'un par l'autre, le quotient est de l'ordre dont l'exposant est la différence des exposans des ordres des deux infinis : par l'exemple, $\frac{\infty^3}{\infty^2} = \infty^1$, parce que $\frac{\infty^3}{\infty^2} = \infty^{3-2} = \infty^1$; & dans cette division on ne fait que souftraire le moindre exposant du plus grand, $3 - 2 = 1$. (*).

Si au signe $\infty$ on substituoit un nombre fini $a$, on auroit le même résultat : $a$ se trouveroit élevé ou abaissé à des puissances correspondantes aux divers ordres prétendus de l'infini; ce qui acheve de constater l'erreur où font les Géometres qui, admettant une idée positive compréhensive & mathématique de l'infini, lui supposent les mêmes propriétés qu'au fini, & le croient le sujet de leurs opérations.

---

(*) Comparez ceci avec les Elémens de la Géométrie de l'Infini p. 35 & 36.

XIII. *Le fini n'étant pas grandeur par rapport à l'infini, celui-ci ne peut résulter d'un assemblage de finis, en quelque nombre qu'ils soient.*

> „ 91. On voit par-là que ∞ qui est 1 devenu
> „ infini par une augmentation sans fin, ou
> „ une grandeur finie qui est sortie de l'ordre
> „ du fini, & a passé dans celui de l'infini, ne
> „ peut plus être augmentée par tout ce qui
> „ est de l'ordre du fini dont elle n'est plus,
> „ mais seulement par ce qui est de l'ordre de
> „ l'infini dont elle a commencé d'être, & il
> „ est clair qu'il en ira de la diminution com-
> „ me de l'augmentation."

Il est clair que le dernier terme de la suite des finis, seroit le fini poussé jusqu'où il peut aller. Mais le dernier terme de la suite des finis, est un impossible.

> „ 92. $a \pm o = a$, comme $\infty \pm a = \infty$, &
> „ par conséquent $a$, quoique grandeur, est
> „ aussi peu grandeur par rapport à ∞ que $o$
> „ par rapport à $a$. Donc aucune grandeur fi-
> „ nie n'est grandeur par rapport à l'infini, &
> „ toute grandeur qui l'est par rapport à l'in-
> „ fini, ne peut être qu'infini."

On s'attendoit bien à voir la contradiction la plus sensible terminer l'exposé de cette théorie.

Le fini n'est pas grandeur par rapport à l'infini (92.); cependant l'infini résulte d'une infinité de nombres finis (84 & 85). Autrement, l'unité n'est pas grandeur par rapport à l'infini (87, 88, 89.); cependant l'infini est l'unité devenue infinie par une augmentation sans fin de l'unité (87, 91.). Ainsi l'infini résulte de grandeurs qui ne sont pas grandeurs par rapport à lui. Cette assertion est dure au jugement même des Géometres infinitaires.

# SIXIEME PARTIE.

## CHAPITRE LIX.

### Suite.

### Paradoxe Géométrique.

*Nombre fini devenu infini par l'élévation au quarré.*

*Raisons d'admettre ce paradoxe.*

Nous avons vu ci-devant (\*) que dans une suite à tous les termes de la suite naturelle se trouveroient élevés au quarré, les mêmes nombres (le premier seul excepté) sont bien plus près de l'origine dans la suite des quarrés que dans celle des racines, parce que la progression des quarrés saute en nombre toujours croissant des termes de la progression naturelle. Delà, comme les deux suites ont autant de termes l'une que l'autre, on arrive bien plutôt à l'infini par la suite des quarrés, que par la suite naturelle, de sorte qu'il y a un très grand nombre des finis de la premiere suite, qui ont leurs quarrés infinis dans la seconde.

„ Comment des quarrés de termes finis peuvent-
„ ils être infinis? (le demande Mr. de Fontenelle.)
„ Le fini multiplié par le fini, & quelque nombre
„ fini de fois qu'il le soit, ne peut être que fini.
„ C'est une vérité reçue de tous les Géometres,
„ c'est la regle invariable d'une infinité de calculs.
„ J'avoue que du premier coup d'œil cette diffi-
„ culté est accablante, & elle m'auroit fait abandon-
„ ner tout ce système de l'infini, si je n'avois vu
„ un grand nombre de fortes raisons, qui la dimi-

---

(\*) Page 143.

Tome III.   L.

„ nuoient, car je n'ose presque dire qu'elles la le
„ voient entiérement, & qui m'engageoient à ad
„ mettre l'étrange paradoxe de termes finis devenu
„ infinis par l'élévation au quarré.

„ 1°. Ce paradoxe n'est pas plus terrible que ce-
„ lui d'un infini plus grand, & même infiniment plus
„ grand, qu'un autre infini, contre lequel on peut
„ faire des objections apparemment invincibles.
„ Mais il est vrai qu'il est établi, & que l'on reçoit
„ avec moins de peine, & même sans peine, ce
„ que l'on voit que tous les autres reçoivent. L'au-
„ torité a son effet, même en Géométrie, sans que
„ l'on s'en apperçoive.

„ 2°. Les finis que je suppose qui deviennent in-
„ finis, ne le deviennent que dans le passage obscur
„ & incompréhensible, mais constant, du fini à l'in-
„ fini. C'est-là que se font des changemens que nous
„ ne connoissons, à la vérité, que par les effets,
„ c'est-à-dire, par les résultats des calculs : mais
„ quoiqu'on ne sache pas comment ils se font, il
„ est pourtant bon de savoir que c'est là où ils se
„ font, & de pouvoir juger, du moins *à postériori*,
„ quels ils ont du être. Cela pourra fournir des prin-
„ cipes qui ensuite feront connoître les changemens
„ *à priori*.

„ 3°. Il y a bien de la différence entre le fini fixe,
„ pour ainsi dire, & le fini en mouvement, ou,
„ comme disent nos habiles voisins, en fluxion,
„ pour devenir infini. Tous les finis ne sont, dès
„ que nous les pouvons déterminer, qu'au commen-
„ cement de la suite *A* (la suite naturelle) quelque
„ grands qu'ils soient; & à cause qu'elle est d'une
„ étendue infinie, ils ne sont pas plus avancés vers
„ son extrêmité que 1, premier terme de *A*. Ils
„ sont fixes, parce qu'ils ne sont encore en aucun
„ mouvement pour devenir infinis, ou du moins
„ dans un si petit mouvement qu'il n'est à compter
„ pour rien par rapport à celui qu'ils ont à faire.
„ Mais quand ils ont déja fait une partie infinie de

# SIXIEME PARTIE.

ce mouvement, là commencent les degrés inconnus par lesquels ils doivent passer & s'élever à l'infini, là ils deviennent d'une nature moyenne qui les rend propres à se changer en infinis par des changemens légers qui n'auroient pas suffi auparavant. Tous les calculs n'operent que sur des finis fixes, & jamais sur des finis en mouvement : & delà vient la regle invariable que le fini multiplié par le fini n'est que fini. Il est bien sûr qu'un calcul ne tombera jamais dans le cas de l'exception : mais il peut être permis à la Théorie d'aller plus loin, & de l'appercevoir, supposé qu'il soit fondé.

„ 4°. Comme nous n'opérons que sur des finis qui sont tout à l'origine des suites, de même quand nous opérons sur des infinis, ce n'est que sur ceux qui sont tout à l'extrémité, & qui ont pris la nature entiere & complete d'infini ; de sorte que nous ne saisissons que les deux bouts des suites, encore n'y a-t-il que le premier bien saisi & bien connu, l'autre n'est guere qu'entrevu, & supposé. Tout l'entre-deux infini nous échappe, & il doit cependant y arriver tout ce que l'infini a de plus merveilleux.

„ 5°. Si l'on admet le paradoxe, il y a des finis de $A$ qui deviennent infinis dans $A^2$, & ils ne pourront être que de l'ordre de $\infty$, & assez petits dans cet ordre. Ils seront le degré & la nuance des finis de $A^2$ aux infinis du second ordre ou aux $\infty^2$ : or ces degrés & ces nuances sont nécessaires dans les suites, & tous les Géometres en conviennent. Si tout ce qui est fini dans $A$, demeure fini dans $A^2$, tout ce qui étoit infini dans $A$ deviendra dans $A^2$ infini du second ordre, & $A^2$ sautera brusquement du fini à $\infty^2$, sans passer par $\infty$, ce qui n'a absolument aucun exemple dans des suites dont la gradation soit aussi lente que celle de $A^2$,

,, 6°. Si on n'admet pas le paradoxe, je démon-
,, trerai invinciblement le contraire de quelques vé-
,, rités conftantes & reçues, & il y aura démon-
,, ftration contre démonftration. On en verra de
,, exemples, quand l'ordre de cet ouvrage les ame-
,, nera.

,, 7°. Le paradoxe admis ne conduit jamais à au-
,, cune concluſion fauſſe. Au contraire, il ſe li[e]
,, néceſſairement aux vérités déja connues, & e[n]
,, produit beaucoup de nouvelles. C'eſt de quoi l'o[n]
,, ſera pleinement convaincu dans la ſuite. S'il e[ſt]
,, faux, il eſt donc parfaitement équivalent à quel-
,, que choſe de vrai, & en remplit bien heureuſe-
,, ment la place.

,, En attendant ce vrai que je ne connois pas,
,, je vais prendre ce paradoxe pour une vérité dé-
,, montrée, dans l'article précédent, me réſervan[t]
,, toutefois, & je le dis avec la derniere ſincérité,
,, à le rejetter abſolument, dès qu'on me fera vo[ir]
,, que ſans l'employer on peut faire un ſyſtême li[é]
,, de l'infini en Géométrie, ou qu'il y a quelq[ue]
,, autre idée à lui ſubſtituer, qui faſſe le même ef-
,, fet, ſans avoir la même difficulté, ou une équi-
,, valente (*).''

---

(*) Elémens de la Géométrie de l'Infini, pag. 64-66.

# SIXIEME PARTIE.

## CHAPITRE LX.

### Suite.

*Réfutation des raisons alléguées dans le Chapitre précédent pour admettre le paradoxe d'un nombre fini devenu infini par l'élévation au quarré.*

I. *Addition à ce qui a été dit ci-devant sur la nature de l'Infini Géométrique.*

II. *Nouvelles démonstrations de l'impossibilité du passage du fini à l'infini.*

III. *Il n'y a point de finis en mouvement, ou en fluxion, pour devenir infinis.*

IV. *Véritable source des Infinis Géométriques. Ils doivent tous leur existence à la fausse supposition de la suite naturelle épuisée, quoique reconnue pour inépuisable. De l'intervalle de chaque terme de la suite naturelle. De l'angle de contingence formé par la circonférence du cercle & par sa tangente. De l'axe & de la derniere ordonnée de l'hyperbole. De l'espace asymptotique.*

V. *Conclusion sur le paradoxe du quarré infini d'un nombre fini.*

Vous devons au génie subtil du savant Auteur e la Géométrie de l'infini de peser les raisons qu'il eues de supposer des quarrés infinis de nombres finis.

„ Comment des quarrés de termes finis peu-
„ vent-ils être infinis? Le fini multiplié par
„ le fini, & quelque nombre fini de fois qu'il
„ le soit, ne peut être que fini. C'est une
„ vérité reçue de tous les Géometres, c'est
„ la regle invariable d'une infinité de calculs.

„ J'avoue que du premier coup d'œil, ce[tte]
„ difficulté est accablante, & elle m'aur[oit]
„ fait abandonner tout ce système de l'[in]
„ fini, si je n'avois vu un grand nombre [de]
„ fortes raisons qui la diminuoient, car [je]
„ n'ose presque dire qu'elles la levoient e[n]
„ tiérement, & qui m'engageoient à adm[et]
„ tre l'étrange paradoxe de termes finis [de]
„ venus infinis par l'élévation au quarré."

Ce grand nombre de fortes raisons se réduit à [six]
allégations qui prouveroient au plus combien [les]
ressources de l'esprit sont grandes pour donner [des]
couleurs séduisantes aux plus étranges propositi[ons.]

I. *Addition à ce qui a été dit ci-devant sur la natur[e de]*
*l'Infini Géométrique.*

1º. Ce paradoxe n'est pas plus terrible que c[e]
„ lui d'un infini plus grand, & même infi[ni]
„ ment plus grand, qu'un autre infini, cont[re]
„ lequel on peut faire des objections app[a]
„ remment invincibles. Mais il est vrai q[u'il]
„ est établi, & que l'on reçoit avec moi[ns]
„ de peine, & même sans peine, ce que l'[on]
„ voit que les autres reçoivent. L'autorité [fait]
„ son effet, même en Géométrie, sans q[ue]
„ l'on s'en apperçoive."

Les Géometres admettent un infini plus grand,
même infiniment plus grand, qu'un autre infi[ni.]
C'est que les Géometres s'abusent sur le mot d'in[-]
fini. Ils l'appliquent au nombre & à la grandeur q[ui]
ne sont du-tout pas susceptibles de l'infinité. De le[ur]
aveu, l'infini géométrique, celui que la Géométrie
considere, & dont elle a besoin dans ses opérations,
est seulement une grandeur plus grande que tou[te]
grandeur déterminée ou déterminable, & non pa[s]
plus grande que toute grandeur. Une telle défi[ni-]

tion admet sans peine différens ordres d'infinis, de grandeurs plus ou moins grandes que toute grandeur déterminée & déterminable; dans ce principe des infinis plus grands, ou plus petits, que d'autres infinis, sont des imaginaires plus grands ou plus petits que d'autres imaginaires. Mais la définition des Géometres n'est point exacte. Leurs infinis sont réellement des finis cachés & indéterminés, comme je l'ai montré plus haut, indéterminables mêmes, mais toujours finis, ayant les propriétés du fini On n'en sauroit donc concluree légitimement l'existence d'un infini actuel numérique.

Un nombre infini sera-t-il moindre qu'un autre nombre existant ou possible ? Non, assurément. S'il l'étoit, il seroit limité par cet autre nombre plus grand que lui, & dès lors il ne seroit pas infini. Tenons-nous en donc à la précision métaphysique. Un nombre infini, s'il n'étoit pas une contradiction, seroit un nombre plus grand que tout autre. Certes, il ne pourroit y avoir qu'un nombre plus grand que tout autre.

Avec un peu d'attention on reconnoît que l'infini mis par les Géometres à la fin de la suite naturelle, est seulement un nombre indéterminé plus grand que tous les nombres finis qui le précedent, un nombre indéterminable, parce qu'il est toujours au-delà des nombres déterminés, & cependant moindre que les autres indéterminables qui le suivent dans la suite des quarrés.

De même l'espace asymptotique de l'hyperbole, n'est qu'un espace indéterminable plus grand que tout espace fixe, quoiqu'il y en ait d'autres plus grands que lui en Géométrie : tel est, par exemple, le parallélogramme circonscrit à cet espace asymptotique hyperbolique, c'est-à-dire le parallélogramme formé de l'asymptote, ou axe dit infini, & de la plus grande ordonnée de l'hyperbole. On démontrera la même chose de tous les autres infinis géométriques.

Un paradoxe ne se prouve point par des paradoxes. Cette méthode, pour être en usage dans la haute Géométrie, n'en est ni plus légitime, ni plus concluante. Quoique je sois mauvais juge en ces matieres, je doute néanmoins que l'asymptotisme des courbes, ou même la regle des inflexions & des rebroussemens contiennent rien d'aussi surprenant que des nombres finis qui deviennent infinis, par l'élévation au quarré.

Les uns disent que la Géométrie parle aux yeux, les autres qu'elle est toute intellectuelle. Il me semble que la Géométrie de l'infini ne parle ni aux yeux, ni à l'esprit, ni à la raison.

II. *Nouvelles démonstrations de l'impossibilité du passage du fini à l'infini.*

„ 20. Les finis que je suppose qui deviennent
„ infinis, ne le deviennent que dans le passa-
„ ge obscur & incompréhensible, & cepen-
„ dant constant, du fini à l'infini. C'est là
„ que se font des changemens que nous ne
„ connoissons, à la vérité, que par les effets,
„ c'est-à-dire, par les résultats des calculs:
„ mais quoiqu'on ne sache pas comment ils
„ se font, il est pourtant bon de savoir que
„ c'est-là où ils se font, & de pouvoir juger,
„ du moins *à posteriori*, quels ils ont dû être.
„ Cela pourra fournir des principes qui en-
„ suite feront connoître les changemens *à
„ priori.*"

Ce passage obscur & incompréhensible du fini à l'infini, où l'on suppose que se fait cette merveilleuse transformation qui échappe à la pénétration des géometres, & qu'ils ne reconnoissent que par les résultats du calcul, est la simple position d'une infinité de finis, ou un nombre infini de nombres finis. Ce nombre infini de finis est posé, & non déontré. Voilà la vraie raison pourquoi on n'apperçoit point le prétendu changement du fini en infini dans le passage où l'on dit qu'il se fait, parce qu'on ne démontre pas qu'il se fasse ; on ne le voit que lorsqu'il s'est fait, autrement & plus exactement, après la supposition qu'il s'est fait.

Un nombre infini de nombres finis répugne. Car dans la suite naturelle chaque nombre n'est que le quantieme terme de la progression arithmétique : ce qui est vrai du dernier comme des précédens. Ce dernier ne peut donc être un nombre infini, puisqu'il n'est qu'un certain quantieme de la suite naturelle, & que tout nombre nombré est fini.

D'ailleurs ce nombre ne surpasse le précédent que d'une unité. C'est une vérité incontestable que le fini ne passe point à l'infini par l'addition d'une unité.

Ajoutons que ce nombre dit infini est quelque chose de si chimérique, qu'il n'est ni fini, ni infini. Par l'hypothese, il se trouve le dernier des finis & le premier des infinis, & n'appartient ni à la suite des nombres finis, ni à la suite des nombres infinis. On lui conserve à dessein une nature équivoque pour le transporter commodément d'une suite dans l'autre.

Ainsi la supposition d'un nombre infini de nombres finis, & conséquemment du passage du fini à l'infini, est démontrée absolument fausse.

III. *Il n'y a point de finis en mouvement, ou en fluxion, pour devenir infinis.*

„ 3°. Il y a bien de la différence entre le fini
„ *fixe*, pour ainsi dire, & le fini *en mouve-*
„ *ment*, ou comme disent nos habiles voisins,
„ *en fluxion*, pour devenir infini. Tous les
„ finis ne sont, dès que nous les pouvons dé-
„ terminer, qu'au commencement de la suite
„ naturelle *A*, quelque grands qu'ils soient ;
„ & à cause qu'elle est d'une étendue infinie,
„ ils ne sont pas plus avancés vers son extré-
„ mité que 1, premier terme de *A*. Ils sont

„ fixes, parce qu'ils ne font encore en aucun
„ mouvement pour devenir infinis, ou du
„ moins dans un fi petit mouvement, qu'il
„ n'eſt à compter pour rien par rapport à ce-
„ lui qu'ils ont à faire. Mais quand ils ont
„ déja fait une partie infinie de ce mouve-
„ ment, là commencent les degrés inconnus
„ par lefquels ils doivent paſſer & s'élever à
„ l'infini, là ils deviennent d'une nature
„ moyenne qui les rend propres à fe chan-
„ ger en infinis par des changemens légers
„ qui n'auroient pas fuffi auparavant. Tous
„ les calculs n'operent que fur des finis fixes,
„ & jamais fur des finis en mouvement : &
„ de-là vient la regle invariable, que le fini
„ multiplié par le fini n'eſt que fini. Il eſt
„ bien fûr qu'un calcul ne tombera jamais
„ dans le cas de l'exception: mais il peut
„ être permis à la Théorie d'aller plus loin,
„ & de l'appercevoir, fuppofé qu'il foit
„ fondé."

Les finis fixes ou déterminés (ces deux mots bien appréciés font fynonimes) ne font réellement qu'un commencement de la fuite naturelle, quelque grands qu'ils foient, à caufe que la progreſſion eſt toujours fufceptible d'accroiſſement, d'où il arrive que les termes fixes ont beau être éloignés de l'origine, ils n'en font pas plus près de l'extrémité, puifque cette extrémité n'exiſte pas. La fuite naturelle a toujours & néceſſairement des bornes mobiles, & n'en peut avoir d'immobiles, ou d'extrêmes, qui la ferment, & rendent toute progreſſion ultérieure impoſſible.

Mais, qu'après ces finis fixes il y ait des finis en mouvement, ou en fluxion, pour devenir infinis, lefquels après avoir fait une partie du chemin qui les mene vers l'infini, prennent infenfiblement une natuie moyenne qui les rende propres à fe transformer par des degrés inconnus, & dans un passage obscur, en infinis réels, c'est une imagination qui n'a pas l'ombre de vraisemblance. Le fini peut-il changer de nature ? A quel numero de la suite commencent ces finis en mouvement, ou en fluxion vers l'infini? On convient que les finis fixes, tous au commencement de la suite, quelque grands qu'ils soient, n'ont aucun mouvement pour devenir infinis, ou que du moins ils en ont si peu qu'il doit être compté pour rien par rapport à celui qui leur reste à faire. Or tous les termes de la suite sont dans le même cas: car la progression est par-tout égale; chaque terme croît d'une unité, & pas davantage; aucun n'avance plus que l'autre vers l'extrémité qui n'est pas. L'uniformité de la suite naturelle, montre l'impossibilité des finis d'une nature moyenne, propres à n'être que finis en retrogradant vers l'origine de la suite, ou à se transformer en infinis par de légers changemens, dans une progression poussée en avant.

Les calculs n'operent que sur des finis fixes, & jamais sur des finis en mouvement. C'est que les uns sont réels, & les autres impossibles. La théorie n'a jamais le droit de contredire une regle aussi invariable que l'est celle-ci: Le fini multiplié par le fini, autant de fois que l'on voudra, ne peut être que fini.

IV. *Véritable source des Infinis Géométriques. Ils doivent tous leur existence à la fausse supposition de la suite naturelle épuisée, quoique reconnue pour inépuisable.*

,, 4°. Comme nous n'opérons que sur des finis
,, qui sont tout à l'origine des suites, de mê-
,, me quand nous opérons sur des infinis, ce
,, n'est que sur ceux qui sont tout à l'extré-
,, mité, & qui ont pris la nature entiere &
,, complette d'infini ; de sorte que nous ne
,, saisissons que les deux bouts des suites, en-

„ core n'y a-t-il que le premier bien faifi &
„ bien connu, l'autre n'eft guere qu'entre-
„ vu & fuppofé. Tout l'entre-deux infini
„ nous échappe, & il doit cependant y ar-
„ river ce que l'infini a de plus merveil-
„ leux."

On fent ici combien Mr. de Fontenelle étoit lui-même peu affermi dans fes idées fur l'infini, combien il leur donnoit peu de crédit, ne les regardant guere que comme des fuppofitions.

J'ai dit pourquoi le calcul n'opéroit que fur des finis fixes & jamais fur des finis en mouvement. Il n'opere de même que fur des infinis parfaits, & jamais fur des infinis feulement commencés, parce qu'on a plutôt fait de fuppofer des finis transformés en infinis, que de montrer cette transformation, fon commencement, fes progrès & fon accompliffement.

Quand on a fuppofé que le fini peut changer de nature & devenir infini, & qu'après avoir changé de nature il eft encore nombre, & auffi réellement nombre que lorfqu'il n'étoit que fini, on fent que les calculs peuvent opérer fur ces infinis comme fur les finis, puifque les premiers font fuppofés nombres & avoir toutes les propriétés du nombre comme avant leur métamorphofe. C'eft réellement dans l'entre-deux du fini fixe à l'infini fixe, s'il n'eft pas chimérique, que doit fe paffer ce que l'infini a de plus merveilleux. C'eft auffi cette merveille qu'il falloit rendre fenfible pour donner de la vraifemblance au fyftême de l'infini. C'eft-là que le génie devoit faire fon plus grand effort, employer tour-à-tour la magie du bel-efprit & l'illufion du calcul, & ne pas s'en tenir fimplement à dire que ce paffage du fini à l'infini eft obfcur, myftérieux, incompréhenfible, fans alléguer d'éclairciffemens fuffifans pour diffiper l'obfcurité, percer le myftere, balancer l'incompréhenfibilité.

# SIXIEME PARTIE.

L'infini est entrevu & supposé, plutôt que saisi & connu. Cet aveu tend à faire croire que l'infini est supposé sans être même entrevu. Et en effet, ce qu'on entrevoit n'est point l'infini, mais seulement l'impossibilité d'épuiser une suite inépuisable. La propriété de pouvoir toujours croître caractérise le fini.

*De l'intervalle de chaque terme de la suite naturelle des nombres.*

On croit, par exemple, appercevoir l'infini dans l'intervalle égal qui est entre chaque terme de la suite naturelle. On dit que de 0 à 1, il y a une infinité de nombres finis, de même de 1 à 2, de 2 à 3, &c. On cherche la racine de 6, on sent que c'est un nombre entre 2 & 3, plus grand que 2, plus petit que 3, & dont on peut toujours approcher, sans y parvenir. On conclut que l'espace de 2 à 3 est rempli par une infinité de quantités fractionnaires, dont une extrémité s'éloignera infiniment peu de 2, & l'autre infiniment peu de 3; ces deux termes infinis dans leur ordre, ou selon leur espece, sont des infiniment petits. Ainsi l'on croit entrevoir trois infinis dans l'intervalle de 2 à 3, & de même de 1 à 2, &c. savoir un infiniment grand, ou un nombre infini de nombres finis, & deux infiniment petits, c'est-à-dire deux fractions dont le numérateur est fini & le dénominateur infini. On peut dire $1 + \frac{1}{2} + \frac{1}{3} + \frac{1}{4}$ &c. il est également facile de changer le signe, & dire $2 - \frac{1}{3} - \frac{1}{4} - \frac{1}{5}$ &c. de sorte que le terme le plus voisin de 1, & l'autre extrémité la plus proche de 2, se trouvent être chacun un infiniment petit, une infinitieme partie de l'unité.

Ces trois infinis ne sont au fonds que le même. Les infinis en grandeur réduits en fractions auxquelles on donne l'unité pour numérateur, deviennent des infiniment petits. Or le dernier terme de la suite des quantités fractionnaires affectées du signe $+$, &

l'extrémité de l'autre suite qui a le signe —, sont deux fractions dont le numérateur est l'unité, & le dénominateur l'infini. Cette observation indique en même temps que ces trois infinis n'ont d'existence qu'autant que l'on suppose la suite inépuisable des nombres épuisée. Car la suite de quantités fractionnaires entre 1 & 2 établie en cette maniere $1 + \frac{1}{2} + \frac{1}{3} + \frac{1}{4}$ &c. ne peut avoir une infinité de termes, & le dernier terme ne peut être infiniment petit, que quand la suite naturelle, 1, 2, 3, 4, &c. est épuisée, puisque cette suite de quantités fractionnaires n'est que la suite naturelle dont les termes sont réduits en fractions au moyen de l'unité qu'on leur donne pour numérateur. Mais l'on convient qu'en instituant cette progression de parties aliquotes $1 + \frac{1}{2} + \frac{1}{3} + \frac{1}{4}$ &c. on n'arrivera jamais à 2; elle est donc inépuisable : on a donc tort de la supposer épuisée : il n'y a donc ni une infinité de nombres finis, ni deux infiniment petits entre 1 & 2. Ce que l'on démontre de l'espace de 1 à 2, se démontre pareillement de tout autre espace entre deux termes contigus de la suite naturelle. Donc, pour conclusion derniere, on n'entrevoit point l'infini dans cet espace, mais seulement l'impossibilité d'épuiser la suite inépuisable des nombres.

Il ne faut pas plus de Géométrie pour faire disparoître tous les autres infinis géométriques, parce qu'ils ont tous le même principe d'existence.

### *De l'angle de contingence formé par la circonférence du cercle & par sa tangente.*

L'angle de contingence formé par la circonférence du cercle & par sa tangente est dit infiniment petit, ensorte qu'il ne puisse admettre aucune ligne droite qui le divise, quoiqu'on y puisse faire passer autant de circonférences circulaires qu'on voudra toujours plus grandes que la première. D'où vient cette merveille ? De ce qu'on suppose la courbure du cercle infinie; & cette courbure se trouve infinie n confondant le cercle avec un polygone d'une infinité de côtés; & chaque côté étant pris pour l'unité, on suppose cette suite additionnelle $1 + 1 + 1$ &c. portée jusqu'à l'infini, c'est-à-dire épuisée, quoiqu'elle soit reconnue pour inépuisable.

### *De l'axe & de la derniere ordonnée de l'hyperbole.*

L'axe infini & l'ordonnée infinie de l'hyperbole ne e trouvent tels que par la même supposition. Les courbes asymptotiques prolongées tant que l'on voudra, s'approchent toujours de leurs asymptotes sans pouvoir jamais les rencontrer, par la raison qu'elles s'en approchent suivant les termes d'une progression inépuisable. Que fait-on dans les principes de la Géométrie nouvelle ? On commence par donner un cours infini à l'hyperbole. Au bout de ce cours infini, ses deux branches que l'on sait ne pouvoir rencontrer leurs asymptotes selon la proportion avec laquelle elles s'en approchent, les rencontrent pourtant. Ainsi un côté de l'hyperbole devient parallele à son axe, ou se confond avec l'asymptote qui est l'axe; l'autre côté devient par le même expédient perpendiculaire à l'axe, ou se confond avec l'autre asymptote qui est la derniere ordonnée, l'ordonnée perpendiculaire. Mais pour que l'hyperbole parvienne d'un côté au parallélisme, & de l'autre à la perpendicularité, il faut supposer qu'elle épuise une suite inépuisable d'ordonnées toutes plus ou moins obliques les unes que les autres sur l'axe, ou autrement qu'elle passe de côté & d'autre par une suite inépuisable de degrés d'obliquité. Donc, &c.

### *De l'espace asymptotique.*

C'est encore par une suite de la même erreur, que l'on parvient à conclure par le calcul l'infinité des espaces asymptotiques. L'élément de

l'espace asymptotique, comme de tout espace curviligne est, dans la nouvelle Géométrie, le produit de l'ordonnée par l'infiniment petit de l'axe, qui s'exprime par $ydx$, la première asymptote ou l'axe étant $x$, & l'autre asymptote ou la derniere ordonnée étant $y$. En donnant un cours infini à l'hyperbole ordinaire on fait $x = \infty$ du côté où elle arrive au parallélisme, & $x = \frac{1}{\infty}$ de l'autre côté où elle parvient à la perpendicularité ; c'est-à-dire que l'asymptote $x$, ou l'axe, est infiniment grande au parallélisme & infiniment petite à la perpendicularité, ce qui ne sauroit être autrement. Par la même raison, l'asymptote $y$, ou la derniere ordonnée, est infiniment petite au parallélisme, & infiniment grande à la perpendicularité. Quant à $dx$, il est constant & toujours infiniment petit, puisqu'il est le même que $x = \frac{1}{\infty}$ dans la perpendicularité, & qu'il se confond avec $y = \frac{1}{\infty}$ dans le parallélisme. Ainsi l'on a d'un côté, savoir au parallélisme, $x = \infty$, $y = \frac{1}{\infty}$, & $dx = \frac{1}{\infty}$, où le dernier $ydx = \frac{1}{\infty} \times \frac{1}{\infty} = \frac{1}{\infty^2}$; & de l'autre côté à la perpendicularité, on a $x = \frac{1}{\infty}$, $y = \infty$, & $dx = \frac{1}{\infty}$, dont le dernier $ydx = \infty \times \frac{1}{\infty} = 1$. Or la suite des $ydx$ est infiniment infinie, ou infiniment inépuisable, depuis l'origine de l'hyperbole jusqu'à son extrémité parallele ; & elle est simplement infinie, ou inépuisable, depuis l'origine jusqu'à l'extrémité perpendiculaire au point de concours des asymptotes. Donc en déterminant les sommes des suites par leurs derniers termes, les sommes des $ydx$, élémens des espaces curvilignes, sont infinies : donc les espaces asymptotiques sont
in-

finis de côté & d'autre de l'hyperbole prise pour
emple. Telle est la méthode dont on se sert pour
nclure l'infinité des deux espaces de l'hyperbole
dinaire: méthode qui suppose visiblement des der-
rs termes à des suites inépuisables: elle suppose
s suites sommées, en un mot elle les suppose
uisées.

els sont tous les infinis géométriques, tous en-
tés par la même contradiction, & ils s'évanouis-
t dès que l'on veut bien ne pas donner pour ac-
llement existant ce que l'on reconnoît être im-
sible. L'essai que je viens de faire de cette idée
l'intervalle de chaque terme de la suite natu-
le, sur l'angle de contingence formé par la cir-
nférence d'un cercle & par sa tangente, sur l'axe
la derniere ordonnée de l'hyperbole, sur l'espace
mptotique, autant de prétendus infinis géomé-
ues, me paroît suffisant pour apprécier leur
lité.

*Conclusion sur le paradoxe du quarré infini d'un ombre fini.*

,, 5°. Si l'on admet le paradoxe, il y a des finis
,, de $A$ qui deviennent infinis dans $A^2$, &
,, ils ne pourront être que de l'ordre de $\infty$,
,, & assez petits dans cet ordre. Ils feront
,, le dégré & la nuance des finis de $A^2$ aux
,, infinis du second ordre ou aux $\infty^2$; or ces
,, dégrés & ces nuances sont nécessaires dans
,, les suites, & tous les Géometres en con-
,, viennent. Si tout ce qui est fini dans $A$,
,, demeure fini dans $A^2$, tout ce qui étoit
,, infini dans $A$, deviendra dans $A^2$ infini du
,, second ordre, & $A^2$ sautera brusquement
,, du fini à $\infty^2$, sans passer par $\infty$, ce qui

Tome *III.*       M

„ n'a absolument aucun exemple dans les sui-
„ tes, dont la gradation soit aussi lente que
„ celle de $A^2$. "

Un des points qui choquent davantage dans la Géométrie de l'infini, est véritablement le paradoxe des finis de $A$ devenus infinis dans $A^2$, ou autrement des quarrés infinis de nombres finis. Croit-on de bonne foi adoucir ce que l'assertion a de révoltant en disant que ces infinis de $A^2$ seront le dégré & la nuance des finis de la même suite quarrée $A^2$ aux infinis du second ordre? S'il y a des infinis du second ordre, des $\infty^2$, on pense bien que les finis ne peuvent sauter brusquement au second dégré de l'infini sans passer par le premier, & ce n'est pas encore le passage de $\infty$ à $\infty^2$, de l'infini du premier dégré à celui du second, qui paroît le plus difficile, c'est le passage du fini à l'infini, surtout lorsqu'on le doit rempli par quelque chose de néceslairement fini, savoir la multiplication d'un fini par lui-même ou son élévation au quarré, comme on veut qu'il arrive dans $A^2$, à un très grand nombre des finis de On ne nie pas que les finis ne doivent passer par avant de monter à $\infty^2$, mais on nie que ces finis puissent passer à $\infty$. On ne démontre point ce passage en disant que l'infini est le degré ou la nuance entre le fini & l'infini du second ordre,

„ 6°. Si on n'admet pas le paradoxe, je démon-
„ trerai invinciblement le contraire de quel-
„ ques vérités constantes & reçues, & il y
„ aura démonstration contre démonstration.
„ On verra des exemples quand l'ordre de
„ cet ouvrage les amenera.

## SIXIEME PARTIE. 175

„ 7°. Le paradoxe admis ne conduit jamais à
„ aucune conclusion fausse. Au contraire, il
„ se lie nécessairement aux vérités déja con-
„ nues, & en produit beaucoup de nouvelles.
„ C'est de quoi l'on sera pleinement convain-
„ cu dans la suite. S'il est faux, il est donc
„ parfaitement équivalent à quelque chose
„ de vrai, & en remplit bien heureusement
„ la place.
„ En attendant ce vrai que je ne connois pas,
„ je vais prendre ce paradoxe pour une vé-
„ rité démontrée, me réservant toutefois, &
„ je le dis avec la derniere sincérité, à le re-
„ jetter absolument dès qu'on me fera voir
„ que sans l'employer, on peut faire un sys-
„ tême lié de l'infini en Géométrie, ou qu'il
„ y a quelque autre idée à lui substituer, qui
„ fasse le même effet, sans avoir la même
„ difficulté, ou une équivalente."

Ces raisons, peu touchantes & encore moins convaincantes, n'ont d'autre effet que de confirmer ce
que j'ai déja annoncé plus haut, que les idées de
Mr. de Fontenelle sur l'infini étoient fort chancelan-
tes, qu'il jugeoit lui-même le principe de sa théorie
hazardé, mais qu'il l'admit en faveur du brillant
usage qu'il sut en faire dans la recherche des propriétés des suites infinies de grandeurs quelconques,
de son application ingénieuse & nouvelle à la nature
des courbes, à leurs asymptotes, à leurs espaces,
aux solides que donnent leurs révolutions autour de
leur axe, & à quantité d'autres belles questions de
la haute Géométrie.

Toutes ces spéculations sublimes n'empêchent pas
que la supposition d'un fini devenu infini par l'élévation au quarré, ne soit inadmissible. Elle conduit
à des conséquences surprenantes, du goût des grands
géometres, élégamment & savamment déduites les
unes des autres, mais en contradiction avec la réa-

lité. Loin de se lier nécessairement aux vérités déja connues, elle se refuse aux premiers principes, à des regles invariables, à des axiomes, tels que ceux-ci : Que la grandeur, dont l'essence est d'être susceptible de plus & de moins, ne peut devenir ni infiniment grande ni infiniment petite ; Qu'il ne peut exister actuellement une infinité de finis ; Que le fini ajouté au fini, ou multiplié par le fini, autant de fois que l'on voudra, reste toujours fini. Elle ne produit de vérités qu'autant qu'elle est admise pour vraie ; mais elle est fausse. On ne peut, sans l'employer, faire un système lié de l'infini en Géométrie ; il n'y a aucune autre idée à lui substituer qui fasse le même effet sans avoir la même difficulté, ou une équivalente. A la bonne-heure. Cela vient de ce que l'infini géométrique est imaginaire, & la Géométrie de l'infini, un système de suppositions toutes plus étranges les unes que les autres, calculées avec beaucoup d'appareil & une sorte de luxe scientifique, d'après un faux principe.

Aux sept raisons alléguées avec candeur par l'illustre métaphysicien géometre, on pourroit peut-être en ajouter une huitieme : l'amour d'un plan magnifique qui lui aura fait illusion. Et quel est l'homme qui, plein de ses idées, ne soit pas sujet à leur donner plus d'importance & de certitude qu'elles n'en ont ?

# SIXIEME PARTIE.

## CHAPITRE LXI.

*durée antérieure du Monde, quoique sans commencement, ne contient pas une infinité de momens.*

'AI dit ci-devant (*) que Mr. de Fontenelle étoit [t]ombé dans des contradictions d'une espece si séduisa[n]te, qu'un métaphysicien solide & profond en [a] voit admis une partie pour combattre l'autre. C'est [c]e que le P. Gerdil me semble avoir fait dans la [p]remiere de ses dissertations philosophiques, où il [p]rétend que, dans la supposition qu'il y ait eu de [t]ute éternité des hommes dont les générations se [s]ient succédées les unes aux autres, cette suite de [g]énérations est infinie. La raison qu'il en donne, [c]'est qu'en partant de la génération présente pour [r]emonter cette échelle de générations antérieures, [o]n ne parviendra jamais à une premiere: car en supp[o]ser une premiere assignable, c'est supposer le [n]éant au-delà, ce qui répugne à l'hypothese; ainsi, [c]omme l'idée d'unité est appliquable à chacune de [c]es générations, l'esprit qui les calcule en remon[ta]nt forme une suite d'unités dont la premiere, ou [la] génération présente, lui est donnée, mais dont [on] ne peut déterminer ni même imaginer la derniere, [c]'est-à-dire la plus reculée dans les temps antérieurs: [c]e qui est une suite actuellement infinie d'unités suc[c]essives, ou une suite contenant une infinité d'uni[té]s; selon cet Auteur.

Mr. de Fontenelle avoit dit: Dans la suite natu[re]lle, chaque terme croît toujours d'une unité, & [je] vois que cette augmentation est sans fin, & que [q]uelque grand que soit le nombre où je serai arrivé, [je] n'en suis pas plus proche de la fin de la suite, ce

_____

(*) Au commencement du Chapitre LVII.

qui est un caractere qui ne peut convenir à une fui[te]
dont le nombre des termes feroit fini. Donc la fui[te]
naturelle a un nombre de termes infini.

Son adversaire fait un raisonnement tout-à-f[ait]
semblable ; tout ce qu'il dit au sujet des génératio[ns]
antérieures dans la supposition qu'il y a eu des ho[m]mes de toute éternité, se réduit à ceci : Dans [la]
suite des générations antérieures, dont chacune p[eut]
être représentée par l'unité, chaque terme cr[oît]
d'une unité, & je vois que cette augmentation [va]
sans fin. Quelque grand que soit le nombre [où]
je serai arrivé, je n'en suis pas plus proche d[e la]
fin de la suite, ce qui est un caractere qui ne p[eut]
convenir à une suite dont le nombre des termes [se]roit fini. Donc la suite des générations antérieure[s a]
un nombre infini de termes, ou de générations.

Il semble que quiconque croit ce dernier raiso[n]nement concluant, s'ôte le droit de rejetter l'aut[re]
& qu'ainsi le P. Gerdil auroit du entrer dans l[es]
idées de Mr. de Fontenelle au lieu de les comb[at]tre, convenir avec lui que la suite naturelle d[es]
nombres a une infinité de termes ou d'unités, pa[rce]
qu'elle est susceptible d'augmentation sans fin, [&]
qu'on ne peut approcher de la fin de cette suite [;]
comme il pense que, dans la supposition qu'il [a]
existé des hommes de toute éternité, la suite d[es]
générations seroit actuellement infinie, ou co[ntien]droit une infinité de générations, parce qu'on [ne]
pourroit en déterminer, ni même en imaginer [la]
derniere, de sorte qu'on auroit beau remonter de [la]
premiere, favoir de la génération présente, à ce[l]les qui l'ont précédée, on n'approcheroit jamais [de]
la fin de cette suite.

Le même métaphysicien prouve très bien q[ue]
l'idée de la grandeur qui renferme la capacité [de]
croître, exclut l'idée ou la supposition d'infini ; co[m]me aussi l'idée ou la supposition d'infini exclut l[a]
capacité de croître essentielle à la grandeur. Ainsi [le]
P. Gerdil réfute lui-même la prétendue infinité d[es]

# SIXIEME PARTIE.

générations antérieures dans la suppofition que le genre-humain a exifté de toute éternité. Car dans cette hypothefe, il feroit toujours vrai que la fuite des générations écoulées pourroit croître par l'addition de nouvelles générations. Elle ne feroit donc pas infinie, puifque l'idée d'infini exclut la capacité de croître, & que celle-ci exclut réciproquement l'idée d'infini.

Quoique les générations antérieures aient eu une exiftence réelle, au lieu que dans la fuite naturelle il n'y a de réellement exiftans que les nombres nombrés, la fuite des générations paffées eft toujours bornée à la préfente. Où eft donc fon infinité? C'eft toujours une fuite qui contient plufieurs générations, & l'infini en nombre eft une chimere. Elle eft innombrable, elle ne peut être fommée, parce qu'elle n'a point de commencement. Elle eft toujours multiple, & fes termes fe font remplacés les uns les autres par une fucceffion continuelle, ce qui répugne à l'unité, à l'uniformité, à l'immobilité, qualités effentielles de l'infini.

Il faut avouer cependant que cette matiere refte encore environnée de ténebres. La certitude y eft entiere: il ne nous eft plus permis de douter que le monde n'ait exifté dès l'éternité de Dieu même. Il femble néanmoins que l'évidence n'y foit pas. Nous avons de la peine à concevoir qu'un Etre créé n'ait point commencé d'exifter. L'efprit fe perd dans cette fuite de temps antérieurs, qui, fans être éternelle, n'a pourtant point de premier terme. On doit rejetter cette obfcurité fur la foibleffe de l'efprit humain. L'exiftence antérieure du monde, quoique non-éternelle, va s'abîmer dans l'éternité de Dieu auquel le monde co-exifte; nous ne pouvons pas la fuivre fi loin.

## CHAPITRE LXII.

*De l'infinité des Mondes admise par plusieurs philosophes anciens.*

LEUCIPE, Diogene, Archelaüs, & plusieurs autres, mais furtout Démocrite & Epicure, s'élevant beaucoup au deſſus des opinions de ceux qui les avoient précédés, foutenoient qu'il y avoit une infinité numérique d'atômes, & une infinité de mondes. Ils ne penſoient pas qu'ils exiſtaſſent tous à la fois. Ils jugeoient plutôt que dans ce nombre infini il s'en trouvoit qui périſſoient pour faire place à d'autres qui naiſſoient; qu'ils étoient tous ſujets à une viciſſitude continuelle, & qu'ils ſe remplaçoient les uns les autres ſelon une ſuite infinie de ſucceſſions. La maniere dont ils expoſoient leur ſyſtême fait croire avec raiſon que cette infinité de mondes n'étoit réellement que le même monde qui avoit une infinité de formes, leſquelles ſe ſuccédoient les unes aux autres; comme nous le verrons bientôt en parlant du renouvellement de la Nature.

## CHAPITRE LXIII.

*De l'Optimiſme, ou du meilleur Monde.*

DANS ce ſyſtême, Dieu, l'Etre éternel & néceſſaire, infini en puiſſance & en intelligence, renferme en ſoi les idées de tout ce à quoi il peut donner l'exiſtence. Une infinité de mondes ſe ſont préſentés à ſon entendement. Entre ces mondes infinis en nombre, il y en avoit un qui, tout combiné, offroit un plan plus parfait que tous les autres; & Dieu infiniment parfait a été déterminé, non par force ou malgré lui, mais par un acquiefcement abfolu & inévitable, à préférer à tous les autres ce monde qui exifte aujourd'hui, & dont nous faifons une partie néceffaire. La fageffe de Dieu ne lui permettoit pas de choifir un des autres qui étoient moins bons. Il a du préférer le meilleur entre tous les fyftêmes poffibles.

Cette hypothefe eft un affemblage de vaines imaginations. Cette infinité de mondes poffibles dont cependant un feul étoit poffible, puifque la fageffe de Dieu ne lui permettoit de faire exifter que le meilleur, eft une contradiction formelle.

Il s'en faut bien que Dieu ait été à même de choifir entre plufieurs mondes, & contraint de faire exifter le meilleur, & de laiffer les autres dans l'état de non-exiftence.

## CHAPITRE LXIV.

*Il ne pouvoit y avoir qu'un Monde.*

QUAND on rapporte la création du monde, non à la fageffe prétendue de Dieu, non à fa prétendue bonté, non à fa volonté fuppofée, mais à fa nature dont elle eft l'effet néceffaire & déterminément tel, on conçoit aifément qu'il ne pouvoit y avoir qu'un monde : un feul acte de la caufe unique (*) : acte tellement effentiel à Dieu, que ce grand Etre n'a pu ni le varier, ni le multiplier, ni le reftreindre, ni l'étendre. Dieu n'avoit pas plus le pouvoir de modifier la nature du monde que la fienne propre,

---

(*) Ci-devant Chapitre I, & premiere partie Chapitre IV.

# CHAPITRE LXV.

*Le Monde renferme tout ce qui pouvoit être.*

L'ACTE de la cause unique est complet: le produit de cet acte est tout ce qui pouvoit être. Toute existence possible a été donnée.

C'est une erreur de s'imaginer que le monde soit tel que son Auteur puisse placer de nouveaux mondes à côté de celui qu'il a fait, ou grossir celui-ci à l'infini.

Un espace infini immatériel que Dieu puisse remplir de nouvelles créatures, est une pierre d'attente placée indiscrétement sur les bornes du monde. L'œuvre du Créateur seroit incomplette, s'il pouvoit y ajouter quelque chose.

On peut croire d'après les principes que j'ai posés, que la cause a exéré au commencement (de toute éternité) toute sa vertu créatrice. Je ne veux pas dire que Dieu se repose à-présent après avoir tout créé: comme il n'a point passé de l'état d'inaction à celui d'action, il n'a point passé non plus de l'action au repos: ce qui s'éclaircira dans la suite. J'entends seulement ici que Dieu ne pouvoit pas créer plus qu'il n'a créé; que l'énergie de sa vertu créatrice, déterminée par son essence, a été pleinement déployée. S'il avoit pu créer ou plus de mondes ou un monde plus grand, il l'auroit fait. Sa puissance ne connoît point d'obstacle extérieur, & il ne peut lui-même modifier un effet qui résulte nécessairement de son essence (*).

Dieu ne peut donc plus rien faire de nouveau? Non, car il a tout fait, toute l'étendue possible,

---

(*) Ci-dessus Chapitre LXIV.

toute la matiere poſſible, toutes les intelligences poſſibles, tous les Etres poſſibles. Jettons un coup d'œil ſur cette très petite portion des créatures que nous partageons en trois regnes. Il a rempli le regne des foſſiles de toutes les combinaiſons terreuſes, ſalines, huileuſes, lapidifiques, & métalliques poſſibles. Il a fait toutes les eſpeces végétales qui pouvoient exiſter. Toutes les nuances de l'animalité ſont remplies d'autant d'Etres qu'elles en peuvent contenir. L'eſprit animal exiſte ſous toutes les formes poſſibles propres à le recevoir. Le ſyſtême du monde eſt complet. Donnons-nous bien de garde d'en juger par le foible échantillon que nous en voyons. Cette multitude innombrable de quadrupedes, d'oiſeaux, de poiſſons, d'inſectes, & d'animalcules microſcopiques que nous connoiſſons & qui accable notre eſprit par ſa prodigieuſe quantité, n'eſt qu'une partie des habitans de notre terre : combien d'autres ſe cachent au ſein des mers, ſur la cime des montagnes, dans des terres inhabitées ! Combien d'autres que leur petiteſſe dérobe à notre vue & à la force de nos meilleurs inſtrumens ! Et qu'eſt-ce encore que tout cela comparé aux habitans des autres globes ? Que de nouvelles eſpeces dans tous les genres, dont nous n'avons aucune idée, d'une organiſation nouvelle, pourvues de nouveaux ſens, douées de nouvelles facultés ! Car nous connoîtrions bien mal la richeſſe de la Nature, ſi nous nous imaginions que notre globe eſt le ſeul habité, ou que le ſyſtême des Etres ne comprend que les eſpeces terreſtres. Il y en a de ſolaires, n'en doutons point ; il y en a de lunaires, il y en a de ſaturnales. Chaque globe en eſt chargé, peut-être avec plus de variété que le nôtre, ſûrement avec toute la diverſité poſſible ; & qui pourra compter le nombre des globes qui forment le ſyſtême complet de la Nature ? Qui pourra les imaginer ? Au moins nous ſommes ſûrs qu'il y en a autant qu'il peut y en avoir ; & que chacun a tout ce qu'il peut avoir ſous tous les rapports possibles, sans que le Créateur ait jamais pu rien faire de plus en aucun genre. Autrement il auroit agi partiellement, il n'auroit exercé qu'une partie de sa puissance : ce qu'on ne peut supposer sans contradiction (*).

## CHAPITRE LXVI.

*Le Monde n'a jamais été purement possible, non plus qu'aucun des Etres qu'il contient.*

DIEU ayant créé de toute éternité, tout ce qui devoit être a toujours été sous une forme ou sous une autre. J'ai prouvé que le purement possible étoit l'impossible (†), d'où il suit que le monde n'a jamais été purement possible, non plus qu'aucun des Etres qu'il contient. Il faut donc regarder ce qui arrive & ce qui doit arriver dans l'univers, en quelque genre que ce soit, comme le développement progressif d'un germe que Dieu fit & auquel il donna toute l'existence possible, tant en matiere qu'en forme, pour la manifester dans la suite des temps en vertu de l'acte permanent de la création.

(*) Chapitre L.
(†) Ibidem.

## CHAPITRE LXVII.

### De l'infini d'Anaximandre.

ANAXIMANDRE difoit que l'infini étoit le principe de toutes chofes. Nous croyons aufli que l'infini eft le principe, la caufe, le Créateur de l'univers. Mais Anaximandre mettoit le principe producteur de la Nature dans la Nature même : l'infini, felon lui, étoit une matiere infinie.

## CHAPITRE LXVIII.

### Du Monde indéfini de Defcartes.

CE philofophe difoit qu'il étoit impoffible de fe former une idée bornée de l'étendue, c'eft-à-dire une idée de l'étendue qui nous la repréfentât telle qu'il n'y eût point d'autre étendue exiftante ou poffible au-delà. Il difoit qu'en marchant en ligne droite pendant toute l'éternité, on ne viendroit jamais en un lieu au-delà duquel il n'y auroit rien, ou qu'au moins nous ne le pouvions pas concevoir. Voilà ce qu'il difoit de plus fort : ce qui prouve feulement que comme l'œil ne peut appercevoir qu'une très petite portion des objets qui nous environnent, notre efprit ne fauroit de même imaginer ni concevoir l'enfemble des ouvrages de Dieu. Defcartes foutenoit donc feulement que le monde n'avoit point de bornes affignables, ce qu'il exprimoit très bien en difant que le monde étoit indéfini ; & c'eft faute d'être entré dans fes idées, & d'avoir affez médité fes preuves, que fes difciples & fes adverfaires lui ont imputé d'admettre un monde infini fous le nom d'indéfini. Le monde fera-t-il infini parce que nous ne pouvons pas le concevoir auſſi grand qu'il eſt? Ou, ne peut-il excéder l'idée qu'il nous eſt poſſible d'en avoir, ſans être infini? Deſcartes n'a point admis une conſéquence auſſi gratuite.

## CHAPITRE LXIX.

*Raiſons alléguées par les Diſciples de Deſcartes en faveur de l'infinité du Monde.*

CEUX qui ont pris à tâche de commenter l'opinion de Deſcartes ſur la grandeur du monde, n'ont fait que répéter ce qu'il avoit dit, ou ce qu'ils y ont ajouté eſt encore moins concluant en faveur de l'infinité de l'univers.

,, Je conviens, dit un des plus zélés défenſeurs
,, de cette opinion, que les corps ſont bornés cha-
,, cun en particulier, mais je ne vois pas que l'on ne
,, puiſſe pas dire des corps qui ſont répandus dans
,, l'étendue immenſe de l'univers ce que l'on aſſure
,, des particules contenues ſous la ſuperficie d'un
,, grain de ſable, je veux dire qu'on ne ſauroit ja-
,, mais arriver au dernier des ouvrages de Dieu.
,, A l'égard de l'étendue, je n'y vois aucunes bor-
,, nes, & je ne ſaurois concevoir quel Être c'eſt
,, qui peut borner l'étendue. Il me ſemble auſſi que
,, c'eſt donner de Dieu & de ſes ouvrages une idée
,, auſſi belle & auſſi étendue qu'il eſt poſſible à
,, l'homme, que de dire qu'il a fait une infinité d'ha-
,, bitans intelligens & un nombre innombrable de
,, demeures dans l'infinité du monde, où il mani-
,, feſte ſa puiſſance ſans bornes, enſorte que l'on y
,, trouve de tous côtés des Etres à qui il fait ſentir
,, ſon infinie bonté, autant que chaque eſpece en eſt
,, capable. Autrement, quelque grand que vous
,, faſſiez le monde, dès que vous avouez qu'il eſt
,, borné, toute étendue bornée n'étant preſque rien

,, comparée à l'infini, on dira toujours que Dieu
,, n'a presque rien fait, & l'on ne soudra jamais
,, cette objection."

Ce passage en faveur de l'infinité du monde contient trois raisons principales. La premiere est tirée de la multitude innombrable des créatures dont on ne peut pas plus assigner la derniere, que parvenir au dernier terme de la divisibilité de la matiere. La seconde est l'impossibilité de concevoir les bornes du monde. La troisieme se tire d'une spéculation outrée sur la magnificence des ouvrages de Dieu.

## CHAPITRE LXX.

*Premiere raison tirée de la multitude innombrable des créatures.*

LA matiere se trouve tellement constituée qu'il n'est pas possible en la divisant de parvenir au dernier corpuscule, c'est-à-dire à un corps si petit qu'on ne puisse en assigner encore un plus petit qui seroit, par exemple, une moitié, un quart, ou une moindre partie du corpuscule qu'auroit donné la derniere division. Les créatures sont de-même si prodigieusement multipliées, qu'elles forment une suite d'Etres qui n'a point de dernier terme; mais elle en a plusieurs, & c'est assez pour qu'elle n'en puisse pas avoir une infinité, & que l'ensemble n'en soit pas infini. C'est ici le lieu de commencer à faire l'application de ce que nous avons dit dans les Chapitres LVIII & LX pour prouver qu'il n'y a point d'infini numérique, qu'il ne peut pas y en avoir. On a vu aussi la différence qu'il faut faire d'une suite inépuisable à une suite infinie, puisque celle-ci seroit épuisée par l'infinité à laquelle on la supposeroit parvenue.

Toute portion de matiere est divisible à l'infini, au moins en imagination, car on peut toujours imaginer la moitié de la moitié, fans que l'excès de cette division, quelque pouflée qu'elle foit, apporte jamais obftacle à une division ultérieure. Un grain de fable divifible à l'infini ne peut pourtant pas être infiniment divifé, ou divifé en une infinité de parties. S'il contenoit une infinité de parties, on pourroit dire la même chofe de ces parties fecondaires également divifibles à l'infini : on pourroit dire la même chofe des parties infinitiemes de la fubdivifion portée à l'infini; de forte qu'un grain de fable fe trouveroit un affemblage d'infinités renfermées les unes dans les autres. Cette idée cadre à merveille avec l'infini géométrique, aufli eft-elle contradictoire.

Sans nous embarraffer dans une multitude de divifions, fuppofons ce grain de fable, prétendu infini, divifé feulement en deux portions égales. Chaque moitié eft divifible à l'infini, chaque moitié a une infinité de parties, chaque moitié eft infinie. La réunion des deux moitiés, ou le grain total eft aufli un infini, & il eft aifé de prouver que l'infinité de chaque moitié prife féparément eft égale à celle du grain entier. Cette infinité eft fondée fur le nombre infini de parties, & le nombre infini de parties fur la divifibilité à l'infini. Or chaque moitié eft tout aufli divifible à l'infini que le tout : elle contient donc un nombre égal de parties, elle eft également infinie ; d'où il fuit une grande abfurdité, favoir $1 \infty = 2 \infty$, & en faifant difparoître les termes femblables, $1 = 2$, $0 = 1$ : c'eft-à-dire que la moitié eft égale au tout, que zero égale un. Il feroit inutile de dire que, quoique chaque moitié foit aufli divifible à l'infini que le tout, cependant la fuite de fes divifions a un terme de moins que la fuite des divifions du tout, & qu'ainfi elle ne lui eft pas égale. L'infini moins un eft toujours l'infini. Par la même raifon que $\infty - 1 = \infty$, $\frac{\infty}{2} = \infty$ ; de même $\frac{\infty}{3} = \infty$ ; en un mot $n$ étant un nombre dé-

déterminé quelconque, $\frac{\infty}{n} = \infty$, de l'aveu même des géometres. Rien ne prouve mieux que l'infini n'a ni moitié, ni tiers, ni parties quelconques, que le nombre n'est point susceptible de l'infinité, qu'il n'y a point un nombre infini de créatures. En supposant l'infini divisible, comme la moitié, le tiers, le quart, en un mot une partie quelconque déterminable de l'infini, est un infini, je demande de quel ordre est cet infini. Est-il d'un ordre inférieur à celui de son tout, est-il du même ordre, ou d'un ordre supérieur? Il ne peut pas être d'un ordre inférieur à celui de son tout : car alors il ne seroit pas grandeur par rapport à lui. Si l'on dit qu'il est du même ordre, je répondrai que tous les infinis du même ordre sont donc égaux, puisque $\frac{\infty}{2} = \infty$, $\frac{\infty}{3} = \infty$, $\frac{\infty}{n} = \infty$, & que sûrement $\infty = \infty$ ; il s'ensuit que la moitié, le tiers, en un mot une partie aliquote quelconque d'un tout (savoir $\infty$) est égale à ce tout.

Appliquons ces raisonnemens au nombre des créatures. Vous prétendez qu'il y a une infinité d'Etres créés. Ces Etres sont-ils finis ou infinis chacun en particulier? Vous, par exemple, qui soutenez l'infinité du monde, vous croyez-vous un Etre infini, ou un Etre fini? Si vous ditez que vous êtes infini, votre conscience vous dément. Si vous convenez que votre être est borné, & qu'il en est ainsi de tous les autres, corps ou esprits, ce sera convenir que l'univers n'est composé que d'Etres finis, ce sera convenir que le monde n'est point infini, puisque le fini répété autant de fois qu'on voudra ne donne point un infini : il ne le peut, n'étant pas grandeur par rapport à l'infini, & un tout ne pouvant résulter de parties qui ne sont pas grandeur par rapport à lui.

Tous les corps font bornés en particulier, l'ensemble seul ou le monde est infini... Donc le monde, moins le globe terrestre, reste le monde, $\infty - a = \infty$. Ce que je dis de la terre, je puis le dire de toutes les autres parties du monde, qui toutes en particulier font bornées: donc le monde moins toutes les parties qui le composent, ou moins tous les Etres qui le constituent, est encore le monde: quand tous les Etres créés, qui font tous finis, seroient anéantis, le monde qui n'est que l'ensemble de ces Etres finis, subsisteroit encore aussi infini qu'avant cette annihilation. Voilà une conclusion des plus étranges qu'il puisse y en avoir : elle est légitimement déduite ; que l'on juge du principe.

## CHAPITRE LXXI.

*Seconde raison en faveur de l'infinité du Monde:*

*L'impossibilité de concevoir des bornes à l'étendue.*

Il nous est impossible de concevoir des bornes à l'étendue de l'univers. Tout le monde n'en convient pas (*); mais quand cela feroit vrai, nous est-il plus possible de concevoir son infinité prétendue ? La portée de notre entendement n'est point la mesure du monde ; ce que nous concevons ou ne concevons pas n'est ici d'aucun secours pour nous aider à décider s'il est fini ou infini. Le monde est plus grand que nous ne saurions le concevoir, & il ne nous est permis de prononcer que sur ce que notre idée nous présente. Que pourrions-nous donc décider touchant l'étendue totale du monde dont il n'entre qu'une si petite portion dans l'image intellectuelle que notre entendement peut s'en former?

---

(*) Voyez le Dialogue sur les bornes du monde.

L'étendue est une quantité inépuisable pour notre esprit comme la suite naturelle des nombres : c'est pourquoi nous ne pouvons lui concevoir de bornes non plus qu'à l'autre. Du reste, elle est incapable d'infinité comme le nombre. Toutes les portions de l'étendue sont bornées, & dès lors elles ne peuvent faire une étendue infinie : ce sont des finis qui ne font rien pour l'infini.

## CHAPITRE LXXII.

*Troisieme raison en faveur de l'infinité du Monde, tirée d'une spéculation outrée sur la magnificence de l'œuvre du Créateur.*

„ Il me semble que c'est donner de Dieu & de
„ ses ouvrages une idée aussi belle & aussi étendue
„ qu'il est possible à l'homme, que de dire qu'il a
„ fait une infinité d'habitans intelligens, & un nom-
„ bre innombrable de demeures dans l'infinité du
„ monde, où il manifeste sa puissance sans bor-
„ nes, ensorte que l'on y trouve de tous côtés
„ des Etres à qui il fait sentir son infinie bonté,
„ autant que chaque espece en est capable. Au-
„ trement, quelque grand que vous fassiez le mon-
„ de, dès que vous avouez qu'il est borné, toute
„ étendue bornée n'étant presque rien comparée
„ à l'infini, on dira toujours que Dieu n'a presque
„ rien fait, & l'on ne soudra jamais la question."

Dieu n'a presque rien fait, si le monde n'est pas plus grand que ne le font les idées rétrécies du vulgaire. N'y a-t-il pas moyen d'étendre ces idées sans les porter jusqu'à l'infini ? Doit-on égaler la créature au Créateur pour en faire un ouvrage digne de sa puissance ? Croit-on que l'infini puisse être fait ? N'est-il pas incréé par essence ?

On doit fe garder ici de deux excès, l'un de trop refferrer la puiffance de Dieu, l'autre de lui donner une extenfion chimérique. Dieu, feul infini, ne peut rien faire d'infini : fa nature s'y oppofe.

L'œuvre de Dieu eft digne de lui, elle eft auffi grande, auffi belle, auffi magnifique qu'elle peut être, puifque le Créateur agit felon fon effence, que fa vertu créatrice fe déploie toute entiere, & qu'il a fait de toute éternité tout ce qui pouvoit être, fans avoir laiffé des millions d'Etres dans le néant, comme quelques Docteurs ofent l'affurer.

L'infinité du monde feroit moins glorieufe à la puiffance de Dieu, qu'injurieufe à fa nature. Si la matiere étoit infinie, que lui manqueroit-il pour être Dieu ?

---

## CHAPITRE LXXIII.

### COROLLAIRE.

*Le Monde n'eft point infini.*

JE prouverois mal que le monde eft fini, en difant qu'il eft fufceptible d'augmentation. Il y a pourtant de très célebres philofophes à qui cette raifon a paru concluante (\*). A la vérité tout ce qui eft fufceptible d'augmentation eft fini. Il n'eft pas réciproquement vrai que tout le fini puiffe croître, & qu'il puiffe y avoir une grandeur plus grande que toute grandeur finie.

Un monde infini répugne à l'effence de Dieu & à l'effence du monde ; à l'effence de Dieu qui eft feul infini à l'exclufion de tout autre Etre : quoique fa vertu créatrice, & l'acte de cette vertu foient infi-

---

(\*) Cudworth n'en donne point d'autre ; le monde eft fini, dit-il, parce que Dieu peut le groffir à l'infini.

...is, puisqu'ils sont l'une & l'autre dans Dieu, le monde, ou le produit de cet acte, n'est point infini, parce qu'il est hors de Dieu. Il répugne à l'essence du monde qu'il soit infini, parce que le monde est une étendue, une grandeur, & que l'idée de grandeur exclut nécessairement l'infini : l'étendue est un assemblage d'Etres finis, & il ne peut y avoir une infinité de finis.

## CHAPITRE LXXIV.

### *Des bornes du Monde.*

QUOIQUE je ne puisse croire la Nature créée infinie, ou co-infinie avec son Auteur, je n'aurai point la présomption de dire : *Jusques-là s'étend l'œuvre du Créateur, & il n'a rien fait au-delà*. Le monde n'a point eu d'*auparavant* (\*) & n'a point d'*au-delà*. Comme il a toujours été, il s'étend aussi partout. La supposition d'un homme à l'extrémité de l'univers, qui avanceroit son bras *au-delà*, est tout-à-fait puérile & chimérique. Cet *au-delà* n'existe point. Le possible est la mesure du monde, & je ne lui connois point d'autres bornes que l'impossibilité d'une grandeur plus vaste.

Je n'entreprends pas de répondre à toutes les difficultés dont une question aussi difficile se trouve susceptible, je toucherai seulement la plus essentielle.

„ Selon vous, m'a-t-on dit, Dieu a exercé plei-
„ nement sa force créatrice, il l'a en quelque sorte
„ épuisée par un seul acte simple & universel.
„ L'assertion contraire vous semble impliquer for-
„ mellement. Prenez garde d'avancer plus que

---

(\*) Ci-devant Chapitre XXXVIII.

,, vous ne voulez dire. Si Dieu a fait toute l'éter
,, due possible, tous les Etres possibles, il a fa
,, l'infini. Car tout le possible est un infini. En c
,, fet la mesure du possible est l'infinité de l
,, puissance divine: donc la collection des possibl
,, est infinie comme cette puissance : donc si l
,, monde est la collection des possibles, ainsi q
,, vous le dites, le monde est infini."

1. Je n'ai pas dit que Dieu ait épuisé sa vert
créatrice en agissant pleinement, comme je r
pense pas qu'il ait épuisé son existence en existar
totalement : son acte est éternel & permanent con
me son être.

2. Si l'on veut bien se rappeller les raisons q
prouvent invinciblement que la Cause & l'effet so
d'un ordre essentiellement différent, on n'inféra
pas l'infinité de l'effet de celle de la Cause pou
m'en faire une objection.

3. L'on suppose gratuitement que la collectio
des possibles est un infini. Rien n'est moins prouvé
Chaque Etre en particulier, soit existant, soit pos
sible, est estimé fini. Comment l'ensemble seroit
infini, ne résultant que de termes finis ? Qu'o
fasse attention aux élémens du monde, & l'or
concevra qu'on peut lui donner toute grandet
possible sans le faire infini. Car la vraie raison pour
quoi la grandeur, soit en nombre, soit en étendue,
ne peut être élevée à l'infinité, c'est qu'elle es
composée d'élémens finis.

# CHAPITRE LXXV.

## Du Renouvellement Périodique de la Nature.

*Exposition de ce Systéme.*

PARMI les philofophes anciens qui n'admettoient qu'un monde, il y en avoit qui, quoiqu'ils le jugeaſſent éternel, le croyoient pourtant ſujet à mourir & à renaître. Ils penſoient que ce monde unique ſe renouvelloit de lui-même & dans lui-même après un certain temps : qu'il avoit déja ſubi une infinité de ces révolutions, & qu'il en ſubiroit encore de ſemblables pendant toute l'éternité : ce qui formoit, ſelon eux, un cercle éternel des mêmes évènemens. Car toutes les révolutions étoient uniformes à tous égards. Chaque période totale de la Nature étoit la répétition de la période précédente, & le type de celle qui devoit ſuivre. Les hommes qui avoient habité la terre dans la révolution la plus ancienne, y étoient revenus de nouveau dans toutes les ſuivantes, & devoient encore y reparoître d'âge en âge, de période en période, pour y mener la même vie, y remplir les mêmes emplois, y faire en un mot tout ce qu'ils y avoient fait auparavant une infinité de fois, ſans le plus léger changement.

Chaque révolution étoit terminée par un déluge, ſelon les uns ; par un embraſement, ſelon d'autres ; par un déluge & un embraſement, ſelon un troiſieme ſentiment. Rien ne ſurvivoit à cette cataſtrophe. Toute la Nature mouroit alors : elle ne mouroit cependant que pour renaître. Le Phénix en étoit le ſymbole. Il en étoit encore une circonſtance, au rapport de quelques ſavans. Sa vie concouroit avec une révolution entiere ; il expiroit avec la Nature, & à la renaiſſance de cet animal, arrivoit le rétabliſſement des choſes dans leur premier état.

Ceux qui ne pouvoient concevoir qu'un déluge, un embraſement, ou même les deux enſemble fuſſent capables de détruire l'univers entier, préféroient de dire qu'il y avoit dans la Nature une énergie propre à laquelle ils attribuoient la formation du monde avec ſon accroiſſement; & une force antagoniſte qui opéroit ſa deſtruction. Mais la plûpart penſoient que, comme la Nature n'arrivoit à ſa perfection que par des dégrés ſucceſſifs, elle dépériſſoit de même graduellement juſqu'à une extinction totale, employant une moitié de la révolution à croître, à ſe développer, à ſe perfectionner, & l'autre moitié à décheoir & à mourir, ce qui étoit un effet naturel & néceſſaire, ſans que l'on eût beſoin de faire venir, on ne ſait d'où, une puiſſance antagoniſte pour mettre le deſordre & la deſunion entre les élémens du monde. Tout ce qui croît doit diminuer. Ce qui naît doit mourir. Sur la terre auſſi, tout meurt pour renaître. La force qui réſide dans les parties élémentaires des Etres ſurvit à la deſtruction de ces mêmes Etres, & les reproduit de nouveau. Ainſi la même vertu qui avoit d'abord formé le monde, le rétabliſſoit chaque fois: car elle étoit éternelle, indeſtructible: elle ſubſiſtoit toujours ſans diminution ni affoibliſſement, malgré la deſtruction ſouvent réitérée de ſes produits.

La renaiſſance du monde s'opéroit de la maniere, dans la proportion, & généralement avec toutes les circonſtances de ſa premiere formation. Le cours de la Nature ſemblable à lui-même dans chaque période aboutiſſoit toujours à la même fin. Il s'enſuit que les annales d'une révolution totale pouvoient ſervir d'hiſtoire à la ſuivante. Si elles avoient pu être conſervées ſans lacune, d'un temps à l'autre, on y auroit lu tout ce qui devoit arriver non ſeulement dans le période actuel, mais auſſi dans tous es autres qui devoient fe fuccéder éternellement. Tout périffoit, tout fe perdoit, tout étoit aboli. Quoique les mêmes hommes reparuffent fur la terre, pour y avoir les mêmes idées & les mêmes inlinations, mener la même vie, & être une copie très fidele de ce qu'ils avoient déja été autant de fois qu'il y avoit eu de révolutions totales de la Nature, & il y en avoit eu une infinité ; il auroit manqué un point effentiel à la reffemblance parfaite de ces copies, fi ces hommes anciens & nouveaux tout à la fois, n'euffent pas fait tout ce qu'ils répétoient, comme s'ils ne l'euffent jamais fait.

## CHAPITRE LXXVI.

### Des Variations de ce Syftéme.

IL eft difficile qu'un fyftême s'arrête dans plufieurs têtes fans y fubir des altérations plus ou moins confidérables. Ne fît-il qu'y paffer, il s'en reffentira toujours proportionnellement à la force des imaginations. Les variations de celui-ci peuvent fe réduire à quatre chefs qui regardent 1. l'uniformité des révolutions périodiques du monde ; 2. leur nombre ; 3. l'ordre des événemens qu'ils contiennent ; 4. leur durée.

## CHAPITRE LXXVII.

PREMIERE VARIATION.

*De l'uniformité des Révolutions périodiques de la Nature.*

LE grand nombre des Stoïciens qui foutenoient le renouvellement périodique de la Nature, le pouſſoient à l'extrême. C'étoit, felon eux, une vraie réproduction des mêmes événemens revêtus des mêmes circonftances dans l'ordre phyſique & moral. Rien n'arrivoit dans un période, qui ne fût arrivé dans tous ceux qui avoient précédé, & qui ne dût fe répéter dans l'infinité des périodes fuivans. Ils avoient exifté une infinité de fois, & philofophé dans les mêmes lieux & de la même maniere qu'ils le faifoient, devant le même auditoire, & ils comptoient faire encore le même perfonnage pendant le cercle éternel des révolutions futures.

Tous ne portoient pas l'exactitude fi loin. Ils n'entendoient pas à la lettre la reſſemblance des périodes comme une répétition uniforme des mêmes chofes, fans plus ni moins. Ce retour étoit bien uniforme dans le monde planétaire quant aux afpects des aftres; la durée des périodes étoit égale; il y avoit un fonds de reſſemblance dans les degrés de la force & de l'affoibliſſement de la Nature, qui mefuroient chaque révolution; le fpectacle de la terre offroit encore les mêmes efpeces d'Etres. Mais que les individus de la révolution préfente fuſſent précifément ceux de toutes les autres, qu'ils revinſſent ainfi toujours jouer le même rôle à point nommé; que tous les momens de chaque révolution fuſſent exactement femblables à tous les momens correfpondans des autres, tant des paſſées que des futures, fans la moindre difparité: c'eſt ce qu'ils n'asfuroient pas. Ils s'en tenoient à la reſſemblance des pieces principales & des événemens les plus conſidérables : ils n'inſiſtoient pas ſur le détail des petites choſes, perſuadés ſans doute que la variation dans celles-ci ne nuiſoit point à l'uniformité de l'enſemble. Peut-être auſſi ne croyoient-ils pas que la Nature pût ſe copier elle-même ſi fidélement jusques dans les moindres choſes. Il paroît qu'ils admettoient les mêmes cauſes, ſans admettre les mêmes effets. Les premiers raiſonnoient plus conſéquemment.

## CHAPITRE LXXVIII.

### Seconde Variation.

*Du nombre des Révolutions périodiques de la Nature.*

La premiere variation regarde l'uniformité des révolutions ; la ſeconde a leur nombre pour objet, & elle ſe partage en trois ſentimens, relativement à l'antiquité & à la durée du monde.

Les uns admettoient ſans peine une infinité de périodes avant le préſent, & une autre infinité pour l'avenir.

D'autres vouloient que ces périodes fuſſent fixés à un certain nombre qu'ils ne pouvoient pas aſſigner : cependant ils avoient tout autant de raiſon d'en nommer la quantité, que de la croire finie.

Quelques-uns conjecturoient qu'il y avoit eu un premier période, mais que la ſucceſſion en ſeroit infinie.

# CHAPITRE LXXIX.

### Troisieme Variation.

*De l'ordre des événemens compris dans chaque Révolution.*

Cette troisieme variation est d'une toute autre espece que les deux précédentes. Il s'agit d'une idée particuliere de Platon qui ordinairement n'admettoit aucune opinion soutenue avant lui, sans y faire un changement qui la lui rendît propre.

On se figuroit les révolutions de la Nature, comme le mouvement d'une roue qui tourne sur son axe, toujours dans le même sens & avec une rapidité uniforme, de sorte que chaque tour entier ressemble à tous les autres & pour la durée & pour la direction. Dans l'hypothese commune le renouvellement de la Nature se faisoit toujours & imperturbablement dans l'ordre de sa formation. Son cours recommençoit toujours par la production des mêmes Etres & des mêmes événemens sans en renverser l'ordre. Les premiers dans une révolution quelconque, l'étoient aussi dans toutes les autres ; & chacun conservoit partout son même rang.

Platon conçut la chose tout autrement. Il se figura le branle des choses comme le mouvement d'un pendule qui oscille, & chaque période comme une oscillation pleine. Lorsque le pendule est parvenu au bout d'une oscillation, il retrograde pour accomplir la seconde, de sorte que deux oscillations subséquentes se font toujours en sens contraire l'une de l'autre, la seconde commençant où la premiere finit. Ainsi Platon assuroit qu'au bout de chaque période toutes les choses retrogradoient : l'ordre des temps étoit renversé, comme celui des événemens : les astres se levoient où ils s'étoient couchés pendant la révolution antérieure : la vie de l'homme commençoit par la vieillesse, & l'enfance la terminoit (*).

## CHAPITRE LXXX.

### Quatrieme Variation.

*De la durée de chaque Révolution périodique du Monde.*

LES astronomes avoient reconnu qu'après un certain nombre de révolutions, la terre revenoit au point juste où elle avoit été par rapport au soleil, lorsqu'elle avoit commencé à tourner autour de cet astre. Ils n'ignoroient pas qu'outre ce période de plusieurs centaines d'années, qui n'étoit qu'une combinaison des mouvemens du soleil & de la terre, il y en avoit un autre plus long qui ramenoit les planetes seulement, aux mêmes endroits où elles avoient été au commencement : celui-ci étoit fixé à dix mille quatre cens quatre-vingt-quatre ans. Ils en admettoient un troisieme, le plus général & le plus long de tous, après lequel tous les astres, tant les planetes que les étoiles fixes, se retrouvoient aux mêmes points précis d'où ils étoient partis à la naissance du monde. C'étoit la grande année des astronomes.

Les philosophes qui soutenoient le renouvellement périodique de la Nature, se servirent habilement de la découverte de cette grande année astronomique, pour en faire une année du monde, c'est-à-dire, la durée d'une révolution entiere. Du reste les astronomes convenoient de la réalité d'un tel

---

(*) *Plato in Politic.*

période, sans être d'accord entre eux sur sa longueur. Les uns la faisoient de trois mille six ans, d'autres de cinq mille ans; quelques-uns la prolongerent jusques-à dix mille, quinze mille, & cent mille ans; il y en eut même qui en firent un cycle de six millions cinq cens mille ans. Le système du renouvellement du monde subit les mêmes variations.

*Mundani ergo anni finis est, cum stellæ omnes, omniaque sydera a certo loco ad eundem locum ita remeaverint, ut ne una quidem cœli stella in alio loco sit, quam in quo fuit, cum omnes aliæ ex eo loco motæ sunt, ad quem reversæ anno suo finem dedere* (*).

## CHAPITRE LXXXI.

*Où l'on recherche l'origine du Systême du Renouvellement du Monde.*

L'INVENTION assez moderne des arts & des sciences les plus nécessaires, leur imperfection, la briéveté de l'histoire de certains peuples, l'impossibilité où étoient ceux qui se vantoient d'une plus haute antiquité, de remplir tant de siecles de faits authentiques: tout cela persuada à quelques philosophes que le monde n'étoit pas d'une date fort ancienne. Cependant les élémens du monde étoient éternels, selon eux. Pour accorder ces deux idées, plusieurs imaginerent une infinité de mondes qui se succédoient les uns aux autres; cette succession n'étoit pourtant que le retour périodique du même monde qui périssoit, & puis renaissoit de ses débris, de sorte qu'il y avoit une vicissitude perpétuelle des mêmes choses, des mêmes Etres & des mêmes for-

---

(*) *Macrob. de Somno Scip.*

# SIXIEME PARTIE. 203

nes. Le retour annuel des saisons, & les révolutions périodiques des astres avoient sans-doute donné la première idée d'une révolution semblable dans la Nature.

Telle est, je pense, l'origine la plus vraisemblable de ce système. Il suppose que le monde ne périt point entièrement, que rien n'est anéanti : c'est à son plus beau côté. Quant au retour périodique des événemens, c'est une supposition purement gratuite, qui n'auroit point trouvé de partisans parmi les philosophes, s'ils avoient eu une idée assez vaste de la richesse de la Nature. Ils oserent reculer les bornes de l'univers, & en étendre la durée au-delà de ce que l'imagination peut se figurer. Comment purent-ils limiter le nombre des événemens, jusqu'à en croire la répétition nécessaire pour perpétuer la scene du monde? Sur quoi purent-ils se persuader que la vertu qui pouvoit faire toujours exister le monde, ne pouvoit en varier toujours l'existence? Nous avons des notions plus saines de l'immensité de la Cause, & de la grandeur de son effet.

## CHAPITRE LXXXII.

*Rien ne sauroit être anéanti.*

NE nous imaginons pas que Dieu ait créé le monde pour le détruire & en refaire un nouveau, comme un enfant qui fait un château de cartes pour avoir le plaisir de l'abattre & de le refaire; laissons ces idées puériles à ceux qui croyent qu'un embrasement général consumera l'univers, & que Dieu formera ensuite un nouveau ciel & une nouvelle terre (*).

---

(*) Voyez le Chapitre suivant.

Le monde change & changera sans cesse de forme. Cette métamorphose tient à son essence. La substance ne sera point détruite, rien de sa substance ne sauroit être anéanti. Cette conséquence se déduit naturellement de ce qui a été établi ci-dessus touchant l'origine du monde, savoir, Qu'il est de la Nature Divine non seulement d'exister, mais aussi de faire exister hors d'elle une autre Nature, le monde qui reste toujours, quoique sa forme passe sans cesse. Il n'est pas plus possible à Dieu d'anéantir le monde, ou quelque chose du monde, que de s'anéantir lui-même, le monde existant nécessairement, non par l'excellence de son être, mais par l'excellence de l'être de Dieu. Si le monde étoit anéanti, Dieu perdroit ce beau privilege de son essence, ce privilege inamissible, de faire exister hors de lui un autre Etre. L'existence du monde dépend de la nature de Dieu, & non de sa volonté.

La puissance d'anéantir, ou d'ôter l'existence, est une chimere, puisque tout Etre est nécessaire, soit par soi-même, soit par celui qui le fait exister.

## CHAPITRE LXXXIII.

### De la durée du Monde.

COROLLAIRE DU CHAPITRE PRE´CE´DENT.

*Le Monde durera toujours.*

LE monde a toujours été & sera toujours. L'acte de Dieu est permanent. L'Etre incréé n'est pas seulement la cause suffisante, mais encore la cause nécessaire de l'existence de la Nature créée. Il ne sauroit être sans elle. Il arrivera des embrasemens, des déluges, des dissolutions, & d'autres révolutions dans la Nature, mais la Nature survivra à tous ces accidens, & ne périra point.

# SIXIEME PARTIE.

Des poëtes anciens & quelques orateurs chrétiens parmi les modernes ont pris plaifir à nous repréfenter la fin du monde fous les traits les plus frappans, fans doute parce que l'idée du renverfement général de la Nature prête beaucoup au jeu de l'imagination. Que Seneque nous peigne ce jour fatal où les loix par lefquelles le monde fubfifte, feront détruites ; le pôle auftral tombant fur la terre & écrafant les peuples de l'Afrique ; le pôle arctique écrafant de même les habitans glacés du Nord ; le foleil obfcurci, les colomnes du ciel brifées, le genre-humain détruit, les dieux même exterminés & rentrant dans le cahos avec tous les Etres : Que Lucain nous repréfente le lien des chofes brifé, les êtres confondus s'entre-choquant les uns les autres ; les corps embrafés fe précipitant dans la mer ; la terre repouffant les eaux loin de leurs rivages ; la lune dédaignant fes fonctions ordinaires, voulant furper l'emploi du foleil & préfider au jour ; la difcorde enfin s'emparant des élémens & de toutes les parties de l'univers qui fe defuniffent & s'écroulent en confufion : Que d'autres encore ajoutent à ces defcriptions pompeufes & frappantes, le charme de la poéfie flatte notre imagination, fans en impofer à notre raifon. Mais que des orateurs chrétiens prétendent fixer des bornes à la durée du monde ; qu'ils prêchent fa fin prochaine ; qu'ils nous parlent de fa vieilleffe & de fa caducité ; qu'ils cherchent dans les Livres infpirés de quoi appuyer leurs conjectures ; qu'ils ofent nous affurer gravement que dans quelques années le monde rentrera dans le néant à l'exception des Etres deftinés à une béatitude éternelle : c'eft renouveller des fables dignes des fiecles de la plus groffiere ignorance.

„ Jamais on ne s'eft imaginé dans l'antiquité que le monde dût retomber un jour dans le néant. Ceux des philofophes qui donnoient à l'univers un commencement, comme ceux qui tenoient pour fon éternité, les Stoïciens ainfi que les Ato-

*Tome III.* O

,, miftes, étoient également perfuadés que le mon-
,, de ne feroit jamais réduit à rien ; & fi quelques-
,, uns d'eux lui attribuoient une fin, ils la regar-
,, doient comme un changement qui devoit arriver
,, à fa forme, & non pas comme une deftruction
,, de fa fubftance. Les premiers Chrétiens étoient
,, dans la même opinion fur la fin du monde. Ils
,, croyoient qu'un embrafement général le purifie-
,, roit feulement, & changeroit fa forme fans
,, anéantir fa matière. Ils efpéroient que Dieu for-
,, meroit enfuite un nouveau ciel & une nouvelle
,, terre où ils habiteroient éternellement ; & ils
,, fondoient ce fentiment fur une infinité de paffa-
,, ges de l'Ecriture :

,, Je vais créer, dit Dieu dans Ifaie, de nouveaux
,, cieux & une nouvelle terre, & enfevelir dans
,, l'oubli tout ce qui a précédé. *Ecce enim ego cre-*
,, *cœlos novos, & terram novam; & non erunt in me-*
,, *moria priora* (\*).

,, Il eft aufli écrit dans l'Apocalypfe : J'ai vu
,, un nouveau ciel & une terre nouvelle : car le pre-
,, mier ciel & la premiere terre s'étoient évanouis.
,, *Et vidi cœlum novum & terram novam : prima*
,, *enim cœlum & prima terra abiit* (†).

,, On lit dans St. Pierre les paroles fuivantes :
,, Nous attendons de nouveaux cieux & une nou-
,, velle terre en vertu des promeffes de celui en
,, qui la vérité réfide. *Novos vero cœlos, & terram*
,, *novam, fecundum promiffa ipfius expectamus, in qui-*
,, *bus juftitia habitat* (§).

,, St. Jérome accufe Origene d'avoir admis une
,, infinité de mondes, non à la manière des Epicu-
,, riens qui en reconnoiffoient une infinité fubfiftan-
,, te actuellement, mais en fuppofant qu'ils a-

---

(\*) *If. Cap. LXV. vs.* 17.
(†) *Apocal. Cap. XXI.* 1.
(§) 2. *Petr. Cap. III.* 13.

„ roient lieu succeſſivement, & l'un après l'au-
„ tre (*). Ce qu'il y a de certain eſt qu'Origene
„ paroît ſuppoſer la préexiſtence de la matiere dans
„ une de ſes Homélies; & dans ſes Principes, il dit
„ formellement que le monde ne ſera pas anéanti,
„ & qu'il changera ſeulement de forme. *Si enim*
„ *mutabuntur cœli, utique non perit quod mutatur; &*
„ *ſi habitus mundi tranſit, non omni modò exterminatio*
„ *vel perditio ſubſtantiæ materialis oſtenditur : ſed im-*
„ *mutatio quædam fit qualitatis, atque habitus tranſ-*
„ *formatio* (†).

„ Enfin St. Auguſtin qui vivoit dans un ſiecle où
„ la doctrine de l'Egliſe étoit déja très épurée,
„ n'avoit point d'autre ſentiment. „ Le monde fini-
„ ra, dit-il, non par une deſtruction totale, mais
„ ſeulement par un changement de ſa forme. C'eſt
„ pourquoi l'Apôtre a dit : La figure de ce monde
„ paſſe. Il n'y aura donc que la forme ou la figure
„ du monde qui paſſera, & ſa ſubſtance ne paſſe-
„ ra point. *Et in Litteris quidem ſacris ... legitur :*
„ *Præterit figura hujus mundi; legitur : Mundus tran-*
„ *ſit ; legitur : Cœlum & terra tranſibunt ; ſed puta*
„ *quod præterit, tranſit, tranſibunt aliquantò mitius*
„ *dicta ſunt, quam peribunt* (§). "

Un changement de forme eſt mal appellé la fin
ou la deſtruction du monde. Toutes les formes qu'il
prend & qu'il prendra ſucceſſivement, quelles qu'elles ſoient, lui ſont auſſi eſſentielles les unes que les
autres. Elles ſont amenées par le progrès néceſſaire
de ſon développement : elles ſe remplacent les unes
les autres, & leur continuité conſtitue l'exiſtence
ſucceſſive du monde, loin d'en être la deſtruction
& la fin.

---

(*) Ce n'eſt pas St. Jérome qui l'en a accuſé, mais Théophile
d'Alexandrie, *Libro Paſcali* 1. traduit par St. Jérome.
(†) *Origen. de Princip. Lib. I. Cap. VI.*
(§) *Auguſt. de Civit. Dei, Lib. XX. Cap. XXIV.* Ce long paſſage
marqué de guillemets eſt tiré du Livre intitulé *Le monde, ſon origine,*
*& ſon antiquité.*

Que notre terre périsse par un feu souterrain qui gagne sans cesse du centre à la circonférence, ou par le choc d'une comete, ou par tel autre phénomene naturel, c'est un moindre accident par rapport à l'univers, que n'est sur la terre la chute d'une cabane renversée par un coup de vent. Il faudroit être bien simple pour regarder un tel événement comme la fin du monde. Ne donnons pas plus d'importance à la terre dans le syftême universel, qu'elle n'en a réellement. Elle n'a pas toujours été dans l'état où elle est à préfent : elle n'est pas faite pour y perfévérer. Elle a fubi diverfes révolutions, elle en fubira encore ; mais tous ces changemens entrent dans le plan de l'univers comme parties nécessaires, & ne font point une marque de la caducité de la Nature, ni un préfage de fa deftruction.

Tout femble périr, & réellement tout refte & ne fait que changer de forme. Les individus font facrifiés à la perpétuité des efpeces qui ne périffent point. Le vulgaire conclurra de la mort des uns à la deftruction des autres ; le philofophe en tire une conféquence contraire. La mort des individus est pour lui le gage de la perpétuité des efpeces. Il fait que, dans l'intention de la Nature, les individus ne reçoivent la vie que pour la tranfmettre à d'autres, que le temps de leur exiftence le plus parfait eft l'âge auquel ils font capables de feconder fes vues à cet égard, qu'elle a attaché le plaifir le plus vif de l'animal à l'acte de la génération, que la vieilleffe vient & amene la mort lorfque l'individu ceffe d'être propre à produire fon femblable (*).

La théologie qui donne à Dieu tant de paffions, tant de vues & de volontés contraires, peut bien le laiffer une éternité dans l'inaction, l'en tirer enfuite, lui faire créer un monde pour l'anéantir après un certain temps ; ces idées font trop déraifonnables

---

(*) Voyez la premiere Partie Chapitre XI.

pour obtenir quelque crédit chez les philosophes. On doit donner plus de consistance au produit de la Nature Divine. Cette permanence de l'acte productif du monde fait que Dieu est éternellement créant, sans variation dans son être, sous aucun rapport que ce soit; en vertu de la Cause créatrice éternellement agissante les choses se perpétueront sans dégénérer parce que son acte ne s'affoiblit point, & sans finir parce que son acte est éternel. Cette philosophie me semble plus conforme à l'immutabilité de l'Auteur de la Nature, que de le faire travailler six jours à façonner notre terre, pour se reposer le septieme & les suivans.

## CHAPITRE LXXXIV.

*Le Monde change continuellement de forme, & la somme des formes qu'il doit revêtir successivement est inépuisable.*

LA Nature créée est essentiellement mobile : elle ne peut persévérer dans le même état (*). Elle change donc continuellement de forme : elle en a toujours changé. Ses formes, ou manieres d'être, se sont succédées sans commencement, & se succéderont de même sans fin. Que l'on remonte la suite des formes passées, on n'en trouvera point de premiere : il n'y en a point eu qui n'ait été précédée d'une autre. La suite des formes que le monde doit encore revêtir est de même inépuisable, & il n'y en aura point qui n'en amene une autre, suivant les loix de la manifestation des choses, & en vertu de la force que le monde a de se perpétuer, c'est-à-dire de se développer : car l'existence, ou la du-

(*) Voyez Tome I. Partie I. Chap. IX.

rée de la Nature n'est que son développement in-interrompu (*). Chaque degré de ce développement donne une forme. Ces degrés sont aussi petits qu'ils puissent être: rien ne s'y fait par saut: c'est une continuité de nuances qui se touchent d'aussi près qu'il est possible.

Nous n'avons pas besoin du retour des mêmes phénomenes, ni de la répétition des mêmes évenemens, pour remplir l'immensité des temps. La richesse de la Nature suffit pour varier sans cesse la face de l'univers. Ses trésors inépuisables fourniront à tous les âges, avec autant de profusion que de variété.

La Nature varie lors même qu'elle paroît se copier. Les mois, les années, les siecles se succedent & ne se ressemblent point. Le cours des astres, malgré sa régularité apparente, souffre des inégalités qui n'ont pas échappé à l'œil des observateurs. La différence est plus sensible dans les générations humaines dont l'histoire est si prodigieusement diversifiée.

Quand on compare la durée permanente des especes avec la vie passagere des individus, on reconnoît une variation continuelle du même plan; c'est partout le même fonds, toujours reproduit sous des formes diverses; partout les mêmes caracteres, avec des nuances toujours variées; partout les mêmes genres, les mêmes especes, & toujours d'autres individus. La loi ne se dément nulle part: le plan de la Nature est un, parce qu'il est universel: partout & sans cesse elle le diversifie: chaque variation en donne une autre. Chaque variation contient toutes les combinaisons qu'elle peut avoir. Nous n'aurions pas une idée convenable de la grandeur de l'œuvre du Créateur, si nous doutions qu'il ait varié & le plan universel & chacune de ses parties, d'autant

_____

(*) Là-même.

de manieres qu'il étoit poſſible. Il pouvoit tout, excepté l'impoſſible; & il a fait tout ce qu'il pouvoit. Ce cours interminable de phénomenes, cette ſuite d'événemens qui ſe ſont ſuccédés de toute éternité, & qui ſe ſuccéderont ſans ceſſe, cette chaîne d'Etres qui n'a ni premier ni dernier anneau, cette variation inépuiſable de figures individuelles ſous leſquelles les eſpeces ont la force de ſe montrer toujours les mêmes & toujours différentes, en un mot cette immenſité de métamorphoſes que la Nature ſubit, ſans interruption comme ſans commencement & ſans fin, porte le caractere de la puiſſance infinie dont elle eſt le produit toujours ſubſiſtant. Si elle n'approche pas de l'infini parce que rien n'en approche, elle a du moins toute la grandeur, toute l'étendue que l'infini eſt capable de donner au fini.

## CHAPITRE DERNIER.

### CONCLUSION.

J'AVOIS promis en commençant cette ſixieme Partie de déduire de l'acte néceſſaire, éternel, infini, & permanent de la Cauſe créatrice, ce que nous devions penſer de la Nature, de ſon antiquité, de ſes bornes & de ſa durée.

Je conclus que la Nature réſulte néceſſairement de l'Eſſence Divine, ſans être Dieu, ni une portion de Dieu; que ſon exiſtence n'a point eu de premier moment qui n'ait été précédé d'un autre, & n'en aura point de dernier qui ne ſoit également ſuivi d'un autre, ſans que pourtant elle ſoit éternelle; que ſa grandeur a pour meſure le poſſible & pour bornes l'impoſſibilité d'une grandeur plus vaſte, ſans être cependant infinie.

Du reſte ſi ce que j'ai dit ſur tous ces points ne paroiſſoit pas à mes lecteurs auſſi concluant qu'il me le femble à moi-même, je les prie d'être perfuadés que j'ai moins d'envie de les amener à mon fentiment que de me rendre au leur s'il vaut mieux que le mien. Je veux la vérité. Je cherche à m'inftruire. Je n'ai écrit jufques-ici que dans cette vue.

*Fin de la fixieme Partie.*

# DIALOGUE
### SUR
## ES BORNES DU MONDE,
#### TRADUIT DU LATIN
## DE SAMUEL WERENFELS
#### DOCTEUR ET PROFESSEUR EN THÉOLOGIE
#### DANS L'UNIVERSITÉ DE BALE;
#### AVEC
## UNE DISSERTATION
#### SUR
## LA FIGURE DU MONDE,
#### PAR LE MEME.

# AVERTISSEMENT.

Le Dialogue & la Dissertation qui suivent ayant un rapport marqué avec la matiere que je viens de traiter, j'ai cru à propos d'en donner ici la traduction, persuadé que le Lecteur verroit avec plaisir comment un célebre Théologien-Philosophe parloit des Bornes & de la Figure du Monde vers la fin du dernier siecle. Ces deux Morceaux se trouvent dans le Recueil des Opuscules de Samuel Werenfels en deux Volumes in $4^{to}$. La traduction n'est point de moi. Je l'ai seulement revue d'après l'original, & j'en ai ré-

# AVERTISSEMENT.

tablir quelques endroits où le traducteur me sembloit n'avoir pas saisi le sens de l'Auteur.

Si l'on veut savoir ce que Werenfels pensoit lui-même de son Dialogue sur les Bornes du Monde, & le jugement qu'il en portoit, on peut lire ce qu'il en écrivoit à un savant de ses amis en le lui envoyant.

*In prima & secunda Dialogi parte, quibus ostendo, quid impedierit Cartesium, quo minus fines mundi concipere potuerit; deinde, quomodo concipi possint, nihil est quod damnem. In tertia parte quædam argumenta*

# AVERTISSEMENT.

*non sunt apodictica ; atque illa tantum admittenda quæ probant mundum non esse infinitum; non item illa quæ robare videntur mundum non esse indefinitum .... Quamquam enim alsum sit, quod Cartesius vult, mundum non nisi indefinitum a nobis concipi posse ; verum tamen est, apodictice demonstrari non posse eum non esse indefinitum, sed tantum modo non esse infinitum ; quæ duo in Dialogo non satis distinguo.*

Quant à la Dissertation sur la Figure du Monde, elle est comme la suite du Dialogue, & destinée à en

# AVERTISSEMENT.

confirmer quelques endroits qu'on n'avoit pas jugés affez prouvés. *Differtatiuncula de Figura Mundi ad confirmanda quædam quæ minus vera in Dialogo quibusdam videbantur, conscripta eft, ideoque tanquam ejus appendicula eft confideranda.*

# DIALOGUE
## SUR
# LES BORNES DU MONDE.

### INTERLOCUTEURS.

PHILALETHE, DÉDALE, POLYMATHE.

Il y a quelques jours que Dédale & moi nous allâmes voir Polymathe qu'une indisposition retenoit chez lui. Après les complimens accoutumés que nous fîmes très courts, le discours tomba insensiblement sur les matieres chéries qui font le sujet le plus ordinaire de nos entretiens.

Le hazard voulut que la Philosophie de Descartes fut mise la premiere sur le tapis. Dédale, donnant l'essor à son éloquence naturelle, commença d'abord à faire l'éloge du hardi philosophe. Il exalta l'étendue & la subtilité de son génie: sa profonde pénétration dans les matieres les plus abstraites de la Métaphysique, jointe à cette admirable clarté, avec laquelle il sait les traiter. Enfin, il lui donna, sans balancer, la préférence sur tout autre Philosophe, déplorant l'injustice du siecle qui semble ne pouvoir souffrir que des hommes vulgaires ; & se recriant surtout contre le procédé de ceux qui cherchent des crimes supposés à un savant dans qui ils devroient reconnoître & admirer les dons du ciel.

Alors Polymathe prit la parole & dit: Vous parlez à merveille sur ce sujet, comme sur tout autre, ô Dédale. Vous auriez pu ajouter que si plusieurs écrivains ont pris à tâche de décrier, par des injures, la Philosophie de Descartes, personne ne l'a combattue par de bonnes raisons. Et tel est en effet mon avis, qu'un si beau système ne peut être attaqué que par des calomnies. Mais que faire ?...

Je voyois qu'ils commençoient l'un & l'autre à s'émouvoir, car ils sont tous deux grands partisans de Descartes. Messieurs, leur dis-je dans le dessein de réprimer leur vivacité, voilà de l'excès dès le premier mot ; je prévois que vous irez loin, si je vous laisse dire. Peut-être serez-vous tentés de m'appliquer ce mot de Paterculus qui dit que nous aimons mieux entendre louer nos prédécesseurs, que nos contemporains ; que pleins de vénération pour un mérite passé, nous n'avons que de l'envie pour les savans de notre temps ; que le savoir des uns nous instruit, au lieu que nous nous croyons accablés par la gloire des autres. Malgré cette belle maxime, je vous réponds que j'ai une vraie satisfaction à vous entendre faire l'éloge de Descartes. Je pense, que s'il y a un Philosophe qui l'égale, il n'y en a point qui le surpasse. Mais prenez garde que, comme il lui a été glorieux de relever les méprises des anciens, de dissiper leurs erreurs, & de pénétrer beaucoup plus loin qu'eux dans les régions de la Philosophie, on ne vous reproche, à vous, de le suivre trop servilement, & de recevoir ses paroles comme des oracles. Et, pour vous dire ingénuement ma pensée, je trouve dans votre façon de vous déclarer pour ce grand homme, une chaleur qui ne convient point à des Philosophes. Et d'abord, qui ne seroit surpris, Polymathe, de vous entendre assurer avec confiance que le système Cartésien ne peut être attaqué que par des injures, ou combattu que par des calomnies ? Vous l'approuverez tant qu'il vous plaira, vous le préférerez à tout autre, vous le suivrez en tout point, vous l'admirerez, vous le soutiendrez partout & contre tous : je ne m'y oppose pas. Mais de grace, où aboutira un zele si outré ? Vous paroîtrez vouloir élever votre héros

héros au-dessus de la condition humaine, en le reréfentant fans défaut, tandis que les plus fages vouent avec le Chremès de Terence, qu'ils font hommes & fujets aux foibleffes de l'humanité. D'ailleurs il y a des favans, en petit nombre, il eſt vrai, mais enfin il y en a qui ont reconnu & même démontré que votre Defcartes eſt homme & qu'il a fa portion des foibleffes communes à toute espece. Vous allez croire que j'extravague. Eh bien! au rifque de paſſer dans votre efprit pour un homme en délire, ou au moins pour un téméraire, j'oſe me mettre de leur parti.

Suppofé donc que je puiſſe, moi dont les lumieres font fi bornées, prouver évidemment que votre Philofophie fe trompe fur plufieurs points effentiels, dites-moi, cher Polymathe, ne reviendrezvous pas un peu de votre prévention?

Ici mes deux amis me regarderent fixement, & Polymathe me dit en fouriant: Oui, je m'engage volontiers à changer de fentiment au fujet de Descartes, fi vous tenez parole: montrez-nous fes erreurs, j'ai prefque dit les vôtres. Puis fe tournant vers Dédale, il lui dit avec cette liberté dont nous ufons entre nous: Voyons

*La montagne en travail enfanter la fouris.*

Alors je leur expofai fur le champ, & fans aucun ordre, mes idées fur l'opinion de Defcartes touchant l'infinité du monde. Je me difpofois à approfondir ce point; Dédale m'interrompit en difant: Je me doutois bien que vous choifiriez cet article pour votre champ de bataille. C'eſt juſtement celui qui embarraſſe le plus les nouveaux déferteurs de l'école d'Ariſtote; mais prenez garde que des préjugés d'enfance ne vous faſſent illufion, & fi mon avis vous paroît de peu d'importance, je puis y joindre l'autorité de Ciceron; c'eſt lui qui dit en parlant de ces mêmes préjugés: Bien des gens font attachés à certaines opinions, avant que d'être en état de juger ce qui est bien ou ce qui est mal. L'imbécillité du premier âge, la déférence pour le sentiment d'un ami, l'appas d'un raisonnement captieux, le hazard qui nous fait adopter les premieres idées dont nous sommes imbus, sont autant de causes qui fortifient l'attachement des hommes pour des systêmes qu'ils ne comprennent pas, & le jugement hazardé qu'ils portent sur ce qu'ils ignorent (*).

Et moi, ô Dédale, répondis-je, je crains que vous n'ayez plus besoin de ce conseil que celui qui vous le donne. Imitez-vous toujours ceux qui examinent tout, qui pesent tout, qui combinent tous les sentimens avant de prononcer? Ou n'augmentez-vous pas plutôt le nombre de ces hommes superficiels que le grand Maître que vous citez contre moi a si bien caractérisés en disant qu'ils décident de tout au premier rapport, sur le plus simple exposé, & sur l'avis d'un seul. Le jugement que vous portez de ma façon de penser n'est guere équitable, & s'accorde encore moins avec les principes de Descartes. Vous prétendez me guérir, avant de vous être assuré que je sois malade. Vous supposez un peu légérement que je n'ai pas quitté les préjugés de l'enfance avec ses jeux; & d'après cette supposition vous m'offrez pour remede une belle sentence de Ciceron. Mais il falloit, en vrai Disciple de Descartes, suspendre votre jugement jusqu'à ce que par un examen sérieux & réfléchi de mes raisonnemens, vous vous fussiez formé une idée claire & distincte ou de leur solidité ou de leur foiblesse.

Mais je suis charmé que vous attendiez peu de moi: il me sera plus aisé de remplir votre attente. Pour cela, j'exige seulement de Polymathe qu'il me

---

(*) *Plurimi ante tenentur adstricti quam quid esset optimum judicare potuerunt:* &c.

fasse une analyse juste & précise du sentiment de Descartes & de ses Disciples sur l'infinité du monde, afin qu'il ne m'arrive pas comme à bien d'autres, de réfuter mes propres rêveries comme Doctrine de Descartes, & de m'exposer au ridicule que mériteroit un homme qui combattroit sérieusement un phantôme.

Alors Polymathe, après avoir prié vainement Dédale de se charger de la commission, commença ainsi en m'adressant la parole.

### POLYMATHE.

Je commencerai, mon cher Philalethe, par vous prévenir que nous sommes bien éloignés de confondre le Créateur du monde avec son ouvrage. Nous mettons une grande différence entre une infinité de perfection & une infinité d'extension : nous reconnoissons que la premiere appartient à Dieu seul, en même temps que nous accordons la seconde au monde qu'il a fait. Ce n'est pas que nous prétendions que le monde soit d'une étendue infinie : nous n'oserions assurer que le monde soit réellement infini. Il peut avoir des bornes; mais supposé qu'il en ait, il n'y a que son Auteur qui puisse les connoître, comme lui seul a pu les lui prescrire.

Ainsi, pour mitiger un peu notre sentiment & adoucir le mot d'infini, nous appellons le monde indéfini, non seulement parce que nous ne pouvons lui assigner de bornes, ni dire précisément où elles seroient, ce que personne ne révoquera en doute; mais parce qu'il nous est absolument impossible de démontrer, ou même de concevoir, que le monde soit borné. Je vous invite à en faire l'essai. Tâchez d'imaginer des limites au monde. Vous verrez, Philalethe, que vous serez forcé de concevoir un espace au-delà, & cet espace ne seroit rien moins que le vuide, ou le néant comme on voudroit l'appeller: ce seroit véritablement un corps puisqu'il auroit de l'étendue. Reculez ces limites aussi loin qu'il vous plaîra; ce fera toujours la même chose. Quelque part que vous les placiez, votre imagination ira toujours au-delà, dans je ne sais quels espaces imaginaires où elle se perdra. Or, comme c'est ici une chose commune à tous, les plus grands esprits n'ayant jamais pu se figurer le monde tellement borné que leur pensée ne pût franchir ces limites & passer outre, il s'ensuit que cette impossibilité ne vient point de la foiblesse de notre esprit, ni de l'extravagance de notre imagination, mais de cela seul que le monde est réellement indéfini, & qu'il répugne de lui concevoir des bornes.

Voilà en peu de mots le sentiment de Descartes & le mien sur l'infinité du monde. Qu'en pensez-vous, Dédale; me suis-je expliqué à votre gré?

### DÉDALE.

A merveilles: rien ne manque à la clarté & à la précision de votre exposé. C'est maintenant à vous, Philalethe, de faire voir en quoi peut pécher ce raisonnement de Descartes; ou bien de nous montrer comment on peut concevoir des bornes au monde; ou encore de prouver, avec toute l'évidence d'une démonstration, que le monde est fini.

### PHILALETHE.

Je vais tâcher de faire tout cela. D'abord je suis étonné qu'aucun de vous ne remarque de défaut dans le raisonnement de Descartes. Qui ne sent qu'il confond ici l'imagination avec la simple perception? D'une part, l'habile Philosophe a bien reconnu la contradiction de ceux qui supposent des espaces imaginaires, ou un rien spacieux, au-delà du monde, puisque cet espace & tout ce qu'ils imaginent n'est pas le rien, mais de l'étendue, un corps. D'un autre côté, s'efforçant d'imaginer des bornes au monde, ces espaces imaginaires se font toujours présentés à son esprit, sans qu'il pût en éviter la rencontre importune: ou, ce qui revient au même, il n'a pu imaginer des bornes au monde sans se représenter encore quelque chose au-delà qui entourât le monde & qui par conséquent lui appartînt. C'étoit assez pour conclure qu'il n'étoit pas possible d'imaginer des bornes au monde: Mais confondant l'imagination avec le *concept pur*, comme l'on dit, méprise facile à un homme occupé à réfuter le système des espaces imaginaires, il a nié que l'on pût concevoir le monde borné.

### POLYMATHE.

Abus, mon cher; rien ne nous est plus connu que cette distinction dont vous parlez; & Descartes en a fait un usage continuel.

Le concept pur est celui par lequel on conçoit l'essence & les attributs d'une chose comme ils sont en eux-mêmes, sans aucune image corporelle. C'est ainsi que nous concevons l'entendement & ses actes, l'intelligence, le jugement, le desir, &c. sans rien imaginer. Il y a une autre sorte de perception qui imprime dans le cerveau une image corporelle d'une chose quelconque; si cette image est excitée en nous par la présence d'un corps qui frappe les organes du nôtre, notre vue par exemple, nous l'appellons vision: si elle est au contraire le produit du mouvement des esprits qui produisent dans nous une image semblable à celle qu'y produiroit la présence de l'objet même, c'est une imagination. Ainsi, Philalethe, votre image s'offre à mon esprit, non seulement lorsque je vous vois, mais encore dans votre absence. Mais vouloir que Descartes confonde des choses dont il ne cesse de nous recommander la distinction, lui qui a su mieux que tout autre Philosophe, dépouiller ce qui est spirituel de toute image sensible, c'est ce dont je ne conviendrai jamais avec vous.

### Philalethe.

Je vous en ferai convenir. Je ne vous demande autre chose pour le préfent, finon que vous m'accordiez qu'il y a bien des chofes que nous pouvons concevoir fans pouvoir les imaginer.

### Polymathe.

C'eſt ce que je ne puis nier à l'égard des chofes fpirituelles; je doute qu'il en foit ainfi des corps, furtout quant à leur grandeur & à leur étendue dont il eſt ici queſtion.

### Philalethe.

Hé bien, ceſſez d'en douter. Il y a une infinité de chofes que nous n'imaginons pas, & que pourtant nous concevons très bien. Tels font, par exemple, tous les univerfaux, les eſſences des chofes, le corps même en genre & en efpece: car nous ne pouvons imaginer que les objets particuliers. Que concevons-nous mieux que les nombres? Je conçois très clairement le nombre de mille. Croyez-vous, Polymathe, que vous puiſſiez imaginer mille corps auſſi diſtinctement que je conçois mille unités? Il y a même pluſieurs objets ou corps particuliers qui font dans le même cas: une figure à un grand nombre d'angles ou de côtés, telle qu'un chyliogone; un cercle parfait; un icofaëdre, ou un corps à pluſieurs côtés; un globe parfaitement rond; le mouvement trop précipité ou trop lent; la diviſibilité de la matiere à l'infini. Et, puifqu'il s'agit de grandeur, une multitude de corps échappent à notre imagination à caufe de leur extrême petiteſſe, & d'autres en auſſi grand nombre à caufe de leur grandeur extraordinaire. Qui pourroit jamais fe figurer la millieme partie d'un de ces atômes que le microfcope a peine à nous faire diſtinguer du rien? Qui a jamais pu imaginer un corps fi grand, que cette terre que nous foulons aux pieds ne le furpaſſe de beaucoup? Je pouſſerai cette induction plus loin, si vous le souhaitez. Il est toujours vrai que l'on conçoit clairement, que l'on démontre évidemment tout ce que je viens de vous dire, sans qu'on puisse l'imaginer; & ces démonstrations en font naître beaucoup d'autres dont nos livres de Géométrie sont pleins.

### DÉDALE.

Il suffit : nous nous rendons à la vérité. L'imagination n'est pas à beaucoup près aussi étendue que la simple perception; mais prouvez-nous, si la tâche n'est pas trop difficile, que le raisonnement de Descartes montre seulement l'impossibilité qu'il y a d'imaginer les bornes du monde, sans établir qu'il soit également impossible de les concevoir.

### PHILALETHE.

C'est ce que j'allois faire. Si donc en faisant voir ce qui nous empêche d'imaginer les bornes du monde, je prouve en même temps que cela ne nous empêche en aucune façon de les concevoir ; il sera clair, je pense, que Descartes s'est abusé. Au reste, comme ce que je vais vous dire est abstrait & extrêmement métaphysique, je vous demande un redoublement d'attention. De mon côté je ferai ce qui dépendra de moi pour me rendre intelligible.

L'infini absolu est ce qui comprend toute chose, ou toute perfection possible ou concevable. C'est ce que vous avez coutume d'appeller infini en perfection. L'infini sous quelque rapport, en extension par exemple, est ce qui a toute extension possible ou concevable; & en ce sens le monde est infini, selon vous. Après cela, il est aisé de comprendre ce qui est fini en l'une & en l'autre de ces deux manieres. On appelle fini en perfection ce qui ne contient pas toute perfection possible & concevable. Ainsi, quoique vous donniez au monde l'infinité d'extension, vous avouez pourtant qu'il est fini. Le fini en extension est ce qui n'a pas toute extension possible ou concevable.

Ceci sert à nous montrer par quel moyen nous pouvons parvenir à concevoir les bornes de chaque chose. Il faut commencer par concevoir la chose elle-même avec ses perfections; ensuite concevoir quelque perfection ultérieure; & enfin nier que cette perfection soit dans la chose conçue, ou autrement, concevoir que cette perfection ultérieure lui manque. Lorsque j'appelle le nombre de trois, un nombre fini, je commence par concevoir trois unités, outre lesquelles j'en conçois d'autres que je nie ensuite appartenir à ce nombre de trois. Je m'assure de-même que mon esprit est limité: je lui connois quelques perfections, au-delà desquelles j'en conçois d'autres, que je fais lui manquer. Et, pour parler de l'étendue, j'affirme confidemment que cet appartement a des bornes, parce qu'au-delà de son étendue, j'en conçois une autre qui n'y est pas renfermée.

Vous concevez à-présent, je crois, d'une manière claire & distincte, ce qu'on doit entendre par les limites d'une chose: c'est la négation ou l'absence de quelque chose d'ultérieur, comme d'une perfection ou d'une extension soit existante, soit possible, soit purement intelligible. Par-là même il paroît décidé que nous ne saurions imaginer les bornes d'aucune chose. En effet qui pourroit imaginer la négation, l'absence, le rien? Ou, si vous croyez pouvoir nous en former une image, dites-moi, je vous prie, quelle en est la couleur, la figure, la grandeur? Mais, si vous convenez qu'il ne vous est pas possible de vous figurer la négation & conséquemment les bornes d'une chose quelconque, vous sentez assez la raison qui empêche d'imaginer les bornes du monde. Comment les imaginerions-nous, si nous ne pouvons nous former aucune image de négation & de limite? Cela ne nous empêche pourtant pas de concevoir une négation & des limites quelconques.

Je crois donc avoir rempli ma tâche; & en vous

exposant la raison qui fait que nous ne saurions imaginer les bornes du monde, je vous ai fait voir que cette raison ne nous empêche pas de les concevoir.

### POLYMATHE.

Je vous avoue, Philalethe, que malgré votre précision & mon attention, votre prétendue démonstration m'échappe encore. Je ne vois point du tout qu'il soit impossible d'imaginer des bornes à quoi que ce soit. Quoi! vous ne pouvez pas imaginer les bornes de cette boule que je tiens en main? Regardez-la seulement : rien n'est plus aisé.

### PHILALETHE.

Pas si aisé qu'il vous paroît. Mais vous, qui croyez la chose si facile, dites-moi, où imaginez-vous les bornes de cette boule? Au dehors, ou au dedans d'elle?

### POLYMATHE.

Votre question est singuliere. Y a-t-il là-dessus le moindre doute. Les limites de cette boule sont dans elle : je les imagine comme l'extrémité de sa superficie.

### PHILALETHE.

C'est-à-dire que la superficie extrême de cette boule constitue ses bornes. Mais, si en pétrissant cette boule, sa derniere superficie se trouvoit portée au centre, imagineriez-vous alors les bornes de cette boule près du centre?

### POLYMATHE.

Parlez-vous sérieusement?

### PHILALETHE.

Vous seriez obligé d'en convenir, si réellement cette boule a pour bornes sa derniere superficie.

#### POLYMATHE.

Vous voulez rire. Je dis que sa derniere superficie constitue ses bornes, non pas par elle-même, mais parce qu'elle est l'extrémité de sa superficie.

#### PHILALETHE.

Je vous entends : vous distinguez la chose bornée de ses bornes : les bornes d'une chose ne sont pas la chose même bornée, ou quelque chose qui lui soit inhérent, (car partout où elle seroit, ses bornes s'y trouveroient aussi) mais son extrémité. Je vous demande à-présent ce que vous appellez extrémité?

#### POLYMATHE.

Vos questions sont admirables! J'appelle extrémité ce hors de quoi il n'y a plus rien qui appartienne à la chose.

#### PHILALETHE.

Donc l'extrémité, ou le terme de cette boule, n'est rien autre chose que la négation ou la non-existence de quelque corps au-delà de sa superficie, qui lui appartienne. Or, dites-moi, je vous prie, imaginez-vous cette négation, cette non-existence d'un corps ultérieur, ce rien au-delà de la superficie?

#### POLYMATHE.

Je ne le puis.

#### PHILALETHE.

Vous voyez donc que vous ne pouvez imaginer les bornes de cette boule.

#### DÉDALE.

Je viens à votre secours, Polymathe. Que vous vous êtes mal défendu! Je soutiens, moi, que les bornes de cette boule sont hors d'elle, puisque hors d'elle j'imagine une extension ultérieure.

## PHILALETHE.

Abus! L'extension que vous imaginez appartient à la boule.

## DE'DALE.

C'est ce que je ne puis vous accorder.

## PHILALETHE.

Et pourquoi, s'il vous plaît?

## DE'DALE.

C'est que je vois très bien quelles sont les bornes de cette boule.

## PHILALETHE.

A ce compte, cette étendue ne constitue pas ses bornes. Car, selon vous, elle n'appartient point à la boule dont les bornes sont avant cette même étendue.

## DE'DALE.

Il est vrai, je m'explique mal.

## PHILALETHE.

Je vais vous tirer d'embarras: suivez-moi. J'imagine ce globe & l'extrémité de sa superficie. Outre cela, j'imagine une autre étendue, moins opaque que celle de la boule, & dont elle est environnée de toute part. Jusques-là je ne conçois point de bornes. Bientôt, je conçois, mais sans l'imaginer, que nulle étendue n'appartient à cette boule, au-delà de cette étendue opaque que je vois; ou, je conçois la non-existence de tout autre corps appartenant à la boule, après ce corps opaque; & c'est, ce qui s'appelle véritablement concevoir les bornes de cette boule. J'en résume que cette extension transparente que j'imagine comme son atmosphere, ne lui appartient pas  Il reste incontestablement prouvé que nous ne pouvons imaginer les bornes d'aucune chose  Pourquoi donc serions-nous surpris de ne pouvoir imaginer celles du monde? Au lieu que, puisqu'il nous est aisé de concevoir les bornes d'une chose quelconque, rien ne nous empêche aussi de pouvoir concevoir celles du monde.

### DÉDALE.

Vous pouvez en croire ce qu'il vous plaîra : vous pouvez regarder votre sentiment comme une vérité incontestable ; pour moi je le trouve plus obscur que le système des nombres de Platon. Ainsi, expliquez-vous plus clairement, ou n'attendez pas que j'adopte en aveugle une énigme que je ne comprends pas.

### PHILALETHE.

Je crois sans peine qu'il vous est difficile de comprendre du premier coup ce dont je n'ai pu me convaincre moi-même qu'à force de réflexion. Suivez donc mon exemple, méditez seul & dans le silence de ce cabinet, ce que je viens de vous dire, comme je l'ai fait autrefois, tandis que je m'entretiendrai avec notre ami Dédale. Mais, vous souriez, Dédale : c'est apparemment parce que j'ai dit qu'il m'avoit fallu du temps & de la réflexion pour parvenir à comprendre ce que votre extrême sagacité vous fait pénétrer d'abord, sans peine, & mieux que moi.

### DÉDALE.

Je conviens que vos raisons ne me semblent pas aussi in-intelligibles qu'à Polymathe. Je serois pourtant charmé que vous voulussiez bien les exposer encore avec un plus ample détail ; & m'expliquer comme vous voulez que je conçoive aisément les bornes du monde que je ne puis imaginer.

### PHILALETHE.

Volontiers. Commencez d'abord par dépouiller votre esprit de toute image corporelle. Ensuite accordez-moi que, s'il ne répugne pas que nous puissions concevoir un corps quelconque composé d'un

# BORNES DU MONDE.

nombre limité de parties, au-delà duquel il n'y ait plus rien, il ne répugne pas non plus que nous puissions concevoir le monde borné.

### DÉDALE.

Je vous l'accorde : en effet, qu'est-ce que concevoir le monde borné, sinon concevoir un grand corps composé d'un nombre de parties déterminé, au-delà duquel il n'y a rien.

### PHILALETHE.

Hé bien donc, concevez un corps quelconque limité.

### DÉDALE.

J'en conçois un : c'est le globe composé de terre & d'eau.

### PHILALETHE.

Croyez-vous que ce globe, pour exister tel qu'il est, ait besoin d'un autre corps?

### DÉDALE.

Non, assurément.

### PHILALETHE.

Vous concevez donc que le globe terraquée peut exister indépendamment de tout autre corps; & vous le concevez sans répugnance. A présent supposez qu'il existe seul. Vous ne supposerez rien qui répugne, c'est-à-dire rien d'impossible.

### DÉDALE.

D'accord.

### PHILALETHE.

Mais, n'avez-vous pas, dans cette supposition, l'idée d'un corps borné, au-delà duquel nul autre corps n'existe?

### DÉDALE.

Je l'avoue.

#### PHILALETHE.

Concevez donc ainsi le monde, & vous le concevrez borné.

#### DE'DALE.

Vous êtes trop subtil. Vos questions captieuses m'ont fait illusion.

#### PHILALETHE.

Point du tout. C'est la vérité qui triomphe. Je vais vous en faire convenir une seconde fois, & par la force d'un nouvel argument. Cette terre que nous foulons aux pieds, la croyez-vous limitée ?

#### DE'DALE.

Pourrois-je la croire sans bornes, moi qui mesure si souvent son circuit & son diametre, par degrés & par milles, & qui me sers de son demi-diametre pour mesurer le ciel & les globes célestes ?

#### PHILALETHE.

Fort bien. Supposez-vous à-présent au centre de la terre : supposez que tous ces corps qui, selon vous, sont répandus à l'infini au-delà de sa superficie, soient tout-à-coup anéantis ; & que cet anéantissement vous soit révélé. Concevriez-vous alors le monde infini ?

#### DE'DALE.

Je ne sais.

#### PHILALETHE.

Vous le savez. Sûrement vous concevriez le monde fini, puisque la terre finie seroit tout le monde. En effet, cette terre que vous concevez clairement bornée à cette heure, cette terre dont vous mesurez le circuit & le diametre, & dont le demi-diametre est pour-ainsi-dire la toise qui vous sert à mesurer les cieux, vous paroîtroit-elle alors sans bornes, quoiqu'elle n'eût reçu aucune sorte d'accroissement ? Vous auriez donc l'idée d'un corps

# BORNES DU MONDE.

borné au-delà duquel il n'y auroit aucun autre corps. Qui empêche que vous ne conceviez à ce moment le monde, plus grand, mais fini, puisque dans la suppofition que nous venons de faire, vous en concevriez si aifément les bornes ?

### DÉDALE.

C'eft que je ne peux m'empêcher d'imaginer des efpaces au-delà du monde, ce qui eft une contradiction.

### PHILALETHE.

Il faut pourtant vous en empêcher. Car si vous vous livriez à de pareils phantômes, ces efpaces imaginaires fe préfenteroient auffi au-delà de la terre. Il feroit ridicule de dire, Quoique je conçoive le monde fini, & que je fois fûr qu'il l'eft; quoique je connoiffe fon circuit, fon diametre & fes autres dimenfions; cependant je ne puis le concevoir fini fans contradiction, parce que je ne faurois imaginer fes bornes fans imaginer au-delà un efpace, un corps qui lui appartient. Cet exemple doit vous apprendre à diftinguer la fimple perception de toute image ou phantôme.

### POLYMATHE.

J'ai fuivi votre confeil : je viens de pefer attentivement ce que vous m'avez dit des limites des chofes : & je vous avoue franchement que ce qui m'avoit paru d'abord si plein d'obfcurités impénétrables, s'offre à préfent à mon efprit fous le caractere de l'évidence. Vous avez raifon : il ne nous eft pas poffible d'imaginer les bornes d'une chofe. Je vous accorde auffi que tous les raifonnemens de Defcartes fe réduifent à prouver que nous ne pouvons imaginer nulle part les bornes du monde. Mais donnez-moi le moyen de les concevoir.

### Philalethe.

C'est où nous en sommes, Dédale & moi; mais je n'aime point à répéter si souvent une même chose.

### Dédale.

Eh bien, Philalethe, je crois avoir saisi votre pensée: si vous n'avez pas la même répugnance à entendre répéter vos propres paroles, je satisferai à la question de notre ami. Polymathe, considerez cette petite ligne tracée sur le papier. Pouvez-vous en concevoir une qui soit composée de mille autres lignes de la même grandeur.

### Polymathe.

Il me semble que je puis la concevoir, & non l'imaginer.

### Philalethe.

La distinction est juste.

### Dédale.

Concevez-vous ce que c'est qu'étendue; ce que c'est que négation; négation d'étendue, ou de longueur?

### Polymathe.

Je crois concevoir tout cela d'une maniere claire & distincte.

### Dédale.

Concevez donc une ligne composée de mille petites lignes égales à celle-là; & concevez au-delà la négation de toute longueur quelconque. En ce cas, n'aurez-vous pas conçu une ligne bornée, au-delà de laquelle il n'existe aucune longueur. Vous pouvez de même concevoir un corps limité, au-delà duquel il n'y ait point d'autre étendue. Vous concevrez ainsi le monde. C'est à vous à présent de faire voir la contradiction de ces perceptions; ou, si vous les trouvez justes & raisonnables, convenez que nous pouvons concevoir les bornes du monde.

#### POLYMATHE.

Tout cela me semble assez concluant. Mais j'en reviens toujours à ma première difficulté. Quand je conçois les bornes du monde, je ne puis empêcher mon imagination de percer au-delà dans je ne sais quels espaces qui, dès que je les considere attentivement, me paroissent être des corps & dès-lors appartenir au monde ; & il faut sûrement qu'il se passe quelque chose de semblable dans votre esprit. Vous avez donc beau dire & beau faire : supposez tout ce qu'il vous plaîra : cette nécessité où sont tous les hommes de se figurer au-delà du monde des espaces imaginaires doit au moins vous convaincre que nous avons l'idée d'un monde indéfini, & que cette idée n'est pas tout-à-fait chimérique.

#### DÉDALE.

Qu'en pensez-vous, Philalethe ? Cette raison est de quelque poids.

#### PHILALETHE.

Je pense que vous êtes dans l'erreur si vous vous imaginez que cette espece de manie, commune à tous les hommes, de se figurer des espaces au-delà du monde prouve qu'ils ont une idée innée d'un monde indéfini, tandis que cette idée n'a pour principe que les préjugés de l'enfance : préjugés invétérés, dont il y en a deux surtout qui méritent d'être observés : le premier consiste en ce que nous croyons concevoir les bornes d'un objet, dès que nous imaginons la superficie de quelque corps opaque & grossier au-delà duquel il y en a un plus subtil & plus transparent : c'est ainsi que nous croyons imaginer les bornes de la terre. Delà vient que, lorsqu'il s'agit des limites du monde, nous imaginons comme une enveloppe épaisse que nous nommons son extrémité, ou sa derniere superficie ; & au-delà nous en imaginons une autre subtile & transparente à laquelle il nous plaît de donner le nom d'espace ou de vuide immense. De cette erreur à laquelle nous sommes accoutumés dès notre plus tendre enfance, provient l'obstination où nous sommes de prétendre qu'il y ait des espaces imaginaires hors du monde. Une autre erreur d'enfant qui nous fait admettre ces espaces, c'est que nous nous figurons le rien comme un espace vuide. N'est-il pas vrai que dans l'enfance, avant que nous ayons quelque teinture de Philosophie, nous prenons bonnement l'air & toute autre matiere subtile pour le néant & le vuide ; ainsi toutes les fois que nous pensons au vuide ou au néant, nous nous figurons un espace tout semblable à l'air ? Cette erreur, autorisée par un usage constant a tellement pris racine dans l'esprit humain, que des Philosophes même d'ailleurs recommandables ne font aucune difficulté de soutenir qu'un espace vuide, étendu, figuré, long, large, profond, enfin un rien divisible peut se trouver entre deux corps. D'où il est arrivé qu'en entendant dire qu'il n'y avoit rien au-delà du monde, on s'est imaginé ce rien comme un certain espace, comme un corps subtil d'une étendue indéfinie. Telle est la force d'une longue habitude ! Et, pour me servir de l'expression de Cicéron, il n'est donné qu'aux grandes ames de combattre ce qui semble visible, de contredire un préjugé reçu, de soutenir un sentiment hardi. De-là vient aussi que, même de nos jours, de très savans hommes n'évitent l'illusion que leur font ces espaces immenses au-delà du monde qu'à force de réprimer les saillies de leur imagination.

Mais j'ai quelque chose de plus fort à vous dire. Vous prétendez que la nécessité d'imaginer ces espaces au-delà du monde prouve que nous avons réellement l'idée d'un monde indéfini. Eh pourquoi ne pas soutenir aussi qu'il est impossible de concevoir un commencement au monde ? Ou, ce qui est la même chose, pourquoi ne pas prétendre que le monde est éternel dans notre idée ? Cette derniere opinion n'est pas moins fondée que l'autre. Répondez-moi donc, Polymathe; concevez-vous que le monde ait commencé ?

POLYMATHE.

Très aisément.

PHILALETHE.

En ce cas, qu'y avoit-il de plus que Dieu, avant qu'il eût fait le monde ?

POLYMATHE.

Il n'y avoit rien du tout.

PHILALETHE.

A merveille! Entrez maintenant en vous-même : examinez-vous, & voyez si vous n'êtes pas porté à imaginer sous la forme d'un certain vuide spacieux ce rien préexistant au monde ; tout comme vous aimez à concevoir un espace au-delà du monde ?

POLYMATHE.

J'avoue que quand je me livre à mon imagination, je me figure un espace immense existant avant le monde ; & ce que j'appelle le rien est véritablement un corps.

PHILALETHE.

Ainsi, mon cher, tant que vous vous en rapporterez à votre imagination, (& c'est-là notre premier penchant) le monde vous paroîtra éternel par la raison que vous ne pourrez jamais lui assigner un commencement, avant lequel vous ne supposiez quelque espace qui est le monde.

Vous voyez que le même argument que vous employez à prouver que le monde n'a point de bornes, me sert à prouver qu'il n'a point de commencement, au moins dans notre imagination, ou dans notre façon de le concevoir, puisqu'il vous plaît de confondre deux choses si différentes. En effet, vous êtes accoutumé dès votre enfance à imaginer ce rien préexiftant au monde fous la forme d'un certain efpace immenfe, & cela vous arrive encore même à préfent : il m'en arrive autant à moi-même toutes les fois que je veux fonger à ce rien au-delà du monde. C'eft une vaine imagination qui provient d'une erreur invétérée. L'autre eft aufli fauffe. Je ne puis imaginer qu'il n'y ait rien eu avant le monde, donc le monde a une durée indéfinie ; rien n'eft moins concluant. Celui-ci ne l'eft pas davantage : je ne puis imaginer qu'il n'y ait rien au-delà du monde, donc le monde a une étendue indéfinie. Quoique nous ne puiffions pas imaginer qu'il n'y ait rien eu avant la création Mofaïque, cependant nous le pouvons concevoir. De même, quoiqu'il ne nous foit pas poffible d'imaginer qu'il n'y ait rien au-delà du monde, il nous eft pourtant aifé de le concevoir.

### POLYMATHE.

Je conviens à cette heure qu'il ne répugne pas de concevoir le monde limité, pourvu que l'on diftingue l'imagination du concept pur. Cela ne fuffit pourtant pas pour dire le monde fini, il faut de plus en avoir une démonftration. Tout ce que je puis encore affurer, c'eft que le monde peut avoir des bornes ; mais qu'il en ait en effet, ou qu'il n'en ait pas, je l'ignore abfolument, & je me tiens dans la réferve de Lucullus qui dit dans les Queftions Académiques de Ciceron : Le fage fufpend fon jugement lorfqu'on lui propofe des chofes qu'il ne connoît pas affez pour fe décider ; & il n'admet jamais rien pour vrai qu'il ne lui femble tel qu'il ne puiffe pas être faux.

### PHILALETHE.

Votre prudence eft louable ; & loin de la blâmer je trouve qu'elle eft néceffaire dans la recherche de la vérité. Oui, mon cher Polymathe, j'ai des démonftrations toutes prêtes & auffi évidentes qu'on puiffe les defirer ; mais je craindrois de vous fatiguer en vous obligeant à un furcroît de contention. J'aime mieux vous laisser méditer à loisir ce que je vous ai dit, & juger par vous-même combien il est clair & sensible.

### DÉDALE.

Non, non, Philalethe; continuez, nous vous en prions: nous sommes prêts à vous entendre: nous redoublerons d'attention.

### PHILALETHE.

Puisque vous le voulez, suivez-moi bien. D'abord, afin de me donner occasion de vous faire mieux sentir la force de mes démonstrations, efforcez-vous de soutenir que le monde n'a point de bornes. Polymathe, c'est à vous que je m'adresse d'abord: répondez-moi, je vous prie: le monde a-t-il de l'étendue ?

### POLYMATHE.

Il est d'une étendue infinie.

### PHILALETHE.

Il est donc composé de parties qui sont les unes hors des autres; mais, dites-moi, ces parties sont-elles finies ou infinies ?

### DÉDALE.

Qu'en arriveroit-il si je les disois infinies ?

### POLYMATHE.

Si vous entendez parler de chacune en particulier, cela ne se peut: car alors nous aurions des parties égales au tout, plusieurs infinis, & un infini plus grand qu'un autre infini, de sorte que l'infini seroit susceptible d'accroissement à l'infini. D'ailleurs, si chaque partie étoit infinie, elle rempliroit tout l'espace, & dès-lors le monde n'auroit point de parties les unes hors des autres. Ainsi, pour moi, je réponds nettement à la question de Philalethe que chaque partie en particulier est finie, mais que le tout eft infini ; ou autrement chaque partie du monde eft finie, mais le nombre des parties eft infini.

### PHILALETHE.

Je vous entends : je pourrois vous demander fi vous pouvez fans répugnance concevoir un nombre infini. Il me fuffit pour le préfent de favoir fi vous penfez qu'il y ait quelque proportion entre le tout & chacune de fes parties.

### POLYMATHE.

C'eft ce que je n'oferois affirmer, parce que dans l'opinion où je fuis que chaque partie eft finie & que le tout n'a point de bornes, je ne vois aucune proportion entre les parties & le tout.

### PHILALETHE.

Comment fe peut-il que des parties n'aient aucune proportion avec leur tout ? Sûrement vous voulez parler de points & non de parties : car ce qui s'appelle partie tient ce nom de fon rapport au tout, étant ce qui conftitue non pas toute la grandeur du tout, mais une portion de cette grandeur, puifqu'il s'agit ici de parties intégrales. Au lieu que fi, comme vous le prétendez, les parties du monde n'ont aucune proportion avec lui, aucune en particulier n'eft rien pour la grandeur du monde, & leur affemblage ne peut conftituer la grandeur du tout.

### POLYMATHE.

Quoi ! cela vous femble étrange ? Et ne dit-on pas tous les jours que la terre n'eft qu'un point par rapport au ciel ?

### PHILALETHE.

On le dit, pour exprimer la différence qu'il y a entre la grandeur de la terre comparée à celle du ciel : ce qui n'empêche pas que ces corps n'aient leurs limites, & que les cieux, quelque étendus qu'ils foient, n'aient un nombre déterminé de parties égales à l'étendue de la terre. Dans la supposition d'un monde illimité, chacune de ses parties, quelque grande qu'il vous plaise de l'imaginer, non seulement n'offre rien de comparable à la grandeur de son tout, non seulement n'a aucune étendue sensible, mais même elle ne contribue en rien à la grandeur du tout, elle n'en constitue aucune portion, & il n'est pas possible de la concevoir comme partie du monde. Joignons ensemble plusieurs millions de ces globes que le monde contient, multiplions la grandeur qui en résultera, par un nombre si prodigieux que cette page ne le puisse contenir; nous fût-il permis de continuer la multiplication pendant des millions de siécles, la grandeur immense qu'elle donneroit, n'égaleroit pas celle du monde : elle n'en approcheroit pas. Que dis-je ? Elle n'en constitueroit pas la moindre partie : elle n'auroit pas plus de proportion avec le monde que n'en a la cent-mille milliéme partie de la pince d'un Ciron. Toute l'étendue que je viens de supposer ne seroit qu'un point sans proportion avec le tout, en un mot sans grandeur. Voyez donc, vous qui voulez que le monde soit sans bornes, comment vous pouvez lui supposer des parties. Mais, si cette distinction de points & de parties vous semble trop recherchée, je vous accorde que le monde a des parties. Je conviens même qu'un grain de poussiere, quoique imperceptible, est une partie de ce monde ; que voulez-vous de plus, mon cher Dédale ?

### DÉDALE.

Pourquoi ce grain de sable ne seroit-il pas une partie du monde. Il faut ou qu'il soit une partie du monde, ou que le monde n'ait point du tout de parties.

### PHILALETHE.

Il est vrai ; cependant ce grain de sable pourroit être anéanti sans que le monde le fût. Supposez cet anéantissement. Dans cette supposition le monde diminué d'autant, resteroit-il aussi infini qu'il l'est actuellement, selon vous ?

DÉDALE.

Non, assurément. On pourroit y ajouter ce qu'on en auroit ôté.

PHILALETHE.

Il seroit donc fini. Dites-moi à présent : ce grain de poussiere ajouté à un corps fini en feroit-il un corps infini ?

DÉDALE.

Belle question ! me croyez-vous en délire ? Un corps fini n'a qu'un nombre déterminé de parties, tel qu'est ce grain de poussiere. En ajoutant l'unité à un nombre fini, je ne le rends pas pour cela infini. Jamais deux finis ne feront un infini.

PHILALETHE.

Donc si, comme vous en convenez, le monde est fini sans ce petit grain de poussiere, il doit encore être infini lorsque ce même grain lui est réuni : car c'est un corps fini ajouté à un corps fini, & leur réunion ne peut pas faire un corps infini, comme vous venez de le dire vous-même.

DÉDALE.

Je crois pressentir où vous en voulez venir, mais je ne puis me refuser à ce raisonnement.

PHILALETHE.

Or, dans la supposition du grain de sable réuni au monde, le monde seroit tout aussi grand qu'il l'est à présent ; cependant il seroit fini, il l'est donc actuellement ; & ma démonstration est complette.

DÉDALE.

Je cherche une défaite.

## PHILALETHE.

Cherchez plutôt la vérité. Je vais tâcher de vous la montrer encore dans un plus grand jour. Vous croyez sans-doute, Polymathe, que le monde eſt diviſible ?

## POLYMATHE.

Je le crois : car il a des parties les unes hors des autres.

## PHILALETHE.

Eh bien, concevez-le diviſé en deux parties.

## POLYMATHE.

Je doute que cela ſe puiſſe.

## PHILALETHE.

Rien de plus aiſé. Suivez la diviſion de Moïſe, & partagez, en eſprit, le monde en ciel & en terre, comprenant ſous le nom de ciel toute l'étendue qui eſt hors de la terre. Que les deux parties ſoient égales ou non, peu importe ; ce que je vous demande, c'eſt que vous me diſiez ſi elles ſont finies ou infinies.

## POLYMATHE.

Si je dis qu'elles ſont finies je vous donne beau jeu contre moi : vous m'accuſerez de faire un infini de deux finis. Si je les dis infinies, je dirai une fauſſeté manifeſte : car je ſais que la terre eſt finie. De plus ſi les parties du monde étoient infinies, elles feroient égales à leur tout. Voici donc ma réponſe préciſe. Les deux parties ſuppoſées ne peuvent être toutes deux finies, ni toutes deux infinies. Oûi, Philalethe, je penſe que des deux l'une eſt finie & l'autre infinie.

## PHILALETHE.

Ainſi vous décidez que l'étendue infinie eſt telle que hors d'elle il peut y avoir une autre étendue; & qu'au moins une des deux parties du monde eſt égale à ſon tout,

#### POLYMATHE.

Je ne fais... Dédale, aidez-moi à sortir de ce pas.

#### DÉDALE.

A vous dire vrai, j'ai plus besoin de secours moi-même que je ne suis en état d'en donner aux autres; mais, Philalethe, avez-vous plusieurs démonstrations de cette force?

#### PHILALETHE.

En voici une autre également pressante. Regardez ce cube. Combien croyez-vous que le monde entier contienne de cubes de matiere semblables à celui-là?

#### DÉDALE.

Je l'ignore.

#### PHILALETHE.

Et moi je ne le sais pas mieux que vous. Je crois cependant que le nombre des cubes de cette grandeur qui composent le monde est fini.

#### DÉDALE.

Je pense le contraire: je crois ce nombre infini.

#### PHILALETHE.

Vous agissez conséquemment: cela est conforme à vos principes. Mais divisez en cent parties chacun de ces cubes; de combien le nombre de ces parties excédera-t-il celui des cubes?

#### DÉDATE.

Il est évident que le nombre de ces centiemes de cube sera cent fois plus grand que celui des cubes.

#### PHILALETHE.

Fort bien. Mais vous venez de dire que le nombre des cubes étoit infini, & maintenant vous faites le nombre de leurs parties cent fois plus grand que cet infini. Nous ne divisons ce cube qu'en cent parties, mais il peut être divisé à l'infini; d'où il suivra qu'un nombre infini peut être multiplié à l'infini.

#### DÉDALE.

Polymathe, avez-vous quelque chose à répliquer?

#### POLYMATHE.

Moi? Pas le mot.

#### DÉDALE.

Qu'attendons-nous donc pour nous rendre à la vérité?

#### POLYMATHE.

Tout doucement, s'il vous plaît. Je ne me rends pas si aisément. Ce n'est pas ma coutume de céder à quelques subtilités captieuses.

#### PHILALETHE.

Vous avez raison, mais prenez garde que votre fermeté ne dégénere en opiniâtreté. Il n'y a jamais de honte à se rendre à la vérité connue. J'aurois beaucoup d'autres démonstrations à vous donner qui ne me semblent pas moins évidentes; je vous en ferois part volontiers, si je ne voyois que mes peines sont inutiles. Votre exemple me fait voir que les raisons les plus convaincantes n'ont point de force sur des esprits une fois imbus de mauvais principes. Ils prennent pour des sophismes, & pour des subtilités captieuses, les démonstrations les plus claires.

#### POLYMATHE.

De grace, Philalethe, si la vérité vous est chere, si vous nous aimez, achevez ce que vous avez si bien commencé. Peut-être nous nous rendrons au nombre de vos raisonnemens, si leur force ne peut rien sur nous. Peut-être une démonstration moins solide que les premieres, mais plus à notre portée, fera plus d'impression sur nous.

## PHILALETHE.

Je suis très porté à faire ce que vous exigez de moi pourvu que vous me promettiez d'avoir plus d'égard à la vérité qu'à l'autorité d'aucun philosophe. Dites-moi, Polymathe, le monde a-t-il les trois dimensions ?

## POLYMATHE.

Pourquoi ne les auroit-il pas ? Il est étendu.

## PHILALETHE.

Mais la longueur, la largeur & la profondeur du monde sont-elles finies ou infinies ?

## POLYMATHE.

Je pense que chacune des dimensions du monde est infinie.

## PHILALETHE.

Ainsi le monde est d'une longueur infinie. Mais peut-on appeller infinie une étendue au-delà ou hors de laquelle il y en a une autre qui lui manque ?

## POLYMATHE.

Non, sans-doute : aussi je dis que la terre est finie, parce que je connois hors d'elle une étendue qu'elle n'a pas.

## PHILALETHE.

Par la même raison, la longueur du monde n'est pas infinie, car il manque à cette longueur toute l'étendue qui va en largeur, & encore toute celle qui va en profondeur.

## POLYMATHE.

Mais de bonne-foi, me croyez-vous assez simple pour me rendre à de pareils sophismes.

## PHILALETHE.

Vous allez voir si mon raisonnement est un sophisme. Concevez une ligne droite tirée par toute la longueur du monde : ligne qui n'aura point d'extrémités étant infinie. Or, si la largeur & la profondeur du monde sont également infinies, il y a des deux côtés de cette ligne d'autres lignes droites infinies qui lui sont parallèles; il y en a encore d'autres semblables au dessus & au dessous, toutes infinies & toutes parallèles à la ligne de longueur. A présent joignons ensemble toutes ces lignes ; ou concevons-les jointes ensemble. Pensez-vous que la ligne formée de toutes ces lignes n'est pas plus grande que chacune des lignes composantes ?

### DÉDALE.

Au contraire, je la crois infiniment plus grande.

### PHILALETHE.

Mais la premiere longueur infiniment moins grande qu'une autre, combien sera-t-elle éloignée d'une longueur infinie ?

### DÉDALE.

Il y a ici un abus. Vous supposez une ligne formée de toutes les autres, jointes l'une à l'autre selon leur longueur. J'avoue que dans ce cas la premiere longueur seroit infiniment éloignée de la longueur totale ; mais la supposition répugne.

### PHILALETHE.

Si l'assemblage de ces lignes est impossible en soi, au moins nous pouvons le faire en idée. Comme je peux concevoir la longueur d'une ligne en particulier, rien ne m'empêche de concevoir la longueur de toutes les lignes jointes les unes aux autres; & il est évident que cette derniere longueur est plus grande que la premiere. Et, si ces mêmes lignes sont toutes infinies en longueur & en nombre, il est encore évident que leur longueur réunie est infiniment plus grande que celle d'une ligne seule : d'où il résulte que la ligne en question, c'est-à-dire la longueur du monde est infiniment éloignée d'une longueur infinie. Voilà ce que j'avois à démontrer.

Cependant je veux faire durer notre dispute. Vous niez que ces lignes puissent être ajoutées l'une à l'autre. Et pourquoi ne le peuvent-elles pas ? Quel empêchement y voyez-vous ? L'obstacle est-il dans la ligne supposée, ou hors de cette ligne ?

### DÉDALE.

Il ne sauroit être hors de la ligne, au-delà de laquelle il n'y a rien. C'est la ligne elle-même qui forme l'obstacle en ce qu'elle est infinie.

### PHILALETHE.

En ce qu'elle est infinie ? Voici le sens de ces paroles ou elles n'en ont aucun. L'infinité de cette ligne consiste en ce qu'elle a toute la longueur possible ou concevable, ou ce qui revient au même, en ce qu'il n'est point de longueur possible ou concevable qui manque à cette ligne. C'est justement ce qu'on ne peut pas dire de la premiere ligne supposée, puisque nous avons conçu une infinité d'autres lignes qui ont une longueur propre qui manque à la premiere. Donc celle-ci n'a pas toute la longueur possible : donc elle n'est pas infinie.

### DÉDALE.

Un moment : voici la solution. Elle a toute la longueur concevable en espece, & non pas en nombre. Je m'explique. Toutes les lignes particulieres ont la longueur de deux pieds, de trois pieds, & ainsi jusqu'à l'infini : la ligne donnée a aussi toute longueur, mais elle l'a en espece & non pas en nombre.

### PHILALETHE.

Cette distinction est contre vous. S'il y avoit un autre monde que le nôtre & semblable au nôtre, le nôtre seroit-il infini ?

### DÉDALE.

Où en voulez-vous venir ? Il est évident que notre monde ne seroit pas infini, s'il y en avoit un autre dont il n'auroit pas l'étendue. Il n'auroit pas toute l'étendue concevable.

### PHILALETHE.

Prenez garde, vous ne raisonnez pas conséquemment. Selon votre distinction, il auroit toute l'étendue concevable en espece, quoiqu'il n'eût pas toute l'étendue concevable en nombre. Car cet autre monde n'auroit aucune étendue de deux pieds, de trois pieds, & ainsi de suite jusqu'à l'infini, que le nôtre n'eût aussi, quoique non en nombre mais seulement en espece : jugez de-là de la solidité de votre réponse.

### DÉDALE.

J'avoue que je me trompe.

### PHILALETHE.

En faut-il davantage pour vous convaincre que la ligne droite tirée par toute la longueur du monde ne seroit pas infinie ? Voici d'autres preuves de cette vérité. Dites moi de grace si cette ligne droite étoit infinie, que seroit une ligne courbe tirée par la même longueur ?

### POLYMATHE.

Qui le sait ? Pour moi je ne doute pas qu'elle ne surpassât l'autre.

### PHILALETHE.

Comme nous concevons une ligne droite tirée par toute la longueur du monde, nous pouvons aussi concevoir une ligne courbe, en spirale par exemple, ou en zig-zag, qui côtoyeroit la premiere ; & vous convenez que celle-ci seroit plus longue que la ligne droite. Vous concevez donc quelque chose de plus grand que l'infini ?

### POLYMATHE.

Je ne fais. Comme je fuis moi-même borné, mon efprit ne fauroit atteindre ce qui eft fans bornes.

### PHILALETHE.

Vous favez du moins que s'il eft une ligne plus longue que la ligne fuppofée, celle-ci n'a pas toute la longueur poffible & concevable, & que par conféquent elle n'a pas une longueur infinie.

### POLYMATHE.

Vous me forcez d'en convenir.

### PHILALETHE.

J'en fuis charmé. Il n'eft point d'aveu plus flatteur que celui que la vérité arrache. Cependant je ne quitterai cette ligne droite fuppofée traverfer le monde dans toute fa longueur que quand je vous aurai fait toucher au doigt, pour-ainfi-dire, combien il s'en faut que cette ligne foit infinie.

Suppofez avec moi que Dieu ait changé en un fil très délié toute l'étendue du monde, que ce fil eft roulé jufqu'à l'infini, en un peloton, vers le centre de la terre, de forte que le monde entier ne foit autre chofe que ce peloton de fil fin, & qu'ainfi ce même peloton foit d'une grandeur égale à celle de tout le monde, c'eft-à-dire d'une grandeur infinie, je demande maintenant fi la ligne droite tirée par le milieu du peloton & qui en feroit l'axe ou le diametre, feroit infinie?

### POLYMATHE.

Pourquoi non, puifque tout le peloton eft infini.

### PHILALETHE.

Mais le fil roulé en peloton ne feroit-il pas de beaucoup plus grand que la ligne droite tirée par le milieu du peloton?

### POLYMATHE.

Sans-doute.

## PHILALETHE.

Donc cette ligne droite ne seroit pas infinie, puisque le fil roulé seroit plus long qu'elle.

## POLYMATHE.

Que prouve ce raisonnement ?

## PHILALETHE.

Il prouve que la ligne droite que nous avons supposé traverser le monde dans sa longueur n'est point infinie, puisqu'elle n'est qu'égale en longueur à celle qui traverse le peloton, laquelle est moindre que le fil entier, & conséquemment n'est point infinie.

## DÉDALE.

Croyez-vous donc qu'il implique de concevoir une ligne infinie ?

## PHILALETHE.

Sûrement, je le crois; & pour m'en dissuader, il faudroit que je vous visse, l'un & l'autre, me nier avec fondement cette derniere démonstration par laquelle je finirai cette dispute déja trop longue. Polymathe, Dédale, vous voyez cette ligne

∞ ..... B———————A———————C ..... ∞

Eh bien, supposons-la infinie en feignant ses deux bouts B & C prolongés à l'infini. Divisons-la ensuite au point A. Ses deux parties sont égales : elles commencent toutes deux au point A, & s'étendent à l'infini. A présent, dites-moi, je vous prie, mon cher Dédale; ces deux parties sont-elles finies ? sont-elles infinies ?

## DÉDALE.

Elles sont finies.

Tome III.              R

### PHILALETHE.

En ce cas deux finis font un infini: ce qu'on ne peut admettre.

### DÉDALE.

Je me trompe: elles font infinies.

### PHILALETHE.

Alors chacune de ces parties prife en particulier eft égale au tout: car l'infini égale l'infini.

Autre inconvénient: chacune de ces parties commence au point A. Elle eft donc bornée, finie, au moins de ce côté.

### POLYMATHE.

A la bonne heure: les deux parties font bornées d'un côté, au point A; mais elles font illimitées de l'autre côté, vers les points B & C où elles fe prolongent à l'infini.

### PHILALETHE.

Réponfe merveilleufe! Rien n'eft plus fubtil! Ce que je vous demande, c'eft fi le nombre des parties de chacun des côtés A B & A C eft un nombre infini.

### POLYMATHE.

Je le penfe.

### PHILALETHE.

Quoi! ce nombre auquel on peut en ajouter un autre égal; ce nombre dont le double eft non feulement concevable, mais réellement exiftant dans la Nature, ce nombre, dis-je, feroit infini? Si cela eft, le nombre infini n'a plus toutes les unités. Outre celles qu'il contient, on en peut concevoir tout autant qu'il n'a pas, & qui peuvent lui être ajoutées. Si cela n'implique pas, qu'eft-ce qui implique?

## POLYMATHE.

Et si je disois que les deux lignes A B & A C n'ont qu'un nombre fini de parties, que s'ensuivroit-il ?

## PHILALETHE.

Il s'ensuivroit que la ligne totale B A C seroit finie, parce que deux nombres finis joints ensemble ne font qu'un nombre fini. Voilà ma démonstration.

Mon dessein étoit de m'étendre davantage sur ce sujet: car il n'y a rien de plus fécond qu'une vérité que l'on a bien méditée. J'aurois pu entrer dans plusieurs considérations d'une grande importance dans la controverse présente touchant les bornes du monde; mais Dédale s'écria tout-à-coup: C'est trop résister à la vérité. Il faut qu'un esprit bien fait se rende à la force des démonstrations, comme il est nécessaire que la balance penche du côté du poids.

Quant à moi, ajouta Polymathe, je me rends volontiers à votre sentiment, ô Philalethe; je ne vois rien qui puisse m'en empêcher. Je n'ai jamais soutenu opiniâtrément l'opinion de Descartes sur l'infinité du monde, ni en public ni en particulier. Je n'ai jamais composé de livre, & n'ai jamais eu la moindre part à tout ce qui a été dit & écrit sur cette matiere, de sorte que l'on ne peut pas dire avec raison que j'aie intérêt à soutenir jusqu'à la fin un sentiment dont je me sois déclaré le défenseur. Tant mieux! repris-je, je suis d'autant plus flatté de la victoire que la vérité remporte aujourd'hui sur vous. Elle me confirme de nouveau dans mon sentiment. J'avois beau le croire juste, solide, évident; j'avois toujours lieu de m'en défier en considérant combien il y avoit de témérité à un homme aussi borné que moi, à contredire un génie tel que Descartes. Vous dissipez mes craintes. Cependant tel est mon amour pour le vrai, que, quoique mes démonstrations me paroissent évidentes, ainsi qu'elles le paroîtront, je pense, à tous ceux qui voudront les examiner à loisir & les peser murement, je suis prêt à les croire défectueuses dès que l'on m'en fera voir le défaut. Je vous en fais la promesse solemnelle à vous, mes Amis, & à tous ceux qui aiment la vérité. Il est difficile de renoncer à un sentiment que l'on a adopté avec connoissance, dans lequel on s'est confirmé par de profondes & constantes méditations, dont on s'est déclaré le défenseur, en un mot que l'on peut regarder comme à soi par les solides raisons dont on l'a appuyé. N'importe : tout cela n'est rien lorsqu'il s'agit de se rendre à la vérité connue. Je l'ai toujours chérie & la chérirai toute ma vie. Je cede avec plaisir à la douce impression qu'elle fait sur moi. Ce n'est point une légéreté, dit le Précepteur de Néron, de renoncer à l'erreur que l'on reconnoît & que l'on desapprouve : faisons alors cet aveu ingénu : Je pensois autrement & je me suis trompé. Mais c'est la marque d'un orgueil & d'une obstination insoutenables de dire : Ce que j'ai une fois avancé, je le soutiens & le soutiendrai toujours quel qu'il soit.

Mais voilà de la philosophie de reste : car, comme dit Cicéron, il y a des gens qui s'ennuient d'entendre tant philosopher.

# DISSERTATION
## SUR
# LA FIGURE
## DU
# MONDE.

### §. I.

On veut que je décrive la figure du monde. Ce n'est pas une entreprise aussi difficile qu'on se imagine. Il ne faut pas un grand effort de génie pour cela. Un peu d'attention suffira.

### §. II.

Commençons par considérer attentivement la figure des corps. J'y distingue trois choses que l'on a confondues jusques-ici, savoir les dernieres parties, l'extrémité de ces parties, & leur situation les unes auprès des autres, & auprès des parties intérieures. Les dernieres parties d'un corps apartiennent à la substance du corps & sont quelque chose de réel, de physique: l'extrémité des parties n'est que la négation d'une étendue ultérieure qui appartienne au corps: l'arrangement de ces dernieres parties entre elles & relativement aux parties intérieures, est ce qu'on appelle la figure du corps.

### §. III.

Si la figure & l'extrémité ou les bornes du corps peuvent se distinguer, elles sont pourtant inséparables: elles sont pour-ainsi-dire attachées l'une à l'autre. Si un corps reçoit de nouveaux accroiſſe-mens, une addition de nouvelles parties, il change de bornes & de figure. Ainſi tout corps figuré eſt limité. C'eſt pourquoi on ne peut attribuer aucune figure à un corps infini.

## §. IV.

IL ne faut pas croire pourtant qu'un corps infini ſeroit plus imparfait qu'un corps fini parce que celui-ci auroit une figure & que l'autre n'en auroit pas. Car l'infini, quoique non figuré, auroit, comme le fini, des parties dans un certain ordre entre elles, les unes auprès des autres & auprès des parties intérieures: ſeulement ces parties n'auroient point d'extrémité; mais cette extrémité n'eſt rien de réel, c'eſt la ſimple négation d'une étendue ultérieure appartenant au corps dont il s'agit. Je puis aiſément concevoir dans une portion d'un corps infini certaines parties tellement arrangées entre elles & relativement à des parties qu'elles enveloppent; mais cet arrangement ne conſtitue pas la figure du corps total. Ce n'eſt pas qu'il manque quelque choſe à ces parties, c'eſt ſeulement qu'elles ne ſont pas les dernieres parties du corps, & qu'il y en a d'autres au-delà d'elles, qui appartiennent au corps. Si on ſuppoſe ces parties ultérieures détachées du corps, en ce cas la ſituation ou arrangement des autres conſtituera ſa figure, non pas qu'elles aient rien acquis de nouveau, mais parce qu'elles ſeront alors ſes dernieres parties.

## §. V.

CES principes ainſi poſés, il s'agit de montrer premiérement que le monde a une figure, ſecondement quelle eſt la figure du monde. Quant au premier point, il eſt tout décidé par ce qui a été reconnu dans le dialogue précédent, ſavoir que le monde a des bornes. Puiſqu'il a des bornes, il a des parties extrêmes, ces parties extrêmes ont un certain arrangement entre elles & relativement aux parties intérieures, & cet arrangement constitue la figure du monde, comme nous venons de le dire au second paragraphe.

## §. VI.

Mais, direz-vous, si l'on ne peut pas concevoir les bornes du monde, comment concevra-t-on sa figure qui y est comme attachée. Il ne s'agit pas de répéter cette distinction triviale, que nous pouvons concevoir les bornes du monde, quoique nous ne puissions les imaginer. Car je nie que les bornes du monde donnent prise à l'imagination : on n'imagine point ce qui n'est qu'une négation. Mais ne peut-on imaginer la figure d'aucun corps ? La figure n'est pas une simple négation. Que pourrons-nous imaginer si nous n'imaginons pas les figures des corps ? Les figures ne sont-elles pas l'objet propre de l'imagination ?

## §. VII.

Oui, nous pouvons imaginer la figure du monde, pourvu que nous ne veuillons y peindre que ce qui y est en effet, savoir un certain ordre ou arrangement de parties entre elles & relativement aux parties intérieures. Mais si nous prétendons imaginer de plus leur extrémité qui n'est qu'une pure négation, nous n'y parviendrons jamais. Il nous semble que nous imaginons cette extrémité dans les corps, tandis que nous les voyons environnés d'autres corps : nous nous trompons. Nous n'imaginons que certaines parties de ces corps, l'arrangement de ces parties entre elles, & l'air qui les environne. Or cet air n'appartient point au corps, & nous nions qu'il lui appartienne. Cette négation, ou plutôt le concept de cette négation est le concept ou l'apperception de l'extrémité de ces parties. Sans cette négation, elles ne feroient pas les dernieres parties d'un tel corps dans notre entendement. Ce qui nous induit en erreur, c'est que nous ne distinguons pas assez cette négation qui appartient à l'entendement pur, de l'imagination des parties extrêmes & de leur arrangement: d'où il arrive que nous croyons imaginer ce que nous ne faisons que concevoir; & nous ne remarquons point notre erreur tandis que les corps restent environnés d'autres corps. Elle commence à être sensible lorsqu'il s'agit des bornes du monde, parce qu'alors il n'est plus permis d'imaginer un espace réel au-delà du monde, & de nier que cet espace lui appartienne. Il faut réprimer l'imagination, & se contenter de la simple négation d'une étendue ultérieure. Nous nous appercevons enfin que nous avons confondu deux opérations de notre ame qui n'étoient qu'étroitement liées, lorsqu'il ne nous est plus permis de joindre le concept pur de l'extrémité du corps, avec l'imagination de l'espace qui est au-delà.

## §. VIII.

Accordons pourtant quelque chose à l'imagination. Si vous vous contentez de vouloir imaginer simplement, non l'extrémité du monde, mais l'arrangement de ses dernieres parties entre elles, rien de plus facile. Imaginez un grand espace autour du corps que nous appellons monde. J'avoue que, les parties qui sont actuellement les dernieres, ne le feront plus dans ce monde imaginaire. Mais, comme il s'agit moins d'imaginer l'extrémité des parties que l'arrangement de celles qui sont à présent les dernieres du monde, je ne propose l'hypothese que pour vous faire imaginer plus aisément le monde comme un globe suspendu dans l'espace supposé. Imaginez donc ce globe, & après l'avoir bien contemplé, faites disparoître cet espace ultérieur que nous n'avions fait que supposer. Il est vrai que, quand il aura disparu aux yeux de votre imagination, vous ne pourrez plus imaginer la figure du monde; vous serez pourtant sûr d'avoir contemplé la figure du monde, non du monde imaginaire, mais du monde actuel.

### §. IX.

Quand nous continuerions à imaginer ces espaces au-delà du monde, il n'y auroit point de méprise à craindre, pourvu que nous eussions soin de nous ressouvenir que ces espaces ne sont pas réellement existans, qu'ils ne sont que des êtres de raison, des fruits de l'imagination; de sorte que comme l'imagination les a produits, l'entendement pur puisse les anéantir. Il n'y a point de contradiction à feindre de tels espaces au-delà du monde, puisqu'on ne leur en donneroit pas la réalité. Il n'y auroit de contradiction que si on supposoit ces espaces réellement existans hors du monde. Mais il ne répugne pas d'imaginer des espaces que nous savons n'exister que dans notre imagination; à moins de prétendre que nous ne puissions imaginer aucuns corps ou espaces s'ils n'existent réellement: ce qui est évidemment faux, puisque dans la supposition de l'anéantissement total de tous les corps, notre esprit pourroit encore imaginer des corps & des espaces, le monde même & savoir en même tems qu'il ne seroit qu'imaginaire sans existence réelle. Mais si quelqu'un craignoit de donner de la réalité à ces espaces dont notre imagination enveloppe le monde, il pourra après avoir bien considéré la figure du monde pour laquelle ils ont été supposés, détruire ce phantôme & ne rien imaginer.

## §. X.

Le monde a donc une figure concevable & en quelque forte imaginable. Voyons à-préfent quelle eft cette figure.

Une ancienne opinion veut que le monde foit rond. Mais ce fentiment nous a été transmis fans preuves : nous verrons néanmoins ce qui peut le rendre probable. L'erreur du peuple fur ce point vient des fens : il croit voir le ciel rond comme une voute, bleu le jour, & la nuit d'un noir femé d'étoiles qu'il croit attachées au lambris célefte. Ceux qui d'après Hipparque donnent huit fpheres au monde, à quoi Ptolomée en a ajouté trois, doivent faire la concavité du monde fphérique. Quant à fa convexité, s'ils lui donnent une pareille figure, c'eft fans néceffité, & feulement parce qu'ils le veulent ainfi. Ceux qui fuppofent le monde d'une étendue indéfinie, & compofé d'autant de tourbillons qu'il y a d'étoiles fixes ne s'inquietent guere de fa figure. Nous traitons donc une matiere toute nouvelle, & fur laquelle nous ne pouvons tirer aucune lumiere des anciens.

## §. XI.

L'espace & la matiere fe reffemblent tellement, qu'à moins d'admettre un rien long, large, profond, grand, petit, figuré, divifible, il faut convenir que cet axiome des Peripatéticiens eft très vrai, favoir que la Nature a horreur du vuide. S'il n'y a point de vuide dans le monde ni hors du monde, il n'eft pas poffible que fa figure foit inégale comme celle de notre terre, qu'il y ait ici des montagnes & à côté des vallées, là des plaines, plus loin des gouffres & des abimes, des mers, des écueils, des promontoirs, puifqu'il n'y a rien hors du monde qui rempliffe ces cavernes, ces abymes

# LA FIGURE DU MONDE.

& ces gouffres. Ce qui les rempliroit ne pourroit être qu'un corps qui appartiendroit au monde, & qui remplissant parfaitement toutes les profondeurs entre les inégalités rendroit la superficie du monde unie & polie.

### §. XII.

C'est pourquoi je n'hésite pas à prononcer que telle est la figure du monde que d'un point de sa superficie à l'autre on puisse tirer une ligne parfaitement droite, de sorte que cette ligne raseroit cette superficie, ou entreroit dans le monde; sans qu'aucune partie fût hors du monde. Autrement il y auroit quelque espace, quelque corps au-delà du monde, que cette ligne, ou une partie de cette ligne traverseroit.

### §. XIII.

On pourroit objecter: Comme la terre dont nous habitons la superficie est une substance qui n'a pas besoin d'une autre substance pour exister, on peut supposer que tous les corps, la terre seule exceptée, soient anéantis; dans cette supposition la terre seroit tout le monde, & ce monde seroit d'une figure inégale, raboteuse, telle en un mot que celle de la terre.

Il est vrai: la terre peut exister, quoique tous les autres corps soient anéantis; mais elle n'existeroit pas comme elle existe actuellement. Sa substance resteroit; mais les vallées, les abymes, les profondeurs ne pourroient être sans un espace vuide, ou sans un corps qui les remplît. Ainsi la supposition de la terre seule existante, emporte celle de l'abaissement de toutes ses élévations pour rendre sa superficie égale & unie, à moins qu'on ne veuille laisser exister assez d'air autour du globe pour remplir ces cavités,

## §. XIV.

Voila donc la figure du monde devenue unie & polie. Nous en avons applani les inégalités, & comblé les profondeurs. On s'attendra peut-être qu'après avoir poli & tourné pour-ainsi-dire le monde à mon gré, je détermine si c'est un globe, un cylindre, un cube, un cône, &c. J'avoue que je n'ai rien de précis à dire sur cet objet. Les Lecteurs équitables doivent être contens de ce que j'ai ofé affirmer dans une matiere si difficile, & peut-être leur paroitrai-je téméraire d'en avoir tant dit?

## §. XV.

Si pourtant il est permis d'ajouter des conjectures à des démonstrations, nous ne doutons pas que la sphéricité du monde ne soit probable, quoique nous n'osions l'assurer. Dieu étant un agent très sage, on doit croire qu'il agit de la maniere la plus simple. C'est une marque d'ignorance & d'inhabileté dans un ouvrier d'employer plusieurs instrumens à un ouvrage qui n'en demande qu'un. Il n'y auroit pas moins de maladresse à mettre dans une grande boëte ce qui peut tenir dans une petite. La sagesse souveraine ne fait rien de superflu. C'est ce que nous montrent les loix de la Nature qui sont très simples & en très petit nombre, quoiqu'elles produisent de grands effets merveilleusement variés. Si donc Dieu n'a besoin que d'une moindre superficie pour enferrer tant de corps, il n'est pas à croire qu'il en ait employé une plus grande sans nécessité. Or la sphere est de tous les solides celui qui a le moins de superficie à raison de sa grandeur & de son étendue. Nous n'affirmons pourtant rien touchant la sphéricité du monde. Si cette raison paroît probable à quelqu'un, comme elle l'est assurément, il peut à la bonne heure regarder le monde comme une sphere parfaite dont toutes les lignes droites tirées du centre à la circonférence font parfaitement égales, ce qui s'accorde fort bien avec ce que nous avons établi touchant fa fuperficie polie. Mais où eft le centre de cette fphere? c'eft ce qu'on ne déterminera jamais.

Voila ce que nous avons médité fur la figure du monde. Si quelqu'un trouve notre travail inutile, qu'il confidere que s'il eft peu important de connoître la figure du monde, il eft bon de s'exercer dans des fujets où l'erreur eft fans conféquence, avant de s'élever à l'examen de fujets plus graves.

*Fin du Tome troifieme.*

TABLE

# TABLE ANALYTIQUE DES CHAPITRES DU TOME TROISIEME.

PRÉFACE, contenant un abrégé des principales opinions des Anciens sur l'origine du monde. — page v

§. I. De la Cosmogonie des Phéniciens. — ibid.
§. II. Des Chaldéens. — VIII
§. III. De la Cosmogonie des Babyloniens. — ibid.
§. IV. Cosmogonie des Egyptiens. — X
§. V. De la Théologie & Physiologie Orphiques. — XII
§. VI Du Traité de Phérécide sur l'origine des choses. — XXII
§. VII. Du Traité d'Ocellus de Lucanie sur l'Univers. — ibid.
§. VIII. Timée de Locres, de l'Ame du Monde & de la Nature. — XXV
§. IX. Sentiment de Platon sur l'origine des choses. — XXVI
§. X. De la Monade & de la Tetrade de Pythagore. — XXVII
§. XI. Restes de la Cosmologie Etrurienne. — XXVIII
§. XII. De la vraie doctrine des Mages. — XXX

§. XIII. *Des six temps de la Création, suivant les Persans modernes.* - - page XXXII

§. XIV. *Doctrine des Philosophes Indiens anciens & modernes.* - - XXXIII

§. XV. *D'un Livre Chinois intitulé* De la Nature. - - - XXXIV

§. XVI. *Des Philosophes Japonois.* - ibid.

§. XVII. HISTOIRE DE LA CRE'ATION, SELON MOYSE.

1. *Si Moyse a eu dessein de donner une histoire complette & suivie de la création du Monde entier, ou seulement un récit de cette révolution naturelle de la terre qui la mit dans l'état où la trouva le premier homme ?* - - - XXXV

2. *Des temps qui ont précédé la révolution de de notre terre, d'où Moyse date sa chronologie* - - - - XXXIX

3. *Interprétation particuliere du premier verset de la Genese.* - - XL

4. *Des six jours de la Création Mosaïque.* XLVII

5. *Essai d'une Théorie de la Terre d'après le texte de Moyse.* - - LIII

## SIXIEME PARTIE.

### DE L'ORIGINE DE LA NATURE, DE SON ANTIQUITE', DE SES BORNES ET DE SA DURE'E.

CHAPITRE I. *De la Production des choses : objet de cette sixieme Partie.* - - page 1

L'acte par lequel la Nature existe est éternel, infini, inépuisable, permanent comme la cause qui le produit. C'est de ce principe incontestable que se déduisent les notions les plus raisonnables que l'on puisse se former de l'origine de la Nature, de son antiquité, de ses bornes & de sa durée.

CHAPITRE II. *Des difficultés que l'on peut faire sur la création & sur sa possibilité.* page 2

L'intrinseque de l'acte productif du monde est un mystere que nous ne saurions percer. La contemplation de la Nature & de ce qui s'y passe ne peut nous le révéler, parce qu'il n'y a aucune vertu dans la Nature, qui ressemble à la puissance créatrice. Voilà pourquoi le dogme de la création a ses difficultés, ses incompréhensibilités: voilà aussi pourquoi ces difficultés ne doivent point nous arrêter, quand même elles seroient insolubles. Du reste, on n'a point prouvé, & on ne sauroit prouver que la puissance de faire des Etres soit une contradiction, au lieu que l'existence de la cause est démontrée, & que celle de son effet comme tel est sensible.

CHAPITRE III. *Du nombre & de l'autorité de ceux qui ont prétendu que la matiere étoit éternelle & improduite.* - - 4

On a beau compter parmi les éternalistes ou les défenseurs d'une matiere éternelle & incréée, les Phéniciens, les Chaldéens, les Babyloniens, les Egyptiens, les anciens Gaulois, tous ou presque tous les Philosophes Grecs, Hesiode, Anaximandre, Phérécyde, Ocellus de Lucanie, Timée de Locres, Platon, Xenophanes, Melisse, Moschus, Leucippe, Democrite, Epicure, Aristote, &c. tous ces grands noms ne tirent point à conséquence dans une question qui n'est pas de nature à être décidée par le poids des autorités, mais par la force du raisonnement. ,, Les opinions les plus gé-
,, néralement répandues, & les mieux autorisées ne sont
,, pas toujours les plus exactement vraies; les hommes les
,, plus respectables & les plus habiles ont eu quelquefois
,, des sentimens qui, quoiqu'assez généralement reçus de
,, leur temps, sont aujourd'hui proscrits & regardés com-
,, me peu conformes à la vérité: au contraire, ces mêmes
,, savans ont quelquefois regardé pendant longtemps com-
,, me des rêveries, ou comme des erreurs, des vérités
,, dont l'évidence a été depuis démontrée."

CHAPITRE IV. *Véritable sens de cet axiome:* DE RIEN ON NE FAIT RIEN. - 6

Le néant ne peut rien produire: il n'a aucune propriété: il n'est susceptible d'aucune forme, modification ou action. Du néant on ne peut rien faire de réel. Dieu ne peut pas travailler sur rien: le rien ne sauroit être le terme ni le sujet de ses opérations, n'ayant aucune aptitude, aucune capacité. Voilà tout ce que signifie cette sentence célebre, *Ex nihilo nihil fit:* De rien on ne fait rien. Mais elle ne signifie pas que la vertu de donner l'existence soit une faculté chimérique & contradictoire, comme l'ont pensé quelques modernes.

CHA-

# DES CHAPITRES.

**CHAPITRE V.** *Examen d'une expression de la Vulgate qui dit que Dieu a fait de rien le ciel, la terre & tout ce qu'ils contiennent.* page 9

Il s'agit de la pieuse exhortation de la mere des Machabées au plus jeune de ses enfans.

**CHAPITRE VI.** *Des Philosophes payens qui ont reconnu que la matiere du monde avoit été produite.* 10

Sans prétendre opposer autorité à autorité, j'ai cru devoir parler des philosophes payens qui ont admis la création proprement dite, c'est-à-dire qui ont regardé le monde, la matiere & sa forme, comme l'effet de la cause unique qui est Dieu. Tels sont surtout Pythagore & Orphée, les Mages chez les anciens Perses, les anciens philosophes Indiens ou Brachmanes, & les Brames modernes leurs successeurs, la plus saine partie des philosophes Chinois & Japonois, &c.

**CHAPITRE VII.** *Si les Hébreux concevoient la création au sens que les Théologiens Chrétiens la conçoivent aujourd'hui.* 13

La question est décidée par le nom que Dieu se choisit, qu'il notifia si solemnellement aux Hébreux & pour lequel ils eurent toujours tant de respect : nom qui désigne proprement celui qui fait que les choses soient. Quelle plus juste idée pouvoient-ils avoir de la création, qu'en croyant que Dieu avoit fait que les choses fussent, qu'il leur avoit donné l'être, comme il l'avoit lui-même révélé en prenant le nom auguste de JEHOVAH ?

**CHAPITRE VIII.** *De l'Age du monde, & des différens systêmes de Chronologie.* 15

Tous les peuples ont cherché à reculer l'époque de leur origine. Ces peuples ne prétendoient pourtant pas la faire remonter jusqu'à l'origine des choses, ni fixer l'âge du monde par celui qu'ils se donnoient à eux-mêmes. Les Juifs sont les seuls qui aient osé former cette entreprise. Nous voyons avec quel succès.

**CHAPITRE IX.** *La Chronologie est insuffisante pour fixer l'Age du monde.* 16

Il est évident que la chronologie la plus vaste ne sauroit remonter qu'à l'époque où la terre commença d'être habitée par des Etres qui pussent en transmettre le souvenir. Il y a bien loin de cette époque à celle de la naissance du monde. Rien d'ailleurs ne prouve que le jour où la lumiere parut, qui eſt appellé le premier jour par Moyſe, ſoit le temps auquel la matiere du ciel & de la terre commença d'exiſter.

## CHAPITRE X. *Concluſion ſur la Chronologie de Moyſe.* page 17

Moyſe ne remonte qu'à une révolution de notre globe, qui le mit en état de produire des minéraux, des végétaux, & des animaux : ce que je puis appeller ſon âge de puberté.

## CHAPITRE XI. *Préparation aux Chapitres ſuivans.* 18

Le monde vient de Dieu, & il eſt plus ancien que la formation ou l'arrangement de notre terre. Nous allons partir déſormais de ce principe.

## CHAPITRE XII. *De l'Eternité.* ibid.

Des notions les plus exactes que l'on ait données juſques-ici de l'éternité.

### *Notion de l'Eternité, ſelon Locke.* 19

Cet illuſtre philoſophe ne paroît pas avoir conçu autrement l'éternité que comme un temps infini. Un temps infini répugne. Une durée ſucceſſive & temporelle, quelque longue qu'on la ſuppoſe, n'a rien de commun avec l'éternité.

### *Notion de l'Eternité, ſelon Leibnitz.* 20

Il paroît avoir varié dans ſes idées ſur l'éternité. Dans un même ouvrage il dit que l'idée du temps & celle de l'éternité viennent de la même ſource, ce qui ne ſe peut qu'autant que le temps & l'éternité ſont compoſés des mêmes élémens ; puis il rectifie cette notion en ajoutant, quelques pages après, qu'il faut concevoir l'éternité, non comme un tout infini, mais comme un abſolu, un attribut ſans bornes qui ſe trouve dans la néceſſité de l'exiſtence de Dieu, ſans y dépendre des parties, & ſans qu'on s'en forme la notion par une addition des temps. Une telle notion de l'éternité ne vient donc pas de la même ſource que l'idée du temps.

### CONCLUSION.

L'Eternité eſt l'exiſtence de Dieu, exiſtence abſolue, ſimple, immobile, néceſſaire par elle-même, & incommunicable.

## CHAPITRE XIII. *Si la Nature a pu être co-éternelle avec ſon Auteur ?* 21

La durée de la Nature ne reſſemble en rien à l'exiſtence éternelle de Dieu. La Nature & ſon Auteur exiſtent dans deux ordres de choſes tout-à-fait différens, qui n'ont rien de commun ni d'analogue. Comment donc auroit-elle pu être co-éternelle avec lui?

CHAPITRE XIV. *Réponse à ce raisonnement:*
"*Dieu put créer le monde aussi-tôt qu'il forma*
"*le décret de le créer: ce décret est éternel: donc*
"*le monde a pu être éternel, ou co-éternel*
"*avec Dieu.*" - - page 23

On pourroit nier ces trois propositions. Former un décret, prendre une résolution, se déterminer, vouloir, ce sont des actes de l'ame humaine qui ne peuvent s'appliquer à Dieu. D'ailleurs en supposant dans Dieu un décret de créer le monde, & ce décret aussi tôt exécuté que formé, c'est-à-dire éternellement effectué, cela ne change rien à l'essence de l'Etre créé qui est nécessairement d'un autre ordre que l'Etre incréé.

CHAPITRE XV. *Suite du Chapitre précédent.*
*De ce que Dieu a eu de toute éternité la puissance de créer le monde, il s'ensuit seulement que le monde a pu être créé de toute éternité, & non que le monde a pu être éternel.* - 24

Dieu a eu de toute éternité la puissance de créer le monde : ou Dieu a eu la puissance de créer le monde de toute éternité ; mais il n'a pu faire le monde éternel. Si Dieu agit, il agit nécessairement dans l'ordre où il existe, dans l'éternité. Son acte est éternel, mais le produit de cet acte n'est point de cet ordre, & il n'en sauroit être.

CHAPITRE XVI. SUITE. *De la Puissance de créer.* - - - - 26

La puissance de créer est la vertu de faire exister un ordre de choses temporel, essentiellement différent de l'ordre éternel.

CHAPITRE XVII. SUITE.
*Comment le monde a-t-il pu exister de toute éternité sans avoir pu être éternel?*
*Se pouvoit-il que l'existence de l'incréé ne précédât point celle du créé?*

PREMIERE QUESTION. *Comment le monde a-t-il pu exister de toute éternité sans avoir pu être éternel?* - - - 27

Pour répondre à cette question on fait voir la différence qu'il y a entre exister de toute éternité & être éternel.

SECONDE QUESTION. *Se pouvoit-il que*

*l'existence de l'incréé ne précédât point celle du créé.* page 29

Oui, si Dieu a créé nécessairement & par sa nature essentiellement créatrice : ce qui sera démontré plus bas.

## CHAPITRE XVIII. *Le monde a-t-il pu être aussi ancien que Dieu ?* ibid.

On ne peut pas dire que Dieu soit ancien : car une existence qui n'a ni passé ni futur, n'a aussi ni ancienneté, ni nouveauté ; & telle est l'existence éternelle & immobile de Dieu.

## CHAPITRE XIX. *Est-il possible que Dieu & ses créatures aient toujours existé ensemble ?* 30

En proposant ainsi la question, le mot d'éternité du monde n'allarme plus, il est vrai, mais est-elle encore exprimée avec assez de précision, & ne laisse-t-elle plus aucune sorte d'équivoque ? C'est ce que l'on examine.

## CHAPITRE XX. *La Nature a-t-elle pu toujours co-exister avec son Auteur ?* 32

## CHAPITRE XXI. *La Nature a pu toujours co-exister avec son Auteur, mais dans un ordre différent.* ibid.

L'éternité étant propre de Dieu seul, il n'a pas pu faire exister la Nature dans l'ordre de l'éternité. Cela n'empêche pas que le Créateur n'ait pu de toute éternité donner à la Nature une existence temporelle la seule qui lui convient. Il a donc pu faire toujours co-exister la Nature avec lui, mais dans un ordre différent.

## CHAPITRE XXII. *Examen du sentiment de ceux qui prétendent que Dieu n'a pu créer le monde qu'après une éternité. Contradiction étrange.* 33

Cette contradiction consiste à admettre dans Dieu une vertu créatrice obligée de rester oisive pendant toute une éternité.

## CHAPITRE XXIII. *Nouvelle contradiction dans le même sentiment. Eternité antérieure, éternité postérieure.* ibid.

Dans la même hypothèse, le temps est comme un point entre deux éternités, l'éternité antérieure & l'éternité postérieure. Ainsi l'on divise l'éternité indivisible.

## CHAPITRE XXIV. *La même contradiction plus sensible & plus révoltante dans le systême de l'éternité du monde.* 34

Faire le monde éternel, c'est diviser son éternité en autant de parties qu'il y a de moindres momens dans sa durée: alors l'éternité n'est plus qu'une série de momens infinis en nombre & infiniment petits en quantité : ce qui répugne. On divise encore son éternité en deux grandes portions dont l'une sans commencement se termine au moment présent, & l'autre commence au moment présent pour ne point finir. Cette division est-elle compatible avec l'éternité?

CHAPITRE XXV. *La Nature a toujours co-existé avec son Auteur. Véritable sens des premiers mots de la Genese.* - - page 35

On fait voir que ces mots, *Au commencement Dieu créa le ciel & la terre*, signifient que Dieu a créé le monde de toute éternité, que Dieu n'a jamais été sans le monde, que l'activité de la cause n'est jamais restée oisive & sans opérer, que le monde a été dès que Dieu lui-même a été.

CHAPITRE XXVI. *Preuve tirée de la bonté de Dieu. Ce qu'on en doit penser.* - 37

Il y a beaucoup d'illusion dans les idées que l'on se fait de la prétendue bonté de Dieu. La bonté est une appartenance de l'humanité, une faculté fort au dessous de l'essence divine. Il y a plus: Dieu fût-il bon, ce principe de bonté seroit encore insuffisant pour rendre raison de l'ensemble de la création.

CHAPITRE XXVII. *Autre preuve tirée de la volonté de Dieu, également défectueuse.* 40

,, Dieu a eu de toute éternité la volonté de créer le monde;
,, la volonté de Dieu est efficace par elle-même : donc Dieu
,, a créé le monde de toute éternité."
Ce raisonnement n'est pas concluant. Dieu n'a point eu de toute éternité la volonté de créer le monde, parce que Dieu n'a point de volonté & n'en a jamais eu. Je renvoie aux preuves que j'en ai données au Chapitre LXXIX. de la Cinquieme Partie.

CHAPITRE XXVIII. *L'effet doit co-exister avec la cause, aussi-tôt que la cause, lorsqu'elle est complette de sa nature, c'est-à-dire lorsqu'elle a nécessairement dans soi tout ce qu'il faut pour produire son effet.* - - 43

Il résulte de ce Chapitre qu'il faut choisir entre ces deux alternatives: ou que Dieu n'est pas une raison éternelle suffisante de l'existence du monde; ou que le monde a existé dès que Dieu lui-même a été. La preuve est le raisonnement qui fait le titre du Chapitre suivant.

CHAPITRE XXIX. *Dieu est, Dieu a éternellement été la raison suffisante de l'existence de la Nature.*

*Donc la Nature a existé dès que Dieu lui même a été.*

*Donc la Nature a toujours co-existé avec son Auteur.* — — — page 45

Ce n'est point-là mettre une sorte d'isochronisme entre l'existence de Dieu & la durée de la Nature. Le temps & l'éternité n'ont rien de commun. Seulement l'éternité n'a pas été avant le temps. En ce sens je dis que le temps a été dès l'éternité, quoique hors de l'éternité. Ainsi il n'est pas éternel.

CHAPITRE XXX. *Solution de quelques objections.* — — — 46

Il faut bien se persuader que l'éternité n'est pas une suite de momens infinis en nombre, ni un temps infini, mais une existence simple, immobile, où il n'y a ni ancien ni nouveau; que le temps au contraire est une durée successive, composée de momens distincts, qui ne peut avoir ni relation, ni proportion quelconque avec une existence simple, immobile, indivisible. Avec ce principe on est en état de répondre à toutes les objections que l'on fera contre mon sentiment.

CHAPITRE XXXI. *Autre objection & réponses.* — — — 48

OBJECTION. „ *Dieu est la cause suffisante de*
„ *la production des créatures : or cette cause*
„ *suffisante de la production des créatures est*
„ *éternelle ; il faut donc que les créatures qui*
„ *sont l'effet de cette cause, soient éternelles*
„ *comme elle.*"

PREMIERE RÉPONSE. Comme l'éternel est l'increé, on pourroit prouver par le même argument que l'effet de la cause est increé comme elle.

SECONDE RÉPONSE. Le propre de la cause créatrice est de faire exister hors d'elle un autre ordre de choses, & non pas un Etre du même ordre qu'elle.

CHAPITRE XXXII. *Le Monde est un effet de la nature de Dieu.* — — — 49

Il regne une confusion étrange dans les motifs que les savans &

pieux théologiens supposent à l'Etre créant. Cela ne pouvoit être autrement. Dieu a créé le monde parce qu'il étoit de son essence de le créer. Ce n'est donc ni volontairement, ni par bonté, ni par aucune autre vue que Dieu a fait le monde, mais nécessairement & par sa nature essentiellement créatrice.

CHAPITRE XXXIII. *La production des créatures étant un effet de la nature de Dieu, Dieu n'auroit pas existé selon toute l'étendue de sa nature, s'il eût existé sans créer.*  - page 55

Dieu crée comme il existe, par sa nature nécessaire. Un Dieu non créant seroit un Etre incomplet. Le grand privilège de l'essence divine n'est pas seulement d'exister nécessairement, mais encore de faire exister nécessairement une autre Nature hors d'elle.

CHAPITRE XXXIV. *Dieu est nécessaire par son essence.*
*Le monde est nécessaire par l'essence de Dieu.*  56

CHAPITRE XXXV. *Si l'on peut dire que l'existence du Monde soit nécessaire à l'existence de Dieu.* - - - 57

Il est de l'essence divine de créer, comme il est de cette essence d'exister. On peut donc dire, mais improprement, que l'essence divine exigeoit l'existence pour elle & pour les créatures qu'elle a produites.

CHAPITRE XXXVI. *L'existence du Monde ne complette point l'être de Dieu, pas plus que la nature créée ne complette la Nature incréée.*  58

PREMIERE PROPOSITION. *L'existence du Monde ne complette point l'être de Dieu.*

On peut dire que l'acte par lequel Dieu fait exister le monde, complette son être, puisqu'il est de Dieu & dans Dieu; il ne s'ensuit pas que l'existence des créatures entre dans l'Etre de Dieu pour le completter.

SECONDE PROPOSITION. *La Nature créée ne complette point la Nature incréée.*

Il est de la Nature incréée & toute-parfaite que la Nature créée soit hors d'elle & d'une essence toute différente: donc celle-ci est incapable de completter l'autre.

CHAPITRE XXXVII. *La production du mon-*

*de est un effet nécessaire de la Cause unique &
supréme; de quelle espece est cet effet.* page 60

L'espece de cet effet nous est inconnue. Ce n'est point une
expansion de la substance de Dieu, ni une émanation de
son essence, c'est une production nécessaire de sa nature,
un Etre tout différent de Dieu que Dieu a produit. De
quelle espece est cette production ? Comment un Etre peut-
il en faire exister un autre ? Nous l'ignorons.

**CHAPITRE XXXVIII.** *Où l'on rectifie ce qui
a été dit dans les Chapitres IV & V touchant
la création.*   ·   ·   ·   ·   62

**CHAPITRE XXXIX.** *Il n'est point injurieux
à la Majesté Divine de dire qu'elle a produit
nécessairement le Monde par l'excellence de sa
nature.*   ·   ·   ·   ·   63

On examine ce long passage.

„ *Dieu n'a besoin de quoi que ce soit, le Parfait
„ infini se suffit à lui-même ; oseroit-on penser
„ qu'il n'a été pleinement satisfait de lui-même
„ qu'après avoir exercé sa puissance à produire
„ des créatures ? Sans elles il est l'Infini, l'E-
„ ternel, le Parfait, le Dieu Bienheureux ;
„ c'est par un choix de sa bonté toute libre qu'il
„ s'est déterminé lui-même à créer, plutôt qu'à
„ ne pas créer. Rien ne seroit plus injurieux à
„ la majesté de cet Etre qui fait ce qu'il veut,
„ que de dire qu'il a créé forcément le monde.
„ Ce n'est pas assez de dire qu'il n'y a pas été
„ forcé, il faut ajouter qu'il l'a bien ainsi vou-
„ lu, par un choix parfaitement libre ; ce n'est
„ pas assez que les intelligences bienheureuses
„ se félicitent de tenir leur existence du prin-
„ cipe tout-puissant qui ne pouvoit manquer de
„ les produire, & de les produire telles qu'el-
„ les sont. Leur obligation à lui rendre grace
„ est d'une toute autre force, leur reconnois-
„ sance est d'une toute autre vivacité, & leur
„ admiration pour sa bonté s'éleve à des mou-*

,, vemens d'un tout autre degré, quand elles
,, viennent à penser qu'il ne tenoit qu'à lui de
,, ne les point produire."

Il résulte de l'examen de ce passage, qu'il n'est pas plus injurieux à Dieu de dire qu'il crée par la nécessité de son être, que de penser qu'il existe par la même nécessité. Au contraire cette nécessité de son essence en fait l'excellence.

CHAPITRE XL. *Examen de quelques notions de la Création.* - - - page 71

On passe en revue les notions que Locke, Clarke, Leibnitz, Mallebranche, St. Thomas, St. Augustin & St. Paul nous donnent de la Création. Elles réduisent toutes la puissance créatrice de Dieu au pouvoir de donner une forme à ce qui existoit déja éminemment dans lui. Suivant cette hypothese, le monde ne seroit que la manifestation des essences incréées qui sont dans Dieu & de la substance de Dieu.

CHAPITRE XLI. *Dieu n'est point l'archétype du monde.* - - - - 76

Comment Dieu qui n'a rien de matériel pourroit-il être l'archétype de la matérialité du monde?

CHAPITRE XLII. SUITE. *Dieu n'a besoin ni d'idée, ni d'archétype pour créer le monde.* 77

Il est de l'essence d'une cause qui fait exister totalement son effet, de ne se modéler sur rien, ni sur une idée, ni sur un archétype. Le sentiment contraire fourmille de contradictions qui nous menent à conclure qu'un Etre qui crée par la nécessité de sa nature, n'a besoin ni de volonté pour se déterminer à produire son effet, ni d'entendement, de connoissance, ou d'idée pour le diriger dans la production de cet effet, ni de modele à suivre dans la constitution des créatures qu'il produit.

CHAPITRE XLIII. SUITE. *Systême des idées archétypes en Dieu, & du Monde idéal imaginé par Platon. Deux vérités incontestables qui le détruisent.* - - - - 85

L'idée loin d'être un archétype, est une copie, une représentation, une image, c'est à-dire le contraire d'un original ou d'un archétype: premiere vérité qui prouve qu'il n'y a point d'idée archétype; ces deux mots sont contradictoires.
L'idée est un moyen de connoître propre de l'entendement créé, une image intellectuelle qu'il se forme des choses suivant la maniere dont il en est affecté. Seconde vérité d'où il résulte qu'il n'y a aucunes sortes d'idées dans Dieu.

CHAPITRE XLIV. Suite; où l'on examine si l'hypothèse qui donne à Dieu une idée positive du monde qu'il devoit créer, rend la création moins inconcevable, comme l'ont prétendu quelques philosophes.   -   -   page 89

„ Il est certain, dit un d'entre eux, que notre en-
„ tendement sans une Révélation expresse, ne
„ sauroit concevoir que Dieu ait pu donner l'ê-
„ tre à ce qui n'étoit absolument point. Mais
„ ce qu'il y a d'inconcevable dans cette hypo-
„ thèse le deviendroit encore davantage, quand
„ on attribueroit cette opération à Dieu, sans
„ qu'il en eût eu aucune idée positive... Au
„ lieu que, si je dis que Dieu a tiré l'idée de
„ l'étendue qu'il a donnée aux créatures de l'i-
„ dée de sa propre étendue, je rends une rai-
„ son de l'hypothèse de la création EX NIHILO,
„ qui fait qu'elle est moins inconcevable, quoi-
„ qu'elle ne soit pas prouvée pour cela."

Cette assertion, *Dieu a tiré l'idée de l'étendue qu'il a donnée aux créatures, de l'idée de sa propre étendue*, conduit à cette autre proposition, *Dieu a tiré l'étendue qu'il a donnée aux créatures, de sa propre étendue*: & en effet on veut que Dieu ne puisse leur donner que ce qu'il possède. Ce n'est pas-là rendre la création *ex nihilo* moins inconcevable, c'est l'anéantir.

CHAPITRE XLV. Suite. *Objection victorieuse contre le systême qui suppose dans Dieu une idée du Monde avant qu'il le créât.*   -   98

L'objection tire toute sa force de ce principe: Que les choses qui sont l'objet de la connoissance & de l'entendement sont indubitablement & selon l'ordre de la nature, avant la connoissance qui n'est qu'un objet de leur contemplation. L'idée du monde est une copie intellectuelle du monde, & une copie ne sauroit exister avant son original.

CHAPITRE XLVI. Suite. *Insuffisance des Réponses que l'on a faites à l'objection précédente.*
*Premiere Réponse: examen de cette Réponse.*   100

CHAPITRE XLVII. Suite. *Autre réponse à la même Objection.*

*xamen de cette Réponse.* - page 104

*... ne peut supposer la connoissance plus ancienne que les choses qui en font l'objet. On ne peut supposer en Dieu, ni idée, ni connoissance, ni entendement, sans dénaturer la signification de ces mots.*

## CHAPITRE XLVIII. Suite. *Nouvelle variation de l'hypothèse qui suppose en Dieu l'idée positive du monde possible & non encore existant.* 108

*... variation consiste à dire que Dieu n'a pas pensé éternellement à faire exister le monde. Quand & comment cette pensée lui est-elle donc venue? S'il ne l'a pas toujours eue, il l'a donc acquise, de quelque façon que ce soit, & il est survenu dans l'entendement divin, quelque chose qui n'y étoit pas auparavant, une pensée nouvelle & acquise. Cela se peut-il?*

## CHAPITRE XLIX. Suite.

PREMIER COROLLAIRE. *Créer n'est pas faire quelque chose sur un modele ou d'après une idée.* 111

## CHAPITRE L. Suite.

SECOND COROLLAIRE. *Le purement possible est impossible.* - - - - - 112

## CHAPITRE LI. *On ne doit point nier la création sous prétexte que la maniere en est incompréhensible.* - - - 114

*Telle est la foiblesse de notre esprit, qu'il ignore également & comment un Etre existe sans avoir été fait, & comment un autre Etre a été fait par l'Etre incréé. Comme cependant il ne seroit pas raisonnable de nier qu'il existe un Etre nécessaire par lui-même parce que nous ne saurions concevoir ce que c'est qu'exister nécessairement par l'excellence de sa nature; nous aurions tort aussi de rejetter la création parce qu'elle nous est incompréhensible. Est-il surprenant que nous ignorions l'intrinseque de l'opération de Dieu? Devons-nous mesurer la puissance divine à la force de notre conception?*
*Passage de Locke où il semble annoncer une certaine maniere d'expliquer la création de la matiere.*

## CHAPITRE LII. *Si l'existence du monde a eu un commencement?* - - - 118

*L'existence du monde n'a point eu de commencement: en remontant l'échelle des temps de sa durée antérieure, on ne* trouve point de premier terme, c'est-à-dire un moment qui n'ait point été précédé d'un autre. Il est donc faux qu'être fait & commencer d'exister soient une même chose.

## CHAPITRE LIII. *Le Monde n'est pas éternel quoique sa durée n'ait point eu de commencement.* - - - - page 122

On ne doit pas craindre d'égaler la créature à son Auteur en disant que l'existence du monde n'a point eu de commencement. Car l'éternité n'est pas une suite de momens sans premier terme. Un espace de temps borné au moment présent, mais qui n'a point eu de commencement est bien loin d'être éternel. La simple négation de commencement, qui est l'absence d'une contradiction absurde tant pour l'éternité que pour le temps, ne sauroit mettre aucune égalité entre l'existence de Dieu & la durée du monde. Ce n'est pas la négation de commencement qui constitue l'éternité.

## CHAPITRE LIV. *D'un espace de temps, composé de parties successives, quoique sans premier terme.* - - - - 124

„ Comment un espace de temps, supposé sans commence-
„ ment, peut-il être composé de parties successives ? S'il
„ n'a point de premier moment, il n'en a point aussi de
„ second, ni de troisieme, ni de centieme, ni de millie-
„ me, &c. En un mot il n'a aucun moment auquel on
„ puisse appliquer convenablement quelque terme que ce
„ soit de la suite des nombres. Il n'a donc pas plusieurs
„ momens, & cette prétendue succession de parties dans un
„ espace de temps qui n'a point de commencement, est
„ une supposition vaine & chimérique....''
On répond à ce paralogisme, en faisant voir qu'une suite de termes sans commencement n'a rien qui répugne.

## CHAPITRE LV. „ *Comment supputer les temps* „ *de la durée du monde, si elle n'a point eu de* „ *commencement ?*'' - - 126

RÉPONSE. On ne peut pas supputer au juste & d'une maniere complette les temps de la durée du monde. Aussi la chronologie ne suppute pas tout ce temps, mais seulement la portion de ce temps la plus voisine de nous dont la mémoire s'est conservée, & qu'on peut remplir de générations & de faits dont on suppose la réalité constatée.

## CHAPITRE LVI. *Si une durée sans commencement est une durée infinie.* - - 127

La durée antérieure du monde, quoique sans commencement, est susceptible de plus & de moins : elle étoit hier moins grande, elle l'est davantage aujourd'hui, & le sera encore plus demain. D'ailleurs, elle est toujours bornée à l'instant présent. Elle n'est donc pas infinie. Réponse à une objection.

CHAPITRE LVII. *Système de ceux qui admettent l'infini actuel numérique.* page 130

Extrait des Elémens de la Géométrie de l'Infini, par Mr. de Fontenelle.

De la Grandeur infiniment grande.

Ce que c'est que l'Infini.

Comment l'Infini peut être augmenté ou diminué.

Le système de l'Infini posé sur ce principe, Que l'infini existe de la même existence que le fini; qu'ils ont l'un & l'autre les mêmes propriétés ; que l'on opere sur l'infini comme sur le fini; que l'infini croit, se quarre & se cube comme le fini; qu'il y a une suite d'ordres d'infinis jusqu'à l'ordre infinitieme, &c.

CHAPITRE LVIII. Suite. *L'on fait voir contre les partisans de l'Infini Géométrique,*

1. Que la Grandeur n'est pas susceptible de l'infini ;

2. Qu'on ne peut la supposer augmentée une infinité de fois, c'est-à-dire, devenue infinie ;

3. Que la suite naturelle ou Arithmétique jugée si propre à faire concevoir l'infini actuel numérique, est justement ce qui en démontre l'impossibilité ;

4. Qu'elle n'a point un nombre infini de termes ;

5. Que le nombre de ses termes ne peut être épuisé, comme il le seroit par l'infini ;

6. Qu'elle n'a point de dernier terme fini, ni de dernier terme infini ;

7. Qu'elle ne pourroit avoir un dernier terme infini, sans en avoir un dernier fini.

8. Qu'un nombre infini répugne.

9. Que le passage du fini à l'infini, ou le changement du fini en infini, est impossible.

10. Qu'une grandeur infinie ne seroit plus grandeur.

11. Que le prétendu dernier terme de la suite naturelle des nombres n'est pas plus infini que chacun des précédens.

12. Que l'Infini Géométrique n'est pas un vrai infini. C'est un fini caché, ou indéterminé; & les Géometres en croyant opérer sur l'infini n'operent que sur le fini.

13. Que le fini n'étant pas grandeur par rapport à l'infini, celui-ci ne peut résulter d'un assemblage de finis, en quelque nombre qu'ils soient. - - - - page 1;

Les Géometres infinitaires conviennent que le fini n'est pas grandeur par rapport à l'infini; ils veulent pourtant que l'infini résulte d'une infinité de finis. C'est une contradiction manifeste. Un tout ne peut pas être composé de grandeurs qui ne sont rien par rapport à lui; ou le rien seroit quelque chose: ce qu'on ne peut soutenir sans absurdité. Mais les Géometres infinitaires aiment les paradoxes.

## CHAPITRE LIX. Suite.

PARADOXE GÉOMÉTRIQUE. *Nombre fini devenu infini par l'élévation au quarré.* 15

Que sur chaque terme de la suite naturelle des nombres on mette leur quarré, on verra que le terme de même nom est bien plus près de l'origine dans la suite des quarrés que dans la suite des nombres radicaux; d'où il suit que l'on arrive bien plutôt à l'infini dans la premiere que dans la seconde, & que quand on y est arrivé, tous les termes ultérieurs sont infinis & ne correspondent pourtant qu'à des finis de la suite naturelle dont ils sont les quarrés. Voilà donc un très grand nombre de termes finis dans la suite naturelle dont les quarrés sont infinis.

*Raisons d'admettre ce paradoxe.*

Ces raisons sont au nombre de sept que l'on réfute dans le Chapitre suivant.

## CHAPITRE LX. Suite. *Réfutation des raisons alléguées dans le Chapitre précédent pour admettre le paradoxe d'un nombre fini devenu infini par l'élévation au quarré.*

1. *Addition à ce qui a été dit ci-devant sur la nature de l'Infini Géométrique.*

2. *Nouvelles démonstrations de l'impossibilité du passage du fini à l'infini.*

3. *Il n'y a point de finis en mouvement, ou en fluxion, pour devenir infinis.*

4. *Véritable source des Infinis Géométriques. Ils doivent tous leur existence à la fausse supposition de la suite naturelle épuisée, quoique reconnue pour inépuisable. De l'intervalle de chaque terme de la suite naturelle. De l'angle de contingence formé par la circonférence du cercle & par sa tangente. De l'axe & de la derniere ordonnée de l'hyperbole. De l'espace asymptotique.*

5. *Conclusion sur le paradoxe du quarré infini d'un nombre fini.* - - - page 161

CHAPITRE LXI. *La durée antérieure du monde, quoique sans commencement, ne contient pas une infinité de momens.* - - 177

La suite des momens de cette durée, quoique sans premier terme, c'est-à-dire sans un terme au-delà duquel il n'y en ait point d'autre, est pourtant bornée au moment présent, & croit sans cesse, ce qui ne pourroit pas être si elle contenoit une infinité de momens: car l'infini n'est pas susceptible d'augmentation ; une suite infinie de momens n'a point de nouveaux momens à recevoir. Un philosophe moderne a prétendu que dans la supposition qu'il y ait eu de toute éternité des hommes dont les générations se soient succédées les unes aux autres, cette suite de générations est infinie. On fait voir le contraire.

CHAPITRE LXII. *De l'infinité des mondes admise par plusieurs philosophes anciens* - 180

CHAPITRE LXIII. *De l'Optimisme, ou du meilleur monde* - - - ibid.

L'infinité de mondes admise par Leucipe, Diogene, Archélaus & plusieurs autres, Leibnitz la croyoit seulement possible, & ajoutoit que tous ces mondes s'étoient présentés à l'entendement de Dieu lorsqu'il avoit formé le décret de créer ; qu'entre ces mondes infinis en nombre il y en avoit eu un qui tout combiné offroit un plan plus parfait que les autres, avoit déterminé l'Etre infiniment parfait à lui donner l'existence.

### CHAPITRE LXIV. *Il ne pouvoit y avoir qu'un monde.* page 181

### CHAPITRE LXV. *Le monde renferme tout ce qui pouvoit être.* 181

Lorsqu'un Etre infini agit, son acte est un, infini, déterminément tel, sans être susceptible de plus ni de moins ; complet, plein & entier. S'il peut donner l'existence, il donnera toute l'existence possible. Ainsi le monde est un, parce qu'il est tout ce qui pouvoit être. La cause infinie a dû produire le plus grand effet possible.

### CHAPITRE LXVI. *Le monde n'a jamais été purement possible, non plus qu'aucun des Etres qu'il contient.* 184

C'est un corollaire du Chapitre L où il a été prouvé que le purement possible étoit l'impossible.

### CHAPITRE LXVII. *De l'infini d'Anaximandre.* 185

Ce Philosophe admettoit, à ce qu'il paroît, une matiere infinie pour principe de toutes choses.

### CHAPITRE LXVIII. *Du Monde indéfini de Descartes.* ibid.

On a prétendu mal-à-propos que Descartes admit un monde infini sous le nom d'indéfini ; mais ses raisons ne prouvoient ni que le monde fût fini, ni qu'il fût infini : il s'est donc expliqué conséquemment en concluant que le monde étoit indéfini, entendant par ce mot qu'il n'avoit point de bornes assignables.

### CHAPITRE LXIX. *Raisons alléguées par les Disciples ou Sectateurs de Descartes en faveur de l'infinité du monde.* 186

Ces raisons sont au nombre de trois, les voici : La multitude des créatures est innombrable ; on ne peut pas en assigner la derniere : donc elle est infinie. Il est impossible de concevoir les bornes du monde : donc il n'en a point. Dieu n'auroit pas agi d'une maniere digne de lui, s'il n'avoit pas créé l'infini.

### CHAPITRE LXX. *Premiere raison tirée de la multitude innombrable des créatures.* 187

Le nombre des créatures, quelque multiplié qu'il soit, composé d'élémens finis ne peut pas être infini.

CHAPITRE LXXI. *Seconde raison en faveur de l'infinité du monde. L'impossibilité de concevoir des bornes à l'étendue.* - - page 190

Cette raison prouve seulement que l'étendue est plus grande que nous ne la pouvons concevoir; & il n'est pas vrai que nous concevions tout, à l'infini près.

CHAPITRE LXXII. *Troisieme raison en faveur de l'infinité du monde, tirée d'une spéculation outrée sur la magnificence de l'œuvre du Créateur.* - - - - 191

Dieu a pu tout créer, excepté l'infini. S'il a tout créé, excepté l'infini, il a déployé toute sa puissance; il a agi d'une maniere digne de lui, sans avoir fait l'infini qu'il ne pouvoit pas faire.

CHAPITRE LXXIII. COROLLAIRE. *Le monde n'est pas infini.* - - - 192

Il répugne & à l'essence du monde & à l'essence de Dieu, que le monde soit infini.

CHAPITRE LXXIV. *Des bornes du Monde.* 193

La grandeur du monde n'a point d'autres bornes que l'impossibilité d'une grandeur plus vaste.

CHAPITRE LXXV. *Du Renouvellement périodique de la Nature.*

*Exposition de ce systême.* - - - 195

CHAPITRE LXXVI. *Des variations de ce systême.* - - - - 197

CHAPITRE LXXVII. PREMIERE VARIATION.

*De l'uniformité des Révolutions périodiques de la Nature.* - - - - 198

CHAPITRE LXXVIII. SECONDE VARIATION.

*Du nombre des Révolutions périodiques de la Nature.* - - - - 199

CHAPITRE LXXIX. TROISIEME VARIATION.

*Tome III.* T

*De l'ordre des événemens compris dans chaque Révolution.* - - - - page 200

## CHAPITRE LXXX. Quatrieme Variation.

*De la durée de chaque Révolution périodique du Monde* - - - - 201

Les six Chapitres précédens contiennent le système entier du Renouvellement périodique de la Nature, avec ses variations. Il y a eu des Philosophes qui ont pensé que l'univers périssoit & renaissoit; qu'il se renouvelloit de lui-même & dans lui-même après un certain temps; qu'il avoit déja subi une infinité de ces révolutions & qu'il en subiroit encore une infinité de semblables: ce qui formoit un cercle éternel des mêmes événemens. Mais tous ceux qui soutenoient ce Renouvellement périodique de la Nature, ne lui donnoient pas les mêmes circonstances. Les uns croyoient chaque révolution uniforme & parfaitement semblable à toutes les autres. D'autres modifioient cette uniformité & ne l'attribuoient pas aux moindres détails, ne supposant pas que la Nature pût se copier si fidélement jusques dans les plus petites choses. Il y en avoit qui ne vouloient pas que le nombre des Révolutions fût infini ; mais ils n'osoient le fixer. Platon disoit que de deux Révolutions contiguës, il y en avoit une en sens contraire de l'autre, où l'ordre des événemens étoit renversé. Enfin la durée de chaque Révolution faisoit encore le sujet d'une nouvelle dispute entre les philosophes : les uns la faisoient plus longue que les autres.

## CHAPITRE LXXXI. *Où l'on recherche l'origine du système du Renouvellement du Monde.* 202

Il est à croire que l'on n'admit ce retour des mêmes phénomenes dans la Nature, que parce qu'on n'avoit pas une assez grande idée de sa richesse inépuisable.

## CHAPITRE LXXXII. *Rien ne sauroit être anéanti.* - - - - 203

## CHAPITRE LXXXIII. *De la durée du monde.*

### Corollaire du Chapitre précédent.

*Le monde durera toujours.* - - 204

La preuve en est tirée de la permanence de l'acte productif de l'univers. Zele des poëtes anciens & des prédicateurs modernes à prêcher la fin du monde : Leurs descriptions ne different guere qu'en ce que les uns nous représentoient la chûte du monde comme fort éloignée, & que les autres ont osé annoncer sa fin comme très prochaine. Systême des Chrétiens qui ont cru que Dieu détruiroit le monde pour en former un nouveau. Passages des Livres Saints dont ils se sont autorisés pour adopter cette opinion. La mort des individus est un gage de la perpétuité des especes.

CHAPITRE LXXXIV. *Le monde change continuellement de forme, & la somme des formes qu'il doit revêtir successivement est inépuisable.* page 209

Quand on sait apprécier la richesse de la Nature, on n'a pas besoin du retour des mêmes phénomenes, ni de la répétition des mêmes événemens pour remplir l'immensité des temps. Elle saura varier sans cesse la face de l'univers & perpétuer le cours des choses sans se copier.

CHAPITRE DERNIER. *Conclusion,* 211

La Nature résulte nécessairement de l'essence divine sans être Dieu, ni une portion de Dieu : Son existence n'a point eu de premier moment qui n'ait été précédé d'un autre & n'en aura point de dernier, qui ne soit également suivi d'un autre, sans que pourtant elle soit éternelle. Sa grandeur a pour mesure le possible & pour borne l'impossibilité d'une grandeur plus vaste, sans être infinie.

AVERTISSEMENT. - - 215
DIALOGUE SUR LES BORNES DU MONDE. - - - - 219
DISSERTATION SUR LA FIGURE DU MONDE. - 257

*Fin de la Table du Tome troisieme.*

# ERRATA.

| Page. | Ligne. | Faute. | Lisez. |
|---|---|---|---|
| 41 | 13 | par | per |
| 57 | 8 | le fit | effacez fit |
| 145 | 28 | parce | par ce |
| 155 | 21 | l'exemple | exemple |
| 156 | 24 | infini | infinie |
| 189 | 25 | ditez | dites |

www.ingramcontent.com/pod-product-compliance
Lightning Source LLC
Chambersburg PA
CBHW072009150426
43194CB00008B/1043